修辞叙事学视角下的《米》英译策略研究

郑 贞 著

东南大学出版社
SOUTHEAST UNIVERSITY PRESS
·南京·

图书在版编目(CIP)数据

修辞叙事学视角下的《米》英译策略研究 / 郑贞著.
—南京：东南大学出版社,2023.6
 ISBN 978-7-5766-0341-5

Ⅰ. ①修… Ⅱ.①郑… Ⅲ.①长篇小说-英语-文学翻译-研究-中国-当代　Ⅳ.①H315.9②I207.425

中国版本图书馆 CIP 数据核字(2022)第 212627 号

责任编辑：陈　淑　　责任校对：张万莹　　封面设计：顾晓阳　　责任印制：周荣虎

修辞叙事学视角下的《米》英译策略研究

著　　者	郑　贞
出版发行	东南大学出版社
社　　址	南京市四牌楼 2 号(邮编：210096　电话：025-83793330)
网　　址	http://www.seupress.com
电子邮箱	press@seupress.com
经　　销	全国各地新华书店
印　　刷	广东虎彩云印刷有限公司
开　　本	700mm×1000mm　1/16
印　　张	12
字　　数	215 千字
版　　次	2023 年 6 月第 1 版
印　　次	2023 年 6 月第 1 次印刷
书　　号	ISBN 978-7-5766-0341-5
定　　价	69.00 元

本社图书若有印装质量问题，请直接与营销部联系，电话：025-83791830。

目 录

第1章 绪论 ··· 001
1.1 研究的原因、目的和意义 ··· 001
1.2 文献综述 ··· 005
1.2.1 《米》的研究现状综述 ··· 005
1.2.2 葛浩文翻译思想和实践研究的文献综述 ··· 008
1.2.3 应用叙事学理论进行小说翻译研究的文献综述 ··· 011
1.3 研究方法及本书结构 ··· 013
1.3.1 研究方法 ··· 013
1.3.2 本书结构 ··· 016

第2章 《米》中叙事视角的翻译 ··· 018
2.1 视角的定义和分类 ··· 018
2.2 《米》中的叙事视角 ··· 019
2.3 《米》中叙事视角的翻译 ··· 020
2.3.1 人物视角的翻译 ··· 021
2.3.2 叙事者视角的翻译 ··· 048
2.4 小结 ··· 062

第3章 《米》中叙事时间的翻译 ··· 064
3.1 《米》中的叙事时间 ··· 064
3.2 《米》中叙事时间的翻译 ··· 065
3.2.1 场景 ··· 065
3.2.2 停顿 ··· 078
3.2.3 概要 ··· 084
3.2.4 插叙 ··· 087

            3.2.5 预叙 …………………………………………………………… 092
            3.2.6 反复叙事 ………………………………………………………… 097
            3.2.7 单一叙事 ………………………………………………………… 100
    3.3 小结 …………………………………………………………………… 102

第 4 章 《米》中叙事化修辞格的翻译 …………………………………… 104
    4.1 叙事化意象的翻译 …………………………………………………… 105
        4.1.1 意象的叙事意义 …………………………………………… 105
        4.1.2 时间意象 …………………………………………………… 105
        4.1.3 事物意象 …………………………………………………… 113
        4.1.4 色彩意象 …………………………………………………… 126
        4.1.5 小结 ………………………………………………………… 133
    4.2 比喻的翻译 …………………………………………………………… 134
        4.2.1 比喻的叙事意义 …………………………………………… 134
        4.2.2 明喻 ………………………………………………………… 134
        4.2.3 借喻 ………………………………………………………… 142
        4.2.4 暗喻 ………………………………………………………… 147
        4.2.5 小结 ………………………………………………………… 151

第 5 章 结论 ………………………………………………………………… 153
    5.1 研究发现 ……………………………………………………………… 153
    5.2 研究启示 ……………………………………………………………… 158

参考文献 ……………………………………………………………………… 161

附录 A：翻译为现在时的"场景"的原文和译文 ……………………………… 173

附录 B：第二章中"插叙"的原文和译文 ……………………………………… 177

后　记 ………………………………………………………………………… 185

第 1 章
绪　论

1.1　研究的原因、目的和意义

在全球化不断加快的今天,我国新时期作家越来越多地走向海外,江苏籍作家苏童就是这样一位值得关注的中国当代小说家。汉学家杜迈可(Michael Duke)在他有关中国当代小说的评论文章《走向世界:中国当代文学的转折点》中指出:"苏童是中国当代最重要的小说家之一。"(Duke,1991:391)

谈起中国当代小说,苏童是一个绕不开的话题。"苏童是一个讲故事的好手。"(王德威,2001:1)他的小说"既注重现代叙事技巧的实验,同时也不放弃古典的故事性,在故事讲述的流畅、可读和叙事技巧的实验中寻求和谐。"(洪子诚,1999:342)有学者指出,"对当代文学而言,苏童的意义在于他给小说带来了拓展表现力的叙事空间和话语方式。"(焦雨虹,2004:72)他的小说既反映出先锋小说文体实验的一些共性,如多变的叙事视角和客观冷静的叙事时距所产生的"零度"叙事效果,又具有古典意味,而且带有强烈的南方特色,因而被称为"意象化的写作"(葛红兵,2003:110)。苏童的作品不仅在中国享有很高的声誉,在国外也有一定的影响。

他的中篇小说《妻妾成群》(*Wives and Concubines*)在 1991 年被拍成了电影并获奥斯卡提名。电影的广泛传播进一步促进了该小说英译本在世界范围的流通和影响。2005 年 2 月,他的长篇小说《我的帝王生涯》(*My Life as Emperor*)又被译成英文进入了美国书店。同年 5 月 9 日,美国作家约翰·厄普代克(John Updike)在《纽约客》(*The New Yorker*)上发表评论赞扬了苏童。2006 年,苏童的另一长篇小说《碧奴》(*Binu and the Great Wall*)出版,再次得到世界的关注。该书的英文版也是由葛浩文翻译,并有可能成为中国当代作家在世界范围内影响最广的图书之一①。2009年4月,苏童的长篇小说《河岸》(*The Boat to Redemption*)的英文本和中文本几乎同时出版。在当代作家中,作品中英文能同时出版的非常少。苏童在英语国家的影响力可见一斑。

通过译本,苏童得到了西方很多主流报刊的关注。作家闵安琪(Anchee Min)在袖珍丛书出版社新书推荐中写道:"我特别佩服苏童的创作风格。中国南方的作家,比较注重精巧和奇异的手法。苏童的笔法显得既节俭又残忍,他可以说是一个真正的文学天才。"葛浩文的翻译,她认为也非常杰出,"就像在手里掬一捧水而从不让一滴漏掉(It is like holding a handful of water with his palms without losing a drop.)。"(Su,1997:封面)此外,《科克斯书评》(*Kirkus Reviews*)认为,苏童的创作和巴尔扎克以及左拉的作品有相似之处:都是关于人将自己和他人逼到了极限的故事。美国圣若望大学历史系教授、汉学家金介甫(Jeffrey C. Kinkley)更是认为这是一部"史诗般的作品"(金介甫,查明建,2006:139)。

对于苏童来说,《米》是很重要的一部作品,这是他的写作风格和精神探寻向传统回归和转向的一部小说。"从以往的温婉缠绵到厚重朴实,由自由出入的第一人称叙事到客观冷静的第三人称叙事,由以往的飘忽不定的碎片意象到以'米'作为中心意象,这些都表明其作品对先锋的不断后退,对传统的不断靠近。"(胡登全,2005:10)这种叙事方法主要体现在小说所采用的叙事视角、叙事时间和叙事化修辞格(叙事化意象和比喻)这几个方面。《米》采取的是第三人称的叙述视角,延续了中国古代文学的叙事传统。《米》中相对模糊的历史叙事时间和相应的话语表达方式展现了叙事者客观冷静的叙事态度。叙事化意象则是苏童一贯的写作姿态,具有一种诗性而含蓄的审美效果。但"米"的中心意象的确立有意识地继承了中国古代文学的叙事化意象这一传统。小说中确切而又新奇的比喻是苏童语言的又一大特点。这些比喻将分散于文中各处的叙事化意象联结成一体,对表达小说的叙事主题起到了重要作用。

《米》的叙事主题具体体现在以下三个方面:对人的生存的思考、对人性恶主题的挖掘和对个人主体价值的追问。

苏童对人生存的思考在《米》中主要表现为对人、人的境遇和人与人之间关系的描写。《米》讲述了主人公五龙坎坷和不平凡的一生,整个叙述呈现出的是一种

---

① 再讲一遍吧,那些久远的奇异[N/OL].东方早报,2006-07-20[2019-11-26].http://news.sohu.com/20060720/n244347075.shtml.

大的圆形结构:五龙在秋天因为饥荒逃离了家乡来到城市讨生活,在经历了城市的种种罪恶之后,又在秋天带着一车皮的米踏上了逃离城市返回家乡的旅途。他的人生就是在不断的逃离和回归之间循环着,生命接近终点的时候似乎又回到了原点。透过这一结构,作者暗示了他对人生的思考:人生是变幻无常的,生命在无止境的追寻中失落,变得孤独。所有人的逃亡,包括主角五龙最终都是毫无意义的挣扎,难逃命运的控制。这是苏童作品中对"人本主义"的深刻思考,体现的是一种宿命论和循环论。

苏童对人性恶主题的挖掘表现为对所有人物的描写都充满了无法拯救的悲哀,这是从骨子里对人性的绝望。按照罗兰·巴尔特(Roland Barthes)所提出的"功能序列"概念(张寅德,1989:20),《米》的文本实际上是由两个序列组成的:第一个序列是指第一代(五龙和米店老板、米店姐妹以及码头帮之间)的恩怨故事;第二个序列是指第二代(父子之间、夫妻之间、妯娌之间、兄弟之间)的纠葛。这两个序列共同印证着"种"的倒退、"上梁不正下梁歪"的古训,以及人性恶之本能的主题。夏志清在《中国现代小说史》中指出:"现代中国文学之所以肤浅,归根到底是由于对原罪说或阐释原罪的其他宗教学说不感兴趣,无意认识。"(夏志清,2005:322)从这一点来说,《米》对原罪主题的深入挖掘有着很强的启蒙意味。

苏童对个人主体价值的追问在《米》中具体表现为工具理性代表的城市对原始乡村的迫害和压制以及来自原始力量的反抗。五龙和米店老板以及米店姐妹之间的关系,就像是他们所代表的城市和乡村,有着天壤之别,因此本来就是不平衡的。但是待五龙娶了织云,做了米店的女婿之后,这种不平衡似乎获得了某种程度上的平衡和稳定。织云生下孩子之后,使得本来稳定的关系又呈现为不对称的倾斜结构。这好比一个不断变化、强弱不同的势能,给予叙事作品以活力和能量,正是这种不平衡和不对称推动叙事文本不断行进。作者采用这样的动态叙事结构,无疑是想告诉读者:人生结构是一个复杂的动中有静的构造,逃亡是没有意义的。苏童说,写《米》好像是在做函数,他要追求一个最大值,因此写得很极端(苏童、张学昕,2005:55)。但是也只有在如此极端的处境中才能展现出人性的本质和人对自身主体价值的探求。

可见,《米》对人的生存问题的思考、对城乡对立的解释、对逃亡意识的演绎和对人性恶的深度挖掘好像是一朵波德莱尔(Baudelaire)所说的"恶之花",体现出《米》在叙事主题上的一种现代意识。

正因为苏童这位中国当代小说家在海外广泛而深刻的影响,《米》的叙事技巧又具有从先锋向传统回归的特性,再加上叙事主题的现代性,叙事技巧与叙事主题的完美契合,以及其英译由有"中国现代、当代文学的首席翻译家"之称的葛浩文(Howard Goldblatt)所为,促使笔者选择了该小说的英译作为研究对象。

本研究的目的有三:

一是试图揭示小说翻译如何传达原文特有的叙事特点。通常的小说翻译往往等同于一般的翻译,对原文的叙事特点不予关注,只关注语言形式层面的转换,忽视了小说作为文学作品的文学性的传达,导致译作读起来索然无味。因此,研究文学作品的叙事话语及文学特性,了解文本的叙事结构和叙事策略等并在译本中加以体现,这对文学作品的翻译尤其重要。

二是旨在说明文学作品英译过程中要充分考虑到读者的接受。国内的一些汉译英作品,通常未将译本的阅读者考虑在内,往往从原语的认知角度来审视译本,致使很多译本只能在国内小范围中交流而不能在国际图书市场上流通,背离了英译的初衷。因此,在小说英译的过程中,综合运用各种翻译方法和策略,尽可能地照顾到读者的语言习惯,顺应英语的思维认知模式,是作品英译的必由之路。

三是揭示《米》的英译策略。《米》是苏童的第一部长篇小说,其中的叙事技巧体现了现代与传统的结合。作者在叙事手段和策略上的创新体现在叙事视角、叙事时间和叙事化修辞格三种叙事元素当中。根据原文不同的叙事元素,译者会选择更多的翻译策略。笔者对《米》的英译策略进行研究就是要揭示文学翻译策略的多元化。

本研究的意义有三:

首先,可以为现当代小说的英译提供借鉴。《米》在叙事技巧上体现了从先锋向传统的转变,其中贯穿的叙事思想也是先锋与传统的结合,因此可以作为具有中国特色的先锋小说英译的个案进行研究。先锋文学的创作特点是注重"怎么写",这一关注点让这类文学创作更加关注作品的语言及其产生的叙事审美效果,具体体现在《米》文本的各个叙事层面上,包括叙事视角、叙事时间和叙事化修辞格三个部分。因此,译者葛浩文采取了怎样的翻译方法,产生了怎样的审美效果,对表达故事的叙事主题有着怎样的影响都是本书关注的内容。

其次,通过《米》的英译研究,了解知名翻译家的翻译策略,从而为中国文学作品的英译提供指导。葛浩文作为中国现当代小说的首席翻译家,其翻译思想和实践是值得研究的。对翻译家的实践和思想的研究是翻译研究中必不可少的部分。"然而近年来国内对翻译家的研究更多地集中在中国籍或海外华人翻译家,对于外籍汉译英翻译家的研究稍显薄弱。"(文军、王小川、赖甜,2007:78)季羡林先生曾指出:"中国学术界对西方汉学家对中西文化交流所起的作用等注意还很不够。"(季羡林,2007:60)但是,事实上"大部分情况下,文学作品,我们基本上都是请外国人来翻。"(王欣,2008:15)葛浩文翻译了大量的中国现当代小说,他的译本在英语国家的接受情况是比较好的,因此对他的翻译实践及其思想的研究具有一定的现实意义。

最后,为后来者从叙事学视角进一步研究翻译抛砖引玉。本书是对从叙事学角度进行小说研究的一种拓展。本书不仅从修辞叙事学的角度,研究译者作为译文的叙事者所运用的翻译策略对叙事话语各成分(原文的叙事者、人物和读者)所产生的影响,而且在具体论证过程中结合跨学科的研究方法,对叙事学、文体学、功能语言学、认知修辞学和文学翻译理论的综合阐释,以期对译本的分析更加具有实证性和可操作性。

1.2 文献综述

1.2.1 《米》的研究现状综述

统观《米》的文学研究,其焦点主要是围绕着文本的主题、文学手法和风格特点等。其中研究《米》的叙事主题的文章有张学昕的《灵魂的还乡——论苏童的小说〈米〉》(1999)、贾广惠的《先锋体验与创作迷失——论苏童"新历史主义"小说》(2000)、张清华的《天堂的哀歌——苏童论》(2001)、鲁玉玲的《先锋作家的迷惘——〈米〉的解读》(2002)、黄毓璜的《也说苏童》(2003)、霍巧莲的《心灵与历史的高度契合——苏童〈米〉中的人与世界》(2004)、刘进军的《还原历史的语境——论新历史小说〈米〉》(2005)、高淑珍的《游荡在乡村与城市之间的灵魂——试论苏童的小说〈米〉》(2005)、张丛皞和韩文淑的《孤独的言说与无望的救赎——对苏童小说的一种解读》(2005)、陈党的《米——关于存在的哲思》(2007)、段斌和胡红梅的《艰难的救赎——〈米〉的新历史主义意蕴》(2007)、李珂玮的《寻根者的寓言——解读苏童的〈米〉》(2008)、丁婧的《宿命的恶之花——论苏童〈米〉中"米"的主题意蕴》(2011)、王金城的《宿命轮回、生存困境与历史颓废——苏童长篇小说〈米〉重读》(2015)、范雅楠的《苏童作品的颓废性解读》(2015)、苏婉馨的《都市的精神漂泊者——论苏童小说〈米〉》(2019)、张琪的《论苏童〈米〉对人性边界的探索》(2019)。

研究《米》的叙事主题的硕士论文有李娟的《对历史的又一种言说——苏童"新历史小说"探析》(2002)、龚施燕的《试论苏童历史题材小说的突破与创新》(2003)、王玉的《论苏童小说的弑父主题》(2004)、景银辉的《苏童小说主题论》(2004)、胡登全的《不知所终的旅程——苏童小说"逃离"现象研究》(2005)、张丽的《论苏童小说的逃亡主题》(2006)、高承新的《"熟悉的陌生人"——苏童小说人物析论》(2006)、鄂晓萍的《越过存在与苦难边界的精神逃离——苏童小说的文化心理解读》(2007)、尹敏丽的《弗洛姆异化理论视角下〈呼啸山庄〉和〈米〉之对比研究》(2017)。

以上研究细化了《米》的叙事主题，包括寻根、逃亡、人的孤独和异化等，展现了五龙作为一个独立的个体对人的生存境遇的思考。在苏童笔下，主流历史被以个人记忆为代表的家族叙事所取代，历史也成了叙事者口中的历史。叙事者的口吻冷静客观，《米》中所涉及的年代基本上都被剔除或虚化了。"故意模糊时间观念是苏童演绎历史故事的一个基本叙事。"(戴清，2002:170)由此，历史的纵向流程、事实背景和时间特征就被空间化了的历史结构、生存情态和人生构成所替代。《米》的叙事主题是故事的灵魂，译文是再现了原作的叙事主题，还是发生了改变？这是本书中《米》的翻译个案中要重点关注的问题之一。

除了对叙事主题的挖掘，苏童小说的叙事特点还在于大量叙事化修辞格的运用，使得其作品中充满了独特的"诗性语言"(poetic language)(Leech，1969:15)。研究《米》中叙事化修辞格的文章主要有汪云霞的《永远在路上——苏童小说〈米〉的象征意蕴》(2001)、焦雨虹的《苏童小说：唯美主义的当代叙事》(2004)、刘培延的《梦：一次精神游走的人生历险——另眼看〈米〉》(2005)、胡金龙的《意象审美与文化批判——苏童的"枫杨树系列"研究之一》(2006)、陆克寒的《苏童：乡愁美学的艺术建构与意义表达——"枫杨树系列"读解》(2006)、林铭的《穿越历史时空的苏童》(2006)、赵海燕的《五龙身上的伤疤、印记对叙述主题的言说意义》(2007)、唐晓敏的《从性别政治看苏童的〈米〉》(2008)。研究《米》中叙事化修辞格的硕士论文也都涉及了意象和比喻在苏童叙事中的重要作用，包括了史晓丽的《论苏童小说的逃逸意象系统》(2004)、李宁的《魅影"南方"——苏童小说世界的构造》(2005)、缪倩的《论苏童小说的意象世界》(2006)、李永涛的《南方的神话写作——以苏童及其创作为例》(2007)、李曦的《苏童小说的诗性叙事研究》(2008)、王虹的《论苏童小说〈米〉的意象叙事》(2016)、梁丹妮的《〈米〉中流动性意象蕴含的身份符号阐释》(2017)。

总之，叙事化意象是中国叙事文学所特有的文化元素。意象在苏童《米》的创作中具有叙事性，它起到了连接文脉、贯通文气和深化故事主题的作用，表明了苏童的先锋创作扎根于中国古典文化的深厚土壤。"种种的意象是支持《米》的整个文体赖以存在的重要支柱之一。"(蒋原伦、潘凯雄,1994:165)而比喻作为串联意象的线索在叙事中也具有十分重要的意义。从以上研究可知,对《米》中叙事化修辞格的研究主要集中在分类和探究其审美效果和叙事主题上。这些叙事化修辞格的翻译是否会影响其审美效果和主题的传达,是本书要解决的又一重要问题。

研究苏童作品的博士论文有吉林大学的张学昕博士撰写的《南方想象的诗学——论苏童的当代唯美写作》(2007)。该论文全面梳理和分析了苏童的文学创作,从苏童的小说、散文等文本出发,对苏童小说的写作发生、所受影响、小说意识、小说母题、叙事形态、唯美风格、小说人物形象、文学叙事语言等进行细致考察,并对其重要作品做了个案分析。苏童的研究资料集有两本,分别是孔范今和施战军主编的《苏童研究资料》(2006)以及汪政和何平主编的《苏童研究资料》(2007)。

以上的单篇文章、硕士论文、博士论文和研究资料集对苏童《米》的叙事特点做了比较完整的研究。相关文献对《米》的翻译也进行了一定的研究:

张璐的《苏童〈米〉法译本的风格再现》(2006)着重分析分析了对小说语言风格的翻译,认为译文忠实地道,再现了原文的意境氛围。此外,刘华文的《"首席翻译家"笔下的〈米〉》一文从认知叙事学的角度,发现了原文和译文之间的有些差异对叙事模式和事件感受性产生的影响[①];徐娜在《葛浩文的文化身份与〈米〉的翻译研究》(2014)探讨了葛浩文的文化身份是如何影响其对苏童《米》的翻译及其采取的主要翻译方法的;魏春梅的《汉语文化负载词翻译研究——以苏童小说〈米〉英译本为例》(2015)以奈达对文化的分类为理论依据,探讨了《米》中各类文化负载词的翻译方法,以便更好地实现"文化传真";李梓铭的《苏童〈米〉译文中的意象流变与审美价值重构》(2015)认为由于思维意识、语言文化等方面的差异,《米》中的部分意象在翻译成英文的过程中被扭曲,甚至变形,意象的损耗正说明了译文无法再现原文的深、广度;刘小蓉的《苏童长篇小说〈米〉中的概念隐喻翻译策略研究》(2016)阐述相关的概念隐喻翻译功能对小说《米》的英文译本的影响,并研究其翻译的策略;车馨茹的《关联翻译理论视阈下苏童小说〈米〉中汉语本源概念的英译研究》(2019)从关联翻译理论的视角总结《米》中汉语本源概念的英译模式;赵毓的《苏童小说〈米〉中文化负载词的英译策略分析》(2019)研究了译者在物质、生态、社会、宗教、

---

① 刘华文:《"首席翻译家"笔下的〈米〉》,《文景》2006年第2期,http://www.docin.com/p-2495288048.html,访问时间:2019年1月4日。

语言文化负载词翻译时所采取的翻译方法和策略。

除此之外,南京大学法语系杭零的博士论文《中国当代文学在法国的翻译与接受》(2008)中有专章(第二章:苏童——挥之不去的中国迷雾,102～130页)研究苏童小说在法国的译介以及由此形成的固化形象,其中也谈到了《米》在法国的译介情况。作者认为,在法国读者对《米》的不同于中国文化内部的解读中,更多地看到的是两国读者在文学观念和审美倾向上的差别。

从以上有关《米》的翻译研究的文献中可以看出,译者在翻译的时候尽可能想要传达出原文的叙事审美效果,但是由于不同语言和文化之间的差别比较大,势必在跨语的翻译实践中发生一些"偏离"。这些在《米》的英译过程中所发生的"偏离"正是本书重点要研究的内容之一。

1.2.2 葛浩文翻译思想和实践研究的文献综述

很好的中英文水平和着眼文学作品的质量成就了葛浩文,他是一个称职的译者。他是翻译中国现当代作品的海外第一人。他不仅创办了期刊《中国现代文学研究》,还创作了《萧红评传》等多部专著。除此之外,他还多年从事中国文学的教学和研究工作,并翻译了大量的中国现当代文学作品。迄今为止,葛浩文已将20多位中国现当代著名作家(包括萧红、苏童、余华、莫言等)的60多部文学作品译介到了海外。葛浩文翻译的中国现当代文学作品之多,翻译风格之多样,使其成为中国现当代文学海外译介过程中重要的外籍汉英翻译家,为中国文学的海外传播与接受做出了重大的贡献。其译作包括:萧红的《商市街》(1936)(*Market Street*,1986)、《呼兰河传》(1940)(*Tales of Hulan River*,1979)、《生死场》(1935)(*The Field of Life and Death*,1979)、《染布匠的女儿——萧红短篇小说选》(2005)(*The Dyer's Daughter:Selected Stories of Xiao Hong*,2005);苏童的《米》(1991)(*Rice*,1995)、《我的帝王生涯》(2001)(*My Life as Emperor*,2005)、《碧奴》(2006)(*Binu and the Great Wall:The Myth of Meng*,2008)、《河岸》(2009)(*The Boat to Redemption*,2010);莫言的《红高粱家族》(1987)(*Red Sorghum*,1994)、《天堂蒜薹之歌》(1988)(*The Garlic Ballads*,1996)、《酒国》(1993)(*The Republic of Wine*,2001)、《师傅越来越幽默》(1999)(*Shifu,You'll Do Anything for a Laugh*,2001)、《丰乳肥臀》(1995)(*Big Breasts and Wide Hips*,2003)、《生死疲劳》(2006)(*Life and Death Are Wearing Me Out*,2008);白先勇的《孽子》(1987)(*Crystal Boys*,1989);陈若曦的《尹县长》(1976)(*The Execution of Mayor*

第 1 章 绪论

Yin and Other Stories from the Great Proletarian Cultural Revolution，2004）；朱天文的《荒人手记》(1997)（*Notes of a Desolate Man*，1999，与夫人林丽君合译)等。

葛浩文还选编了一些中国文学选集，如 *Worlds Apart—Recent Chinese Writing and Its Audiences*(1990)、与刘绍铭合编 *The Columbia Anthology of Modern Chinese Literature*(1996)、*China's Avant-Garde Fiction：An Anthology*(1998)、与 Aili Mu(穆爱莉)和 Julie Chiu(赵茱莉)选译 *Loud Sparrows：Contemporary Chinese Short-shorts*(2008)等。

葛浩文直接阐述其翻译思想的文章主要有两篇：一是《文学与翻译家》。他在其中论述了对于译者以及翻译本身的地位、翻译的重要性、翻译的原则等问题的看法(葛浩文,1998:100-108)。二是"Why I Hate Arthur Waley? Translating Chinese in a Post-Victorian Era"。在该文中,他指出译者的责任在于为他所翻译的作品提供一个文化的语境(cultural context),威利(Arthur Waley)的译作超越前人之处在于他更多地考虑到现当代读者的接受度(Goldblatt,1999:38-42)。

除此之外,各媒体对译者葛浩文的访谈和他自己的表白也是了解其翻译思想和实践的重要渠道。如：《华盛顿邮报》2002 年 4 月 28 日发表的他自己的文章"The Writing Life"(2002)[1]、汉学家凌静怡(Andrea Lingenfelter)所写的"Howard Goldblatt on How the Navy Saved His Life and Why Literary Translation Matters"(Lingenfelter,2007)、罗屿和葛浩文的对话"美国人喜欢唱反调的作品"[2]、"寻找中国文学的世界坐标——专访中国现当代文学'首席翻译家'葛浩文"[3]、舒晋瑜对葛浩文的访谈"十问葛浩文.一百个问题，一百本书"[4]、"葛浩文谈中国当代文学在西方"(2017)[5]、"葛浩文'没有翻译,我就不能生活'"(李文静,2012)、"文学翻译:过程与标准——葛浩文访谈录"(闫怡恂、葛浩文,2014)、"我行我素——葛浩文与浩文葛"(葛浩文、史国强,2014)、"我只能是我自己——葛浩文

---

[1] Howard Goldblatt. The Writing Life[N]. The Washington Post,2002-04-28.
[2] 罗屿,葛浩文.美国人喜欢唱反调的作品[J].新世纪周刊,2008(10):120-121.
[3] 寻找中国文学的世界坐标——专访中国现当代文学"首席翻译家"葛浩文[EB/OL].(2008-03-21)[2019-11-26]. http://news.sina.com.cn/c/cul/2008-03-21/102015196711.shtml.
[4] 舒晋瑜.十问葛浩文.一百个问题,一百本书[N/OL].中华读书报,2005-08-31[2019-06-05]. https://wenku.baidu.com/view/ac0e0c516f175f175f0e7cd184254635eefdc8d31592.html.
[5] 葛浩文谈中国当代文学在西方[EB/OL].(2017-11-30)[2019-11-26]. sino.newdu.com/m/view.php? aid=18983.

访谈"(孟祥春,2014)。从以上访谈中可知,在葛浩文看来,翻译应做到对原文和译文尽可能忠实;他还认为翻译是一种跨文化交流活动,同时翻译又是一种背叛和重写。对于葛浩文来说,翻译可以说是一种巧译。这种巧译是基于他严谨的翻译态度和他对译者的地位、责任等的体会和了解,同时也是对翻译活动中多种制衡因素的妥协。他将翻译看作一种折中——如何保持译文和原文,以及译文和读者之间刚刚好的距离是他在翻译中努力想去实现和做到的。

国内对葛浩文的翻译思想和实践的研究多持肯定态度,如:刘绍铭的《〈干校六记〉的两种英译》和《旗鼓相当的配搭——葛浩文英译〈红高粱〉》[收录在刘绍铭(1999)的《文字岂是东西》里],认为译者的翻译实践是很成功的;张耀平的《拿汉语读,用英文写——说说葛浩文的翻译》(2005),研究了葛浩文的翻译思想及其翻译风格;姜智芹的《西方读者视野中的莫言》(2005),认为葛浩文的翻译是莫言作品在海外获得很好接受的主要原因;刘华文的《"首席翻译家"笔下的〈米〉》(2006a)和《翻译能把虚构延伸多长》(2006b),在肯定葛浩文的翻译的同时,指出其译文中的某些地方未能够完全再现原文的文学特性;文军、王小川和赖甜合作的《葛浩文翻译观探究》(2007)一文总结了葛浩文的翻译观,认为他坚持忠实是翻译的第一准则,也不否认翻译也是一种背叛和重写,需要运用不同的翻译方法来传递原文的形神,同时也方便读者的理解和接受;孟祥春的《Glocal Chimerican 葛浩文英译研究》(2015)以围绕葛译的重大论争或问题为切入点,把葛译这一研究对象问题化,重点论述葛浩文"我译"与"译我"的辩证关系、文化姿态与"市场"要素、理论反思与自我实践的张力,以及葛浩文的意义、定位与评估;张继光的《中国文学走出去的重要推手——葛浩文》(2016)系统梳理了葛浩文翻译生涯的五个阶段及各阶段的特征。文章最后指出,葛浩文成功的翻译实践为我们提供了两方面的启发:译者模式、知识储备。

国外对葛浩文的翻译思想和实践也主要持肯定态度,如:张京媛(Zhang, Hua, and Goldblatt,1997)在评论葛浩文翻译的古华的《贞女》时指出,葛浩文的译文非常流畅,读起来好像是用英文创作的小说。尽管有时这种可读性需要牺牲一些原文中的历史和文化信息。胡志德(Huters et al., 1981)在评论葛浩文翻译的萧红的《生死场》和《呼兰河传》时指出,葛浩文的翻译非常清楚、准确,而且大都抓住了原文的风格和感觉,这得益于译者的英语语言风格和特点。但是,他的译文虽好却也无法复制和再现原文的音韵和节奏,这是翻译的无奈。

很好的中英文水平和着眼文学作品的文学性成就了翻译家葛浩文[①]。夏志清在《大时代——端木蕻良四〇年代作品选》的序言中说葛浩文是"公认的中国现代、当代文学的首席翻译家"(张耀平,2005:75)。厄普代克在《纽约客》杂志2005年5月号上写道:"在美国,中国当代小说翻译差不多成了一个人的天下,这个人就是葛浩文。"(林建法、乔阳,2006:426)厄普代克把葛浩文比喻成中国当代文学的"接生婆"。

1.2.3 应用叙事学理论进行小说翻译研究的文献综述

鉴于小说的叙事本质,再加上叙事学和文学翻译本身的源流和发展有着一种天然的联系,小说的翻译研究应该而且必须借助叙事学的相关理论,从而深化对小说叙事结构和叙事元素的认识,从而更好地实现翻译转换。

国内已经有学者尝试从叙事学角度研究小说翻译。申丹应用叙事学和功能文体学相结合的方法研究小说翻译。她的《文学文体学与小说翻译》(*Literary Stylistics and Fictional Translation*)(1995)着重探讨了传统现实主义小说的翻译,认为文体分析能够解决"deceptive equivalence"(假象等值)的问题。她还运用韩礼德的系统功能语法从词汇、句法和话语表达方式切入,分析了中国文学作品英译过程中产生的与原文的各种"偏离"。郑敏宇的专著《叙事类型视角下的小说翻译研究》(2007)从结构主义叙事学的角度,运用文学文体学、文学修辞学、小说修辞学等相关理论,对小说叙事类型进行了全面的研究,并在此基础上指出:小说翻译是作品中叙事类型的转换。此外,应用叙事学研究小说翻译的博士论文有吕敏宏的《手中放飞的风筝——葛浩文小说翻译叙事研究》(2010)。该文以葛浩文的小说翻译为个案,通过对其代表性译作的文本分析,从叙事研究的角度出发,探讨其小说翻译的叙事策略和技巧,以及小说作为一种文类为翻译提供的再创造空间。李慎的《杨宪益与莱尔英译鲁迅小说叙事重构策略对比研究》(2020)选取杨宪益和莱尔翻译的两种较有影响的译作,运用叙事学理论对二位译者在鲁迅小说英译中所采取的叙事重构策略进行对比研究。

相关论文还有方开瑞的《叙事学和文体学在小说翻译研究中的应用》(2007)、张景华的《叙事学对小说翻译批评的适用性及其拓展》(2007)、黄忠廉的《小说全译的宏观探索——〈叙事类型视角下的小说翻译研究〉读后》(2007)、徐莉娜的《翻译

[①] 赋格、张健.葛浩文:首席且惟一的"接生婆"[N/OL].南方周末,2008-03-27[2019-11-07].http://www.infzm.com/content/1175.

视点转移的语义分析》(2008)、周晓梅和吕俊的《译者——与隐含作者心灵契合的隐含读者》(2009)等。以上文章从不同角度论证了将叙事学应用于小说翻译研究的必要性和可能性。

在现阶段，将叙事学应用于翻译研究主要考察的是原语叙事视角和叙事话语方式如何在译语中进行再现。研究叙事视角翻译的文章有汪桂芬的《谈小说翻译者关注叙事视角的必要性——兼评海明威的叙述艺术及翻译》(2002)、方开瑞的《论小说翻译中的人物视角问题》(2003)、申迎丽和孙致礼的《由〈尤利西斯〉中译本看小说翻译中叙事视角的传译》(2004)、徐莉娜的《翻译视点转移的语义分析》(2008)、黄海军的《叙事视角下的翻译研究》(2008)、唐小红和杨建国的《叙事学视野下的〈老残游记〉及其英译本初探》(2011)、李星宇和强云的《封闭的空间，交织的声音——〈封锁〉英译的叙事学解读》(2016)、顾毅和李丽的《〈尘埃落定〉英译本中第一人称叙述视角的再现研究》(2016)。

研究叙事话语方式翻译的文章包括唐伟胜的《从〈阿Q正传〉看引语形式的汉英转换策略》(2003)、吴富安的《谁的声音？怎么译？——小说中人物话语的表达方式及其翻译》(2003)、郑敏宇的《准作者叙事话语及其翻译》(2003)、戴连云的《从人物话语的翻译看文学文体意识》(2004)、杨斌的《英语小说自由间接引语的翻译》(2005)、王林的《思想或话语表现方式变更对原作风格的扭曲》(2005)、郑敏宇的《作者主观叙述及其翻译》(2005)、霍跃红和王璐的《叙事学视角下〈阿Q正传〉的英译本研究》(2015)。

应用叙事学研究小说翻译的硕士论文有秦华的《〈红楼梦〉及其英译本的叙事语式初探》(2001)、夏云的《叙事虚构小说视角的文体学研究》(2001)、张倩的《〈红楼梦〉杨戴译本中叙事类型的重建》(2006)、呼文娟的《从文学文体学和叙事学角度谈〈边城〉英译本的翻译》(2006)、刘婉泠的《叙事学视野下的翻译实践——析小说 The Da Vinci Code 中译本》(2007)、汪培的《从叙事学角度研究鲁迅小说的两个英译本》(2014)、李伟的《〈天堂蒜薹之歌〉英译本的叙事学解读》(2015)、李丽的《叙事学视角下〈尘埃落定〉的英译本研究》(2016)、谌振兴的《小说翻译中叙事模式的传递——基于〈呐喊〉两个英译本的对比研究》(2020)、张佳佳的《〈碧奴〉英译本中的叙事调适研究》(2021)。

从以上研究可以看出，翻译研究结合叙事学、文体学、功能语言学等研究方法能够有效地深入文本结构，理解原文本的内容和形式的真正内涵，从而更加有效地实现文学文本的翻译转换。但是，现阶段国内从叙事学角度研究小说翻译主要是从叙事视角和叙事话语方式切入，而对文本外部的影响因素，如译本的接受、译本产出的文化背景等的研究还很缺乏。

国外学者贝克(Baker,2006)的 *Translation and Conflict: A Narrative Account*(《翻译与冲突:叙事性阐释》)一书从外部文化语境来考察政治叙事语料的翻译,看译文是否达到预期的目的和功能。此书从叙事学角度研究社会文化语境对翻译活动的影响,因此是对国内研究的一种补充。

1.3 研究方法及本书结构

1.3.1 研究方法

本书主要采用的是叙事学和修辞学相结合的修辞叙事学的研究视角。修辞叙事学将"叙事学的研究成果用于修辞性地探讨'叙事如何运作',主要涉及作者、叙述者与读者之间的交流关系。"(申丹、王丽亚,2010:171)修辞叙事学是后经典叙事学的主要一支,它不仅关注西方叙事学中的主要叙事元素,如叙事视角、叙事话语方式等,而且关注修辞层面上的叙事元素,如叙事化修辞格等,因此拓展了小说研究的层次。此外,修辞叙事学还注重考察叙事话语参与者(叙事者、人物和读者)之间的关系,增加了外部读者这一维度,为既是读者又是叙事者的译者翻译策略的研究提供了依据。

根据戴维·赫尔曼(David Herman)、曼弗雷德·雅恩(Manfred Jahn)和玛丽-劳尔·瑞安(Marie-Laure Ryan)编写的《叙事学理论百科全书》的词条里有关"修辞学路径进行叙事研究"的定义:"修辞叙事学将叙事学看成是一种交际的艺术,主要是强调两个方面的内容:一是叙事文本的语言,尤其是模式的逻辑;二是强调叙事是作者和读者为了某种目的,通过文本这一媒介形成的一种互动关系。这两个方面并不是相互排斥的:分析文本语言模式的人一般会考虑分析的结果对整个交际的效果;强调交际的人也会特别注重语言的模式。因为大部分对叙事的分析都会关注语言的模式和整体的交际。"(Herman, Jahn, and Ryan, 2005:500)[①]

---

① 以上为笔者所译,英文原文如下:Rhetorical approaches conceive of narrative as an art of communication, and they typically have one of two major emphases: (1) on the language of the narrative text, particularly the logic of its patterns; (2) on narrative as an interaction between an author and an audience through the medium of a text for some purpose. The two emphases are of course not mutually exclusive: those who analyse the linguistic patterns of that analysis for the overall communication typically pay attention to the linguistic patterns. Indeed, since most analyses of narrative involve some attention to linguistic patterns and overall communication.

从修辞学角度涉入叙事学研究的主要有两个流派：一是巴赫金的对话理论，二是新亚里士多德学派（芝加哥学派）。新亚里士多德学派的主要代表人物和作品有：布斯（W. C. Booth）和他的《小说修辞学》（*The Rhetoric of Fiction*）（1961），费伦（J. Phelan）和他的《作为修辞的叙事》（*Narrative as Rhetoric*）（1996）以及卡恩斯（M. Kearns）和他的《修辞性叙事学》（*Rhetorical Narratology*）（1999）。其中布斯强调的是作者的操控作用和对读者产生的影响；费伦强调的是叙事的进程及其对读者接受的影响；卡恩斯的研究则关注语境的作用。其中布斯的《小说修辞学》为本研究的展开提供了概念上的依据。

修辞叙事学研究的对象是"作者—文本—读者"之间的修辞性关系，这是经典叙事学所关注的文本系统内部各要素之间的相互关系，是作者把一系列修辞策略诉诸文本，并通过文本在读者那里达到一定的修辞效果，完成作者、文本、读者之间的修辞性交流目的。"小说的修辞广义地说，指的是作者如何运用一整套技巧来调整和限定他与读者，与小说人物之间的关系。狭义地说，则是特指艺术语言的节制性运用。"（浦安迪，1996：102）前者属于西方的修辞学概念，它含有美学上的创作意义，是叙事学的核心功能之一。叙事视角、叙事时间以及与之相关的叙事者、叙事声音、叙事距离、叙事结构和叙事节奏都属于叙事技巧层面上的修辞。后者则是语言学意义上的修辞，即指那些与语法相对应的各种修辞格。以此为依据，本研究首先关注《米》的叙事视角和叙事时间的翻译。其次，又从狭义的层次分析《米》中大量存在的隶属于文本层面的修辞手法。

作家创作中采用不同的修辞策略会对文学效果产生影响。"审美效果论"是指布斯在《小说修辞学》中对英国美学家爱德华·布洛（Edward Bullough）的"心理距离说"的发展。布洛的审美距离概念是对审美活动中一种主客体关系的心理描述。布斯把布洛的审美距离概念引入了小说的修辞分析，意在说明叙事者、人物和读者之间在各方面的差异和距离是由作者选择的特定修辞技巧所造成的，因此可以产生不同的文学阅读效果。"距离"的存在是具有重要修辞意义的。叙事者或作家对距离的控制，最终体现为他要在哪些方面，在多大程度上影响读者。可以说，小说家正是通过对各种距离关系的控制，操纵着读者的反应，使读者对小说人物的情感和道德产生认同或反感、接受或拒斥的态度。

译者作为译文的叙事者，将原文本的修辞策略体现在翻译策略之中，因此修辞的翻译策略，无论采取何种方法都会呈现出一种译者有意识的操控行为，都会给审美带来不同程度的影响。

第1章 绪论

　　本研究对翻译策略的确认参照维奈(Vinay)和达贝尔内(Darbelnet)的直接翻译和间接翻译归类方法,还有鲁文·兹瓦特(Leuven-Zwart)对翻译过程比较模式和描述模式的方法分类。

　　之所以采取这样的研究方法,首先主要是和研究的对象有关。葛浩文作为外籍汉学家,在翻译中国当代小说家苏童作品的时候所采用的翻译策略,可以用鲁文·兹瓦特在他的研究论文中所提出的两种模式进行研究。经过细致地对比原文和译文,以及阅读有关葛浩文翻译思想的文献后,笔者发现,他总体上采取的是尽可能忠实于原文的直接翻译法(literal translation),其译文基本上保留了原文的叙事节奏和叙事结构。同时,由于两种语言在结构和文化上的差异,译文与原文相比发生了一定程度的"偏离",因此,译者也采用了兹瓦特所说的调整(modulation)、修改(modification)和改变(mutation)这三种翻译方法。其次,采用兹瓦特的翻译转换比较/描述法是因为该模式以维奈、达贝尔内等人提出的部分分类方法为出发点,借用它们对翻译进行描述性研究,从而将翻译对比系统化,并引入高于句子层面的语篇框架。

　　维奈和达贝尔内在《法英风格比较:翻译方法论》(Vinay & Darbelnet "stylistique comparée Du Français Et De L'anglais")(1958/1995)一书中区分了直接翻译法(direct translation)和间接翻译法(oblique translation)两大策略。直接翻译法又分为:(1) 译借法(borrowing),如汉译外中"改革""开放"等外来词或音译词等;(2) 借用法(calque),即原语的结构和表达方式被直译到译入语中;(3) 直译法(literal translation),即字字对译。间接翻译法包括:(1) 换位法(transposition),有强制性(obligatory)和选择性(optional)两种,如词性发生变化;(2) 调整法(modulation),也有强制性和选择性两种,如转换语义和视角、抽象译为具体、原因译成结果、部分译作整体、部分翻译为其他部分、倒装、否定对立面、主动语态改为被动语态或者反之、时间和空间上的间隔与界限、意象的改变等;(3) 对等法(equivalence),即用不同的文体或结构表达相同的情景,主要用于翻译成语和谚语;(4) 顺应法(adaptation),即用社会功用相当的译文翻译文化背景不同的原文的表达法(Munday,2001:63)。

　　鲁文·兹瓦特的翻译方法包括比较模式(comparative model)和描述模式(descriptive model)。借用维奈、达贝尔内所区分的两类翻译策略中的具体译法,兹瓦特对翻译进行了系统的比较和描述性研究。兹瓦特的比较模式要求对原文和译文进行详细对比,同时将微观层面(句子层、从句层和短语层等)的转换方法进行分门别类的极为细致的阐述。首先,把选定的文本切分至"可以理解的最小语篇单位",称为"翻译素"(transeme);其次,把原文翻译素中不变的核心意义界定为"元翻译素"(architranseme),由它充当语际比较的对象,或者说是不变参照项;最后,将原文和译文中的翻译素分别和元翻译素比较,从而建立两个翻译素之间的关系。接下来,兹瓦特将具体的翻译转换方法归为调整、修改和改变三大类:(1)调整译法(modulation)是指翻译素之一和元翻译素一致,另一个在语义上或文体上有所不同。例如,原文是"坐起来",翻译为"sit up quickly"。这个例子可视为调整,因为英语短语中多了"quickly"一词。(2)修改译法(modification)是指两个翻译素都与元翻译素有所不同(或语义,或文体,或句法,或语用,或兼而有之)。例如,"you had to cry"(你必须大叫)和"hacia llorar"(西班牙语,意思是它使你大叫)。(3)改变译法(mutation)指的是由于增译、减译或译文的"某些重大改变",无法找到元翻译素的那些翻译方法。在文本比较的基础之上,兹瓦特要求对转化所产生的效果进行描述。描述模式成为用于分析译文的宏观模式。该模式基于叙事学(Bal, 1985)和文体学(Leech and Short, 1981)的有关概念,将"话语层"(discourse level)与"故事层"(story level)的概念与语言的三个"元功能"(人际功能、概念功能和语篇功能)融为一体,对译文的整体效果进行阐述(参见 Munday, 2001: 63-65)。

笔者以兹瓦特的比较模式和描述模式为牵引,借用维奈和达贝尔内的具体翻译法以及兹瓦特的比较模式中对译法的界定,对《米》中的翻译方法进行了系统的梳理,并结合具体情况进行阐释,以期通过描述译文中发生的翻译转化,来进一步发掘这些不变和改变对原文审美距离的再现和叙事主题的传达有着怎样的影响和作用,以便从叙事语篇的功能层面上对翻译策略的运用及其效果进行总结。

因为修辞叙事学是比较宏观的理论,所以在具体的文本分析过程中,本书还结合了其他研究方法来观照文本实例,如文体学、系统功能语法中的评价理论、认知语言学、翻译方法论等。同时,还比较了译者翻译的苏童的另一长篇小说《我的帝王生涯》以及汉学家杜迈克翻译的苏童的中篇小说《妻妾成群》中的相关参数。通过对比更加清楚地认识译者在翻译《米》的过程中采用的翻译策略。

1.3.2　本书结构

本书由五章构成。第1章为绪论,介绍了本研究的原因、目的、意义和方法以及相关研究的现状和本书结构。

第2章研究《米》中第三人称叙事视角的翻译。叙事视角分为叙事者视角和人物视角两个部分。人物视角是指主人公五龙的视角以及"卫星"人物(织云和绮云)的视角。叙事者视角具体表现在分布在文本中的各种评价资源里,所以本章将结合叙事学和文体学以及功能语言学人际元功能的评价理论来考察译者对《米》中叙事视角的翻译。译者在翻译人物视角和叙事者视角时采取了怎样的翻译方法和策略,以及对叙事话语的三个成分之间的关系有着怎样的影响,产生了怎样的审美效果和主题意义,都是本章考察的内容。

  第3章研究《米》中叙事时间的翻译。叙事时间涉及了场景、概要、停顿、插叙、预叙、反复叙事和单一叙事这几个方面。它们和叙事距离、叙事人称、叙事声音等叙事学概念密不可分。本章将具体分析译者在处理各种叙事时间时所采取的翻译策略,以及与叙事话语的三个成分之间的关系及带来的影响和审美效果等。

  第4章研究《米》中大量存在的叙事化修辞格的翻译。笔者将《米》中的叙事化修辞格分为叙事化意象和比喻两大类。叙事化修辞格是指作品中具有叙事意义或说明故事主题作用的辞格,它们作为叙事的线索贯穿整个小说的文脉,构成了《米》重要的叙事元素。译者翻译时是保留之还是发生了一些改变,这对叙事话语的三个成分之间的关系有着怎样的影响,及其产生的审美效果和主题意义,都是本章要集中探讨的问题。

  第5章对小说的翻译策略进行总结并指出研究带来的启示。

第 2 章
《米》中叙事视角的翻译

2.1 视角的定义和分类

叙述故事,首先要解决由谁来讲(叙事声音)和从什么角度来讲(叙事眼光)的问题,"从什么角度来讲"就是指叙事视角。"亨利·詹姆斯是第一个关注小说视角和其他叙事技巧的人。"(Lubbock,1921:12)西蒙·查特曼(Simon Chatman)清楚地界定了视角:与叙事事件有关的具体地点或意识形态状况或实际的人生方向。他指出视角和声音不同,它并不是表达本身,而是表达所采取的角度(Chatman,1978:153)。他在 1990 年出版的《叙事术语评论》一书中,用"过滤器"(filter)一词来指代人物的视角(Chatman,1990:141-146)。简言之,视角讲的是谁在看的问题。不同的视角本身并无优劣之分,只是视角的选择会影响艺术的表达及审美效果。不同的叙事视角决定了作品不同的艺术结构,同时也决定了接受者不同的感受方式。视角的目的是要表明叙事者的价值观或是对事件、人物的态度与评价,并希望读者能够接受其观点、态度和评价。

20 世纪初以来出现了对各种视角的具体分类。其中"弗里德曼(N. Friedman)在《小说的视角》一文中提出的区分也许是最为详细的一种。他根据叙事的重点区分了八种不同的视角:(1) 编辑性的全知视角;(2) 中性的全知视角;(3) 第一人称见证人叙述视角;(4) 第一人称主人公叙述视角;(5) 多重调整性的全知视角;(6) 调整性的全知视角;(7) 戏剧方式视角;(8) 摄像方式视角。"(Herman, Jahn, and Ryan, 2005:442)

热奈特(Genette)在对弗里德曼的八分法进行归纳和总结的基础上,提出了自己的三分法。他用"聚焦"来代替视角,在他的《叙事话语》(*Narrative Discourse*)中划分了三种聚焦模式,分别为:零聚焦(叙事者>人物)、内聚焦(叙事者=人物)和外聚焦(叙事者<人物)(Genette, 1980:186-187)。

但是，申丹认为这样的划分未能将第一人称和第三人称的外视角区分开来。因此，她区分了四种不同类型的视角或者聚焦模式：(1) 零视角（传统的全知叙述）；(2) 内视角（包括热奈特提及的三个分类，但固定式内视角不仅包括第三人称"固定性人物有限视角"，还包括第一人称主人公观察位置处于故事中心的"我"正在经历事件时的眼光）；(3) 第一人称外视角（固定式内视角涉及的两种第一人称回顾性叙述中我追忆往事的眼光，以及第一人称见证人叙述中观察位置处于边缘的"我"的眼光）；(4) 第三人称外视角（同热奈特的"外聚焦"）。这样的分类在申丹（2001:203）看来，可以避免弗里德曼的偏误和烦琐，也可以弥补热奈特的疏漏，同时有助于纠正当代西方批评界对于第一人称叙述中叙事视角的分类的片面性。

视角按照叙事人称的不同还可以分为第一人称、第二人称和第三人称叙事视角三类。三种不同人称的视角的叙述效果是不同的。其中第一人称视角的双重叙事效果体现在：一方面听者跟随叙述者进入故事，感受真实。由于叙述者的引导作用和人物显示的在场性，听者会把情感向叙述者倾诉，同时也向人物倾诉。另一方面，由于叙述者的时空作用，听者随时可以回到自我的时空从而制造超然的优越感，增强读者的审美感受。

第二人称是"具有全能性的，既可以是故事的叙述者，也可以是故事中的被叙述者。"（祖国颂，2003:185）徐岱（1992:292）称："第二人称是一种对话性人称。当叙述话语出现'你'这个代词，就改变了读者在第三人称中的旁观者身份，仿佛和叙述主体正面相对。"

第三人称在小说叙述中主要有三种视角形式："全知全能式，人物视角式，观察者视角式。"（祖国颂，2003:189）全知全能式叙事视角是"有权从任何角度拍照花瓶的摄影师"（赵毅衡，1998:119）。叙述者在全知视角中把自我的主观情感、喜怒哀乐向读者显露。《米》主要采用了第三人称全知叙事视角。

2.2 《米》中的叙事视角

《米》是关于个人生存、孤独和逃亡的寓言演示。故事的开端、发展、高潮直至结局，都是一场有关"米"的梦魇。主人公五龙在宿命的掌握下，跟随着"米"完成了从农村到城市，然后再从城市回到农村的二度逃亡。

《米》全篇主要采用的是第三人称全知视角来讲述五龙这个逃亡者的人生旅途和故事。通常，全知叙事者视角所体现的叙事者的态度和评论以较为客观，因此也更为隐蔽的方式出现。但苏童小说"叙事者后面的隐含作家倒常作犹抱琵琶半遮面的表演"(吴义勤,1997:181)。

该第三人称全知视角内部也会发生改变,随着情节的变化、人物塑造和故事讲述的需要也不时地发生视角越界,如从人物的外视角转向人物的内视角,或从人物的内视角转向人物的外视角,或在叙事者视角和人物视角之间进行切换等。

"中国传统小说多数是以全知视角,通过第三人称叙事。但这种视角不是一成不变的。在中国长篇小说中常常使用一种第三人称限制叙事的技巧,即从一个人物的角度来叙事,然后随即转成另一人物的角度或叙事者的全知角度。"(乐黛云,2002:224)从这个意义上来说,苏童的小说创作一定程度上继承了中国传统的叙事模式。

苏童对叙事视角的选择也注重布斯所说的审美距离的变化。他把一切主观的热情隐藏在一种貌似客观的场景后面,在叙事者、小说中的人物以及读者之间,保持一种或道德或智力或时间或情感价值上的审美距离。通过视角的不断置换,使读者能够与作品所描绘的世界保持一定的距离,采取一种审美的态度而不是深陷其中,这种距离扩展了读者的阅读空间和审美空间。这又有别于布斯在《小说修辞学》中研究的各种叙事者公开评论的功能,包括提供事实或概述,塑造信念,将具体行为与已建立的规范联系,升华事件的意义等(布斯,1987:191-232)。也不同于查特曼在《故事与话语》中探讨的全知叙事评论的作用(Chatman, 1978: 236-253)。相比较而言,苏童这一类的视角干预叙事的手段是更加含蓄隐晦的,具有东方美学的特点,也体现了自福楼拜(G. Flaubert)和亨利·詹姆斯倡导作者的引退以来,现代小说所具备的叙事者评论的特点。

2.3 《米》中叙事视角的翻译

总体来说,《米》的文本明显地表现出叙事者近距离的在场性,人物的视觉、听觉和心理活动都具有被转述的性质,作者一再用"五龙想""五龙看到""五龙说"等转述话语的汇报分句,对人物的心理活动进行了有序的整理,并用叙事者概括性的语言对他的心理活动进行分析,或提供背景性的因素,充分显示了叙事者高于人物又合乎艺术规律地处理自己和人物主体关系的技巧。叙事者发挥主体性自行限制了自己的视角,让人物的形象更加突出。叙事者的干预是无处不在的,全知叙事者能像全能的上帝一样观察事物,然后将其观察到的东西有选择地叙述给读者。

第 2 章 《米》中叙事视角的翻译

本研究在前人分类的基础上,结合《米》的叙事视角特点(《米》整体上采用的是第三人称全知视角),以叙事者的聚焦程度为分类的依据和标准,将《米》中的叙事视角或者聚焦模式分为两类:第三人称的内视角与第三人称的外视角。内视角就是作品中的人物在看,外视角就是叙事者的眼睛在看。其中内视角又具体分为主人公五龙的视角和"卫星"人物如织云、绮云的视角。外视角是无处不在的全知叙事者的视角。视角主要由感知性视角和认知性视角构成。"感知性视角指信息由人物或叙事者的眼、耳、鼻等感觉器官感知。这是最普通的视角形式。认知性视角指的是人物和叙事者的各种意识活动,包括推测、回忆以及对人对事的态度和看法,这属于知觉活动。这些思索是由于感觉活动奏效的,它揭示的是人物广袤的内心世界。"(胡亚敏,2004:23-24)本章将具体探讨译者葛浩文在翻译不同视角时采取的翻译策略对审美效果和主题传达的作用。

2.3.1 人物视角的翻译

1) 主人公五龙视角

《米》的故事主要是以人物带动情节向前发展,以人物来展现其背后的主题和美学意义,而这一切主要是透过五龙这个人物的视角来实现的。"人物视角式叙事以小说中某一人物的视角来感知,通过人物的情感特征和所感所知来展示观察者的叙事视角:观察者是隐蔽的,像一架摄像机在跟拍人物的活动。人物视角的奇特性在于它是一个双重视角,具有双重叙事功能,既可以表现人物视角下的人物个性,也可以表现视角使用者的人物个性。"(祖国颂,2003:196)大而言之,人物的视角其实还是叙事者视角,是叙事者对自己的视域进行了限制,让叙事富有变化,更加真实可信。

《米》透过主人公五龙的身体感觉这个世界。他的感官向这个城市全面开放,体会和了解外部世界,并产生丰富的内心体验。小说中明显体现五龙视角的地方至少有 80 处。本书选取了其中部分的译例,分别从视觉、听觉和感觉三个方面来考察主人公五龙视角的翻译。

(1) 视觉视角的翻译

视觉视角是通过汇报分句"他看见"在文本中体现出来的。孟悦(2005:324)认为,"'他看见'等字样连同无数其他'要你去看'的文本指令一道,成为苏童枫杨树系列最独特的叙述环节,也成为当代小说中一种罕见的叙述策略。"

视觉视角涉及视觉动作由谁而发,即谁在看,谁在观察事件,是叙事者本人在看,还是故事中的人物在看,也就是说,叙事的眼光是由谁发出来的。视觉视角同时映射出来自人物内心的想法,人如何看待周遭的事物,因此它是人物心理的一种外部显现和投射,体现一种评价的态度,而不仅仅是景物的描写或者人物的刻画。采用人物的眼光还是采用叙事者的眼光,带来的效果也是不一样的。因此,译者在阅读和理解原文时有必要将产生某种视觉感受的主体弄清楚,以便在翻译后产生同等效果。

在对比原文和译文后笔者发现,译者在翻译体现人物视觉视角的汇报分句时,大部分进行了删除(见表2.1),小部分进行了保留(见表2.2)。

表2.1 删除视觉视角汇报分句的翻译

1. 五龙走到一个岔路口站住了,他**看见**路灯下侧卧着一个男人。那个男人四十多岁的样子,头枕着麻袋包睡着了。P. 2	Five Dragons stops at an intersection, near a middle-aged man sleeping under a streetlamp, his head pillowed on a gunnysack. P. 2
2. 五龙**看见**了林立的船桅和桅灯,黑压压的船只泊在江岸码头上,有人坐在货包上抽烟,大声地说话,一股辛辣的酒气在码头上弥漫着。P. 3	Lanterns fore and aft cast their light on the dark hulks tied up at piers; some men around a pile of cargo are smoking cigarettes and talking loudly; the smell of alcohol hangs in the air. P. 3
3. 他**看见**那群人咧着嘴笑,充满某种茫然的快乐。P. 5	Somehow their merriment was contagious. P. 5
4. 五龙还**看见**了自己,在逃亡的人流中他显得有点特别,他的表情非常淡漠甚至有点轻松,五龙**看见**自己手里拖着一条树棍,沿途击打酸枣树上残存的几颗干瘪发黄的酸枣。P. 6-7	He was part of the exodus, but only he wore a benign, carefree expression. He carried a branch to knock down the withered fruit of wild jujube trees along the way. P. 7
5. 五龙被四周嘈杂的声音惊醒,他**看见**另外一些陌生人,他们背驮大货包,从他身边匆匆经过。P. 7	Five Dragons woke to morning noises all around; men rushed past him, loads of cargo on their backs;... P. 7
6. 他**看见**几辆大板车停在一艘铁船的旁边,船舱里装满了雪白的新米。有几个汉子正从船上卸米。P. 7	... ; a line of freight wagons stood beside a steel-hulled ship whose cargo of snowy white rice was being unloaded by stevedores. P. 7
7. ……,他**看见**晾衣竿上挂着米店姐妹的内衣和丝袜,而旁边米仓的门敞开,飘散新米特有的香味。P. 18	The emporium girls' underwear and stockings still hung from the clothesline, sending the unique aroma of new rice drifting toward him. P. 19

第 2 章 《米》中叙事视角的翻译

续表

8. 五龙回过头**看见**他们正把支在路边的铁锅抬走,让一辆黄包车通过瓦匠街。P. 25	A man roasting chestnuts across the street wrestled his cauldron out of the way of a rickshaw traveling down the street. P. 28
9. 五龙匆忙跑过去,**看见**绮云一脸厌恶烦躁的样子。P. 25	… he rushed over. She had a scornful look on her face. P. 29
10. 五龙**看见**织云的指尖上涂了蔻丹,鲜红鲜红的手指在胸脯上弹跳了几下,……。P. 27	Brightly painted finger-nails moved nimbly across her buttons,… P. 31
11. 五龙不知道她想干什么,疑惑地进了门,**看见**织云已经坐在梳妆台前,懒懒地梳着头发,……。P. 28	With trepidation he entered her room; she was seated at the dressing table, lazily brushing her hair. P. 32
12. 他**看见**冯老板也出来了,……。P. 30	Proprietor Feng walked up. P. 34
13. ……,**看见**有一只老鼠从脚边窜出来,消失在院子里。P. 38	A rat scurried past and vanished in the yard. P. 44
14. 五龙推着车夹在中间,他**看见**前面的板车突然停在一家新开张的米店门前……。P. 41	In the middle of the pack, Five Dragons helped push until the wagons stopped in front of a newly opened rice shop. P. 47
15. ……,他**看见**了另一幅庄严的画面,……。P. 43	… and let grave and exotic fantasies of the most bizarre kind play in his head;… P. 49
16. 他**看见**织云新烫的波浪式发卷上落了白白的一层雪珠,织云的眼睛显得温柔而多情。P. 61	Virgin white snowflakes stuck to the curls of Cloud Weave's newly permed hair, the glint of tender passion filled her eyes. P. 70
17. 五龙仍然蹲着劈柴,他**看见**织云的脚从空档处伸出来,……。P. 64	…; he kept chopping wood as her foot slipped under his crotch and … P. 73
18. 五龙重新蹲下去劈柴,**看见**冯老板从店堂里出去,……。P. 66	Five Dragons was on his haunches chopping wood when Proprietor Feng walked outside. P. 75
19. 其中一个梦境是多次重复的,他又**看见**了枫杨树乡村的漫漫大水,水稻和棉花,……,他**看见**自己赤脚在水上行走,……。P. 68	… a dreamy collage busying his mind, with a series of linked images appearing and reappearing: rice paddies and cotton fields in Maple-Poplar village, … He was walking barefoot on the water,… P. 79
20. 他**看见**织云的小腹多情地向上鼓起一堆,就在上面粗粗地摩挲了一会儿,……。P. 76	Roughly he caressed the tender bulge of her belly. P. 88
21. 他**看见**米店父女三人出现在街口,……。P. 78	Proprietor Feng appeared at the intersection with his daughters;… P. 90

续表

22. 五龙微瘸着朝院子里走,他**看见**出门前洗的衣裳仍然挂在晾衣绳上,……。P. 84	Limping slightly, he walked outside, where laundry was hung out to dry in front of the gate. P. 96
23. 他**看见**织云睁开眼睛惊恐地望着他,……。P. 93	Her eyes bulged. P. 107
24. 他**看见**细碎晶莹的米粒正从她白皙的皮肤上弹落下来。P. 94	…, crumbly rice cascading from her milky skin to the floor. P. 107
25. 五龙站在门后让他们走进米店,他**看见**对面铁匠铺和杂货店的门窗也打开了,街坊邻居都在朝米店这里张望。P. 104	Doors and windows opened in the blacksmith shop and grocery across the street as Five Dragons stepped aside to let the man into the shop; the neighbors were watching. P. 120
26. 他**看见**织云坐在床上给孩子喂奶……。P. 104	Cloud Weave, who was sitting on the edge of the bed suckling her baby,… P. 121
27. 五龙在黑暗的院子里站了一会儿,回到房间里,他**看见**织云坐在零乱的绸被中,……。P. 106	Five Dragons stood in the darkened yard a while longer before returning to the bedroom, where Cloud Weave was sitting up, her satin bedding a jumble. P. 122
28. 他**看见**柴门咯咯地摇晃着,快要倒下来了。P. 112	But the door was about to crash open. P. 129
29. 五龙**看着**他们最后软瘫在地上把一只破碗推到围观者的脚边,……。P. 119	The bout ended with both fighters sprawled on the ground near a chipped bowl at the spectator's feet. P. 137
30. 他又**看见**多年前的水稻、棉花和逃亡的人群。他们在大水中发出绝望的哀鸣。P. 120	More scenes followed: the paddies of his youth, the cotton, throngs of famine victims, all moaning in desperation. P. 139
31. 他闭上眼睛就**看见**一片白茫茫的汪洋大水,……。P. 120	When he closed his eyes, a vast yet hazy panorama of floodwater spread out before him, … P. 139
32. 他飘浮在一片大水之上,恍惚又**看见**水中的枫杨树家园,那些可怜的垂萎的水稻和棉花,……。P. 138	…, which was engulfed in water. Puny rice shoots and withered cotton plants were swept by… P. 161
33. 五龙掀开玻璃珠子门帘,**看见**妓女婉儿倚窗而立,……。P. 165	He parted the beaded door curtain. The prostitute Little Beauty was gazing out the open window… P. 194
34. ……,他再次**看见**那只死亡的黑手,它温柔地抚摸了他的头发。P. 208	…, as the hand of death gently stroked his hair. P. 243
35. 他**看见**周围潮湿斑驳的墙壁布满了黑红色的血迹……。P. 217	… damp walls virtually covered with dark bloodstains,… P. 253

第 2 章 《米》中叙事视角的翻译

在表 2.1 的各例中,译者都将表示五龙视角的汇报分句"五龙(他)看见"删除了。因为译文省略了主句的主语和谓语,只留下了原文的宾语,并使得译文和原文相比叙事视角发生了调整:从人物的限制性视角转变为叙事者的全知视角,因此可称之为调整性省译法。译文突出了叙事者在故事叙述中的在场和干预,此时历史也就成了叙事者口中的历史。举例来说:

① **五龙看见**了林立的船桅和桅灯,黑压压的船只泊在江岸码头上,有人坐在货包上抽烟,大声地说话,一股辛辣的酒气在码头上弥漫着。(苏童,2005:3)

Lanterns fore and aft cast their light on the dark hulks tied up at piers; some men around a pile of cargo are smoking cigarettes and talking loudly; the smell of alcohol hangs in the air. (Su, 1997:3)

本句叙述了五龙刚到达城市时在码头上看到的景象。故事的开始就奠定了整个叙事灰暗的氛围和情调,这种灰暗压抑的视觉感受显然是来自五龙而不是叙事者。原文中的汇报分句"五龙看见"也点明了真正的叙事视角是通过五龙的眼睛发出的。

译文略去了叙事者"五龙"和他发出的动作"看见"这两个可以再现原文叙事视角的词语。原文的叙事者是"五龙",但在译文中变成了全知全能的第三人称叙事者,强化了叙事者的声音。而且,原文中的叙事视角和叙事声音是区分开来的,但是译文却将二者重合在了一起,因此译文在某种程度上变成了对景象的描述和再现。这里,叙事视角由人物(五龙)的有限视角变成了叙事者(隐含作者)的全知视角,通过视角所体现的语言功能的概念意义有所不同,译文小句中的及物性系统①也发生了变化:从认知过程变成了存在过程。此时,读者的阅读感受也有所不同:从原来的限制性人物的视角体验变成了全知全能的叙事者视角感受,从而加深了读者介入文本的程度,扩展了他们的想象空间。

译者在翻译中略去了"五龙看见"这一汇报分句,一定程度上改变了原文中视角所表现出来的人际语言功能,使人物五龙和读者之间的距离拉大,但却增强了叙

---

① 及物性系统是属于概念功能范畴的一个子系统,就过程来说可分为物质过程、心理过程、关系过程、行为过程、言语过程和存在过程六个种类。其中物质过程是表示做某件事的过程;心理过程是表示感觉、反应和认知等心理活动的过程;关系过程指的是反映事物之间处于何种关系的过程;行为过程是指诸如呼吸、咳嗽、叹息、做梦、哭笑等生理活动过程;言语过程是通过讲话交流信息的过程;存在过程是表示有某物存在的过程。(胡壮麟等,2008:75-84)

事者的声音。又如:

② 他**又看见**多年前的水稻、棉花和逃亡的人群。他们在大水中发出绝望的哀鸣。(苏童,2005:120)

More scenes followed: the paddies of his youth, the cotton, throngs of famine victims, all moaning in desperation. (Su, 1997:139)

这是五龙经常会梦见的情景。他在梦中看见枫杨树的大水,而自己始终如漂浮在水上的棉花、水稻一般地四处飘荡着。这暗示着五龙漂泊无依的心境,也和故事的主题相契合:他的身体在城市,但是心始终是在枫杨树的大水上漂浮着。原文中五龙是叙事眼光的发出者,是聚焦者,他聚焦的对象是梦中的自己和跟他一样因为大水而逃离枫杨树家乡的人们。但是,译文略去了表示五龙视觉视角的汇报分句"他又看见",使本来是五龙经常梦见的主观情景成为一个客观的指涉事物的存在过程,是一种较为纯粹的客观描写。此外,译文中也有保留人物视觉视角的情况,因为有时候全知叙事者的干预一定程度上有损作品的戏剧性,因此《米》中的叙事者在叙述时常常短暂地换用人物的有限视角。例如:

表 2.2 保留视觉视角汇报分句的翻译

1. 五龙低下头,**看见**自己的影子半蹲半伏在地上,很像一条狗。P.5	But then he lowered his head and **saw** his own shadow, crouching like a lowly dog. P.5
2. 他**看见**朱红色的铺板被一块块地卸掉了,……。P.13	…, he turned in time to **see** the scarlet slats come down, one at a time,… P.14
3. 五龙**看见**自己在漆黑的街道上狂奔,……。P.35	Five Dragons **saw** himself running madly down a pitch-black street… P.40
4. 五龙远远地**看见**阿保把桅灯扔进了江里,……。P.39	Five Dragons **saw** Abao fling a kerosene lamp from one of the masts into the river… P.45
5. 五龙**看见**他的脸上掠过一道绝望苍白的光。P.40	Five Dragons **watched** the pale light of despair sweep across the man's face… P.46
6. 五龙追出门外,**看见**那一家人以各自奇怪的步态走在瓦匠街上,……。P.52	Five Dragons rushed over to the gate and **watched** them walk down Brick Mason Avenue, raising eyebrows with their unique styles of locomotion. P.60
7. 有一天五龙在瓦匠街头**看见**两个卖拳的少年,……。P.119	One day on Brick Mason Avenue Five Dragons **spotted** two young men who made a living from boxing exhibitions… P.137

续表

8. 瓦匠街在午夜以后已经一片空寂,但是杂货店的毛毡凉棚下站着一个人,他不时地朝米店这里张望,后来五龙**看见**了那个奇怪的黑影,低弱的视力加上夜色浓重使得他无法辨认,他同样不知那个人到底要干什么。P. 208	A solitary figure standing beneath the awning of the grocery store glanced at the rice emporium from time to time. Five Dragons **spotted** the stranger, but his weak eyes and the enveloping darkness kept him from seeing who it was and what he was doing there. P. 244

从表 2.2 中我们发现,译者在翻译某些展示五龙视觉视角的文本之处,对那些起引导作用的汇报分句也有所保留。例如:

③ 瓦匠街在午夜以后已经一片空寂,但是杂货店的毛毡凉棚下站着一个人,他不时地朝米店这里张望,后来五龙**看见**了那个**奇怪的黑影**,低弱的视力加上夜色浓重使得他无法辨认,他同样不知那个人到底要干什么。(苏童,2005:208)

A solitary figure standing beneath the awning of the grocery store glanced at the rice emporium from time to time. Five Dragons **spotted the stranger**, but his weak eyes and the enveloping darkness kept him from seeing who it was and what he was doing there. (Su, 1997:244)

这个看不清楚的黑影其实就是回来要找五龙报仇的抱玉,但是五龙在那样的身体状况和自然光线下是认不出他的。因为叙事者采用了自限的人物视角,所以从五龙的视角只能看到人的影子。这个时候叙事者视角完全让位于主人公五龙的视角,从他的角度来观察事态的发展,文中只有他的眼光和声音,让故事更加真实,人物形象更加丰富。

译文"Five Dragons **spotted the stranger**, but his weak eyes and the enveloping darkness kept him from seeing who it was and what he was doing there."翻译出了这个影子给五龙带来的奇怪感觉,但没有将"黑"这个修饰影子的视觉词翻译出来。显然,五龙心里有一种很不祥的预感,明白这个人会给他带来灾难。因此,如果译者将"黑"翻译出来可以更加准确地表现出主人公五龙的视觉感受,即黑影营造出的鬼魅的不祥之兆。译文中保留了表示人物视角的汇报分句,翻译为"Five Dragons spotted"。"spot"是"发现,认出"的意思,更能够表现出人物当时观看的心态。

通过以上各例可知,译者有时也会保留原文中表示五龙视觉视角的汇报分句

"他(五龙)看见",主要翻译为"see""watch"和"spot"。这样可以维持人物五龙和读者之间的距离,也比较好地表现了人物当时观看的方式。这三个词语都可以表示看的状态,但是人物的情感投入是不同的:"see"是"to use the eyes; have or use the power of sight",指一般意义上的"看;看见;看到"的意思;"watch"是指"to look attentively",则是比较专注地看,持续的时间相对要长一些;"spot"的意思是"to see or recognize, especially with effort or difficulty",指的是"(用眼睛)找出;认出,看出",所以带有更为强烈的人的主观情绪,体现了更多的人的主观能动性。

在故事刚开始的时候,五龙来到城市,他唯一的念头就是能够依靠自己一身的力气在城市生存下来,所以对他所看到的一切(自己的影子、自己内心的挣扎、米店老板打开店门时候的动作和码头帮抢米的情景)都是一种不自知的冷漠态度。因此在前四例中译者都是将表示五龙视觉视角的汇报分句中的"看见"翻译为"see",其中没有包含太多人物的情感体验。但是待他发现阿保等人的借米实际上是一场抢劫之后,五龙才开始真正了解到城市的罪恶。于是从例5开始,译者对人物的观看方式的翻译在选词上就发生了变化。他将"看见"翻译成"watch"来表达五龙在看到船老大被扔下水时的震惊,表现的是一种人物长久凝视的状态。例6的译文也将人物视角的标志词"看见"翻译成"watch"。因为五龙是长久地凝望着米店一家的离开,持一种观望的态度,说明他已经慢慢地习惯了城市的罪恶和肮脏勾当。例8将表示五龙视角的"看见"翻译为"spot",可以表现出更为强烈的人物情绪。因为五龙在若干年后看见了那两个在城市街头卖艺的小孩就好像看见了初到城市的自己,所以,翻译为"spot"体现的是更加复杂的人物体验和心理感受。可见,译者在译文中保留人物视角的汇报分句时,还根据人物性格的变化和主题发展的需要选择了不同的词语,逐步拉近了读者和五龙之间的距离,比较好地再现了故事的审美效果和叙事主题,且译文的语言功能仍然是表示认知活动的心理过程。

(2)听觉视角的翻译

人物的听觉和叙事的声音密切相关。叙事声音是指叙事者的声音。正是因为"叙事者的身份及其在叙事文本中所表达的方式与参与的程度,决定了叙事者发出的叙事声音"(谭君强,2008:52),所以,热奈特将叙事视角进一步改为聚焦,即"视觉与被'看见'被感知的东西之间的关系"(巴尔,2003:168),来避免叙事声音的主观性。例如:

第 2 章 《米》中叙事视角的翻译

表 2.3 删除听觉视角汇报分句的翻译

1. ……五龙**听见**老货站的天棚和轨道一齐咯噔咯噔地响起来……P.1	A rumbling noise pounds off the depot ceiling above and the tracks below;… P.1
2. 许多人从水中跋涉而过,他**听见**男人和女人的哭声像雨点密布在空中,或者就像冰雹子一样坚硬地打在他的头顶上。P.6	Men and women trudged out of the water, their sobs and wails thudding into him like raindrops, like hailstones. P.6
3. 他**听见**所有人都嘻嘻地笑开了,这使他很窘迫。P.17	The laughter from both tables stung. P.19
4. 街上有孩子在滚铁箍,远远的街口有一个唱摊簧的戏班在摆场,他**听见**板胡和笛子一齐尖厉地响起来,……。P.24	Children were rolling iron hoops down the street; the high-pitched screeches of a two-stringed huqin and the hollow notes of a bamboo flute,… P.28
5. 他**听见**板胡和笛子一齐尖厉地响起来,一个女孩稚嫩的有气无力的唱腔随风飘来。P.25	… the high-pitched screeches of a two-stringed huqin and the hollow notes of a bamboo flute, followed by the childish, lackluster strains of a female voice, came from a local opera troupe at a distant intersection. P.28
6. ……,只**听见**木梳在她烫过的头发上嗞嗞地响着……。P.29	…, and the silence was broken only by the soft scraping of the brush on her permed hair. P.32
7. 可是五龙**听见**嘣的一声存在于冥冥之中,它总是在夜深人静时出现在米店的院子里。P.48	But there it was—thud—in the darkness, and always late at night in the deserted yard. P.55
8. 他**听见**自己的胸腔里面有一块石子,它沿血管心脏和肺的脉络上下滚动。所以他的呼吸不畅,他的情绪突然紊乱起来。P.61	A stone deep in his chest rose and fell with each boat of his heart, making breathing difficult. He was confused by his emotions. P.69
9. 米垛在黑暗中无比沉静,五龙想着纷乱的心事,手在米堆上茫然地划动,他**听见**了山形的米垛向下塌陷的沙沙声,他还**听见**角落里捕鼠夹猛地弹起来,夹住了一只偷食的老鼠。P.68	The mound of rice stood serene in the darkness. Five Dragons tried to sort out his thoughts, his hand gliding aimlessly over the grains, which rustled as they slid downward. Snap! A mousetrap in the corner sprang into the air with its hapless victim—a hungry rodent announcing its own death with a pitiful victim. P.68
10. 他**听见**窗外的雨声渐渐微弱,冷寂的夜空中隐隐回旋着风铃清脆的声音。那是瓦匠街口古老的砖塔,只要有风,塔上的风铃就会向瓦匠街倾诉它的孤单和落寞。P.77	The sound of rain outside lessened, giving way to the crisp but infrequent tinkle of wind chimes swirling in the lonely night air. It was the ancient brick pagoda on Brick Mason Avenue. With each gust of wind the chimes announced to all of Brick Mason Avenue the pagoda's loneliness and desolation. PP.77–78

11. 五龙推开房门的时候**听见**绮云在评论婴儿的相貌,……P. 103	Cloud Silk was complaining about the baby's looks when Five Dragons walked in. P. 119
12. 除此之外,他还**听见**了远远的火车的汽笛以及车轮和铁轨撞击的声音。P. 170	And there was more: a distant train whistle and the rumble of railroad tracks. P. 200
13. 五龙走到窗前,**听见**院子里响起泼水声。P. 170	Five Dragons walked to the window, where he was greeted by the sound of splashing water. P. 200
14. 五龙最后**听见**的是车轮滚过铁轨的哐当哐当的响声。P. 228	The last sound to fill his ears was the rhythmic clatter of iron wheels on steel tracks,… P. 266

从表2.3各例可以看出,译者也是采用一种调整性省译法来翻译原文中表示五龙视觉视角的汇报分句"他(五龙)听见",从而使得视角从限制性的人物视角变成了叙述者的全知视角。下面具体分析两个例子。这两个例子分别出现在故事的开篇和尾声,而且都是五龙乘坐火车来往于城市和乡村之时听见的声音。首先是故事开始时五龙听见的声音:

④ 五龙**听见**老货站的天棚和轨道一齐咯噔咯噔地响起来……(苏童,2005:1)

A rumbling noise pounds off the depot ceiling above and the tracks below;… (Su, 1997:1)

五龙怀着新奇而又惴惴不安的心情乘坐运煤的火车来到了城市。火车进站时他听见的除了火车和铁轨摩擦的声音,还有车站的天棚所发出的咯噔咯噔的声响。这些巨大而嘈杂的声音首次向五龙展示了城市生活喧嚣的一面,而五龙在它们的面前更显渺小和卑微。这从五龙的视角呈现出城市和乡村之间的差异和人物的无所适从之感,也反映出这些声音对人物内心造成的冲击。而译文"A rumbling noise pounds off the depot ceiling above and the tracks below"删除了人物听觉视角的汇报分句,直接通过叙述者客观冷静的叙事声音和叙述口吻描述了小镇车站的场景。

再如故事即将落下帷幕之时,也就是伤痕累累的五龙拖着病体再次乘坐火车回乡之时,他所听到的声音:

⑤ 五龙最后**听见**的是车轮滚过铁轨的哐当哐当的响声。(苏童,2005:228)

The last sound to fill his ears was the rhythmic clatter of iron wheels on steel tracks,…(Su,1997:266)

此时的五龙已经走到了生命的尽头,而火车不仅是带他回家的交通工具,更是他生命最后的归宿,他最终还是没有实现衣锦还乡的夙愿。最后,他听见的是"车轮滚过铁轨的哐当哐当的响声"。这声音落在了他的心里,带给他内心的平静,还有对生命的叹息和无可奈何。译文删减了"五龙最后听见"这个汇报分句,采用了叙事者直接对五龙结局的描述"The last sound to fill his ears was the rhythmic clatter of iron wheels on steel tracks,… "。这一开放式的结局经由叙事者之口说出,充满了宿命的意味。

译者主要删除了表示五龙听觉视角的汇报分句,从而整体上使人物视角转变为叙事者全知视角,致使叙事者的叙事强化了人物不能摆脱的命运观和宿命论。

此外,叙事声音常常通过人物之间的对话体现出来。《米》中充满了大量的人物对话。事件通过对话来陈述,内心活动也通过对话来呈现,甚至人物的特征、性格和行为也都依靠对话来展现,对话因此成了叙事本身,对话所推动的叙事行为大于事件和主题。可以说,离开了对话,事件和主题也不复存在。《米》中对话的另一重要性在于:由于大部分的叙事由人物对话来展开,叙事者让位给人物,叙事主体消失在人物的背后,人物成为小说真正的主人公。他不仅是叙事的对象,而且是叙事的主体,这一定程度上避免了作者过于强大的主观权力对叙事的客观性的干扰。《米》中的人物对话主要采取的是自由直接引语,几乎都省略了汇报分句,使得整个叙述连贯、简洁和真实。这是故事开始时的一段很短的对话,发生在主人公五龙和当地的地痞阿保之间:

⑥ 叫我一声爹。阿保的脚在五龙的手上碾了一下,他说,叫我一声爹,这些东西就给你吃了。

大哥你行行好吧。五龙抬头望着阿保的脸和他光秃秃的头顶,我真的饿坏了,你们行行好吧。

叫我一声爹就给你吃。阿保说,你是听不懂还是不会叫爹?叫吧,叫了就给你吃。

五龙木然地瞪着阿保,过了一会儿他终于说,爹。(苏童,2005:4)

Call me Daddy. Abao ground his foot. Then you can have it. Just call me Daddy.

Please, elder Brother, show some pity. Five Dragons looked up at

Abao's face and cleanly shaved head. I'm so hungry. Can't you show some pity?

All you have to do is call me Daddy, Abao said. What is it—you don't get it or you won't do it? Come on, say the word, and I'll give you the food.

Five Dragons stared helplessly at Abao. Daddy, he said at last. (Su, 1997: 4)

这里描写的是五龙来到小镇时第一次所受的"胯下之辱",表现了当时故事发展的节奏之快,景象之逼真,也为他日后的复仇埋下了种子。作者通过直接生动地记录人物的特定话语方式,来塑造人物的形象。译者翻译时以直接移植原文的叙事视角为主,译文完全再现了原文中的自由直接引语。随着叙述声音的退出,聚焦人物被释放为一个独立的主体,不再依附于叙事者的声音,而是在自我意识中反映外部世界。"作者似乎在原原本本地'记录'人物思想,叙事者的中介作用已经消失,读者在无任何心理准备的情况下直接进入人物视点。"(罗钢,1994:193)这样使得叙事者几乎完全隐身,将场景直接呈现于人们的眼前,是一种客观冷静的第三人称外视角叙述。这也体现出了叙事者的主体性:他刻意隐身于场景中,让人物自我呈现,使原文和译文的听觉视角基本保持一致,都表示通过对话交流信息的言语过程。再如:

⑦ **绮云迎过来说**,阿保你拽着他干什么?他是我家新雇的伙计。**阿保说**,什么,找这家伙做伙计了?**绮云说**,是我爹的主意,不过他干活还算老实。阿保哼哼了一声,撮开五龙的手,那你们可小心着点,这家伙不像老实人。**绮云惊疑地问**,你认识他?他是小偷吗?阿保狡黠地笑了笑,**他直视着五龙的脸说**,不会比小偷好,我看他的眼睛就像看到自己,他跟我一样凶。**绮云说**,这是什么意思?**阿保竖起大拇指说**,人不是都害怕我吗?所以我让你们也提防点他。(苏童,2005:26)

What are you doing, Abao? **She demanded.** He's our new helper. ○He's what? You hired someone like him? ○ It was my father's idea. But he is a good worker. Abao released Five Dragons's arm. I don't like the looks of him, so be careful. **Cloud Silk was alarmed.** Do you know him? Is he a thief? Abao grinned. If he isn't, he's as bad as one. I can see myself in him. He's probably every bit as cruel as I am. What do you mean by that? **She asked. Abao pointed his thumbs at his own chest.** Everybody's afraid of me. I'm warning you, keep an eye on this one. (Su, 1997: 29)

原文中的叙事对话共有七处汇报分句,分别是:"绮云迎过来说""阿保说""绮云说""绮云惊疑地问""他直视着五龙的脸说""绮云说""阿保竖起大拇指说"。其中有两处是按照原文意思直译过来的,但是选词和原文略有不同。"绮云迎过来说"译为"She demanded",突出了人物的意图,表明了她是带着一种质询的语气而来。他把"她说"译为"She asked",也同样起到了准确表达语气的作用,表明了人物当时的询问方式和态度。两人对话刚开始的时候,译者完全省略了"阿保说"和"绮云说"这两个原文中有的汇报分句(译文中用○标出)。而且译文完全省略了"他直视着五龙的脸说"这个插入语,阿保在对五龙说话的时候,直视他的眼睛所反映出的那种蛮横和霸道的神情都因此被忽略不计了。"绮云惊疑地问"和"阿保竖起大拇指说"中的具体说话方式"问"和"说"都被译者进行了"合并"(converge),分别译作:"Cloud Silk was alarmed."和"Abao pointed his thumbs at his own chest."。

总体上,译者保留了原文的叙事话语方式(叙事结构和叙事节奏)。但在翻译引语的汇报分句时,考虑到英语简洁的行文特点,译者进行了一定程度的改译,如:改变句序,挪动汇报分句的位置,去除和人物语言发出时相伴随的事件,略去对动作和人物状态的插入性描写,或完全删除原文中的汇报分句等。译文也因此产生了新的连贯,更加符合译入语读者的阅读和思维习惯。而且译文中的汇报分句,如"She demanded""Cloud Silk was alarmed""She asked""Abao pointed his thumbs at his own chest."采用了叙事的一般时态——过去时态,是符合英语语法特点的翻译转换。

(3) 感觉视角的翻译

感觉描写是人物的所感在内心的投影。从某种意义上来说,这是和语言的人际功能和评价理论结合的最为紧密的部分。人物的感觉直接展示了人物对某件事情的立场、观点、态度和评价。人物的感觉是有声的思想,说出的是主人公五龙内心真实的想法,展现了他在城市的心路历程。

五龙的感觉视角是他思想的表现,其中大部分有汇报分句,所以可称为"间接思想表达方式"(indirect thought)。"这一术语是通过与间接引语的类比而产生的。用以指思想过程中的表达。"(胡壮麟、刘世生,2004:175)《米》中的间接思想表达方式主要由两种汇报分句来引述,分别是:"他(五龙)觉得"和"他(五龙)想"。译者在翻译时从整体上删除了汇报分句(见表2.4、表2.5)。

表2.4 删除感觉视角汇报分句"他(五龙)觉得"的翻译

1. 五龙觉得他的身体像一捆干草般的轻盈无力,他的双脚就这样茫然地落在异乡异地,他甚至还不知道这是什么地方。P.1	…, effortlessly as a bundle of straw, landing feet first and uncertain on alien territory, not knowing where he is. P.1
2. 五龙觉得咀嚼生米和吃饭喝粥其实是一样的,它们的目的都是抵抗饥饿。P.8	Rice, it didn't matter whether he crunched it, chewed it, or slurped it, so long as it filled his belly. P.8
3. 他觉得脸颊上有冰冷的一滴,是眼泪。他不知道什么时候流下了这滴奇怪的眼泪。P.47	A drop of icy water fell on his cheek—it was a tear. Where had that come from? P.55
4. 五龙觉得脸上滚烫滚烫。P.62	Five Dragons's face was burning up,… P.70
5. 但他觉得光亮可以帮助他保持清醒,……。P.77	… but he was always more clearheaded in the light. P.88
6. 五龙站起来,他觉得他们组成了一片庞大的阴影正朝他这边游移,……。P.78	Five Dragons stood up, suddenly troubled by a premonition that they were descending upon him like a massive specter. P.90
7. 五龙觉得冯老板枯槁垂死的面容很熟悉,……。P.101	The death look on Proprietor Feng's face seemed familiar,… P.116
8. 他觉得姐妹俩的争殴滑稽可笑,没有任何实际意义,……。P.108	To him the sight of two sisters fighting was entertaining, but held no real significance. P.124
9. 五龙觉得他的身体就像一捆干草轻盈无力地落在地上,与当年从运煤车上跳下来的感觉是相似的。P.217	…; he landed weakly, like a bundle of straw, very much the way he'd landed after jumping off the coal car years earlier. P.253

表2.4中例1是五龙刚到达城市时从颠簸了两天的火车上跳下来,脚踩着大地时的真实感受,感觉身体好像是干草一般的轻盈无力。这种迷梦一般的感受是来自五龙的亲身体验,也说明了他的城市之行将是一场梦,在梦中乘火车而来,然后在弥留之际乘火车踏上回乡之旅。他始终是被宿命控制着的孤独的逃亡者。这种梦一般的状态在文中多次出现,如当他被抱玉拖到宪兵司令部拷打审问之前也是这种感觉。这种迷梦还以大水、火车、伸向远方的铁路的形式不断地困扰着他。其实他就是一个生活在梦境中的人。译文"…, effortlessly as a bundle of straw landing feet first and uncertain on alien territory, not knowing where he is."删除了感觉的发出者"五龙",因此,叙事从人物的有限视角的心理感受变成了叙事者的

第 2 章 《米》中叙事视角的翻译

全知视角。

在例 9 中,五龙被抱玉等人拖到暗室去审问时,也产生了"身体就像一捆干草轻盈无力地落在地上"的感觉。五龙多次产生这种"身体像是一捆干草"的无力感,尤其是在生活发生重大变化的时刻。从叙述话语层面来看,《米》的文本提供了大量的梦幻状态的话语:比如跳下火车时,"他身体像一捆干草般的轻盈无力";被阿保灌酒后,"身体再次像干草一样漂浮起来"等。因此,整个《米》的故事都可以看作人物五龙所做的一个梦。译者将表示五龙内视角的汇报分句"五龙觉得"省译了,改变了原文限制性的感觉视角,让叙事者的声音凸显了出来。

译者在翻译这类感觉视角时,都删除了起引导作用的汇报分句,直接将主人公五龙的思想显现出来,使原文的间接思想表达变成了直接思想表达。这种使小说中人物进行直接的思想表达的写法就如直接引语一样拉近了人物五龙和读者之间的距离,让读者能够更加深入理解主人公五龙的思想发展轨迹。原文很多情况是通过汇报分句来引出主人公的思想,这类汇报分句限定了思想的来源或者发出的焦点是某个人物。译者将此去掉,直接呈现思想内容。

而且笔者发现,译者在翻译五龙的感觉视角时也主要删除了"他(五龙)想"这样的汇报分句。例如:

表 2.5　删除感觉视角汇报分句"他(五龙)想"的翻译

1. ……**五龙想**,她有什么可伤心的呢,这是活该。P. 27	What was she getting so upset about? She probably had it coming. P. 30
2. ……,**他在想**那些黑红的印痕是怎么回事。P. 28	What had caused all those welts? P. 31
3. **五龙想**仇恨仍然是仇恨,它像一块沉重的铁器,无论怎么锻打磨蚀,铁器永远是铁器,坠在他的心里。P. 30	Hatred was everlasting; like a steel implement, it survived fire, pounding, grinding, and corrosion. Once a tool, always a tool. Hatred would live in his heart for all time. PP. 34-35
4. 五龙有种种灼热的欲望,**他想**,他的手只要从这只臀部下伸过去,……。P. 32	He was gripped by a feverish impulse. All he had to do was to move his hand down under the buttocks… P. 36
5. 五龙咬着牙关**想**,为什么没有人来收拾这条下流的恶狗? P. 43	Five Dragons clenched his teeth. Why won't anyone stand up to a common, evil, and savage dog like that? P. 49

续表

6. 他想地上应该有血迹,……。P. 47	There should be bloodstains. P. 54
7. 他想我漏过了一个最渴望的场面,没有看见阿保临死前是什么模样。P. 47	I wish I could have seen how he looked just before he died. P. 54
8. 五龙想我可以像一只老鼠穿过去,……。P. 49	…, and all he had to do was make himself as small as a mouse to crawl through them. P. 56
9. 五龙想,这个贱货,她总是在不停地嚼咽食物。P. 77	The slut's always nibbling on something. P. 88
10. 五龙想他是不会喝酒的,这条戒律已经坚持了一辈子,为的是让头脑永远保持清醒。P. 207	Five Dragons would not drink. Of course, since that was the quest to remain clearheaded at all times. P. 243

如以上各例所示,译者在翻译"他(五龙)想"这一类汇报分句所引导的表现心理视角的句子时,删除了表示人物感觉视角的汇报分句,主要采用的也是调整性省译法。下面重点分析两个例子。例 6 是五龙在听到阿保被抛尸江中的消息后,特意跑到江边码头来看能否找到阿保被杀的蛛丝马迹,以满足他的复仇成功的喜悦心理。原文"他想地上应该有血迹……"是一个人物的间接思想(indirect thought)的表达。译文"There should be bloodstains."将汇报分句去掉,变成了自由直接思想(free direct thought)的表达。在形式上,自由直接思想和自由直接引语(free direct speech)类似,只是自由直接思想表示的是人物的思想,而自由直接引语则是人物的话语。就语言是思想活动的结果这一点来说,引语本身就是思想,将人物的间接思想翻译成人物的自由直接思想,使人物原来的"沉思"变成了人物"出声的想法",让人物的思维直接呈现在读者面前,仿佛电影画面一样,给观众留下了非常直观的感受。

例 7 叙述的还是五龙在江边寻找阿保被杀后留下的痕迹时的心中所想:"他想我漏过了一个最渴望的场面,没有看见阿保临死前是什么模样。"这显然是叙事者转引后五龙的思想。译文"I wish I could have seen how he looked just before he died."去掉了原文中的汇报分句,直接翻译了人物思想的内容。另外,原文是一种事实的陈述,说他"没有看见阿保临死前是什么模样",但译文出现了虚拟式,表达的是一种渴望而非写实,因此也更加强化了五龙的主观愿望。

另外一种情况是,原文描写五龙心理活动的句子是没有汇报分句的自由直接思想。它是"从自由直接引语中类推产生的。这时言语化了的人物思想得到了直接汇报(通过第一人称、现在时等),但是没有汇报分句。"(胡壮麟、刘世生,2004:

第 2 章 《米》中叙事视角的翻译

138)自由直接思想又称为自由转述体。一般认为是19世纪法国作家福楼拜最早发明的。"自由转述体在直接引述和间接报导之间做了一次重大调和,意味着叙事人可以不必借助直接引语,但依旧能够用人物自己的口吻说话。"(刘禾,1999:119)因此,人物内心的叙事显得格外透明(见表2.6)。

表 2.6 自由直接思想的翻译

1. 谁是我的爹? P.5	Who's my daddy? P.5
2. 现在我是否真正远离了贫困的屡遭天灾的枫杨树乡村呢?现在我真的到达城市了吗? P.17	Have I really escaped the poverty and destruction of Maple-Poplar village? Have I really made it to the city? P.18
3. ……,打死阿保,打死这个畜生。P.25	…, kill Abao, kill the bastard. P.28
4. ……,一块钱太值了,如果一块钱买阿保的一条命简直太值了。P.45	Money well spent. What better way to part with a silver dollar than to have it end Abao's life? PP.52-53
5. ……脑子里固执地想着在芜湖附近江面上的遭遇,想到黑衣船匪跳上贩米船后说的话,想到铁弹穿透脚趾的疼痛欲裂的感受。我不知道他们为什么盯着我不放,我从来没有招惹他们,他们却要我死。P.84	Stubbornly he clung to images from Lake Wu: what the black-clad pirates said after they boarded the boats; the excruciating pain in his foot after the bullet had torn through it. Why won't they leave me alone? Why do they want me dead? P.97
6. 我总是看见陌生的死者,那个毙命于铁道道口的男人,那个从米袋里发现的被米呛死的孩子。我看不见我的熟悉的家人和孩子。我不知道这是为什么? P.138	All I ever see are corpses—the dead man by the railroad tracks, the rice-choked child who fell out of the sack. Why don't I see familiar faces, like those of my children? P.161
7. 我还是在水上,这么多年了,我怎么还是浮在大水之上? P.166	After all these years, I'm still floating on water. What is that? P.195
8. 这就是我的后代和家人。这就是我二十岁以后的家。P.170	There they are, my family, my heirs. The only family I've known since the age of twenty. P.200
9. 世界在时间的消逝中一如既往,而我变得日渐衰弱苍老,正在与死亡的黑手作拉锯式的角力。P.206	Time passes, but the world hasn't changed. Meanwhile I get older and weaker, caught up in a tug of war with the black hand of death. P.242

以上各例都是对五龙心理的直接描写。读者通过这些直接描述可以更加清晰地了解到五龙内心变化的轨迹。例1中的叙事情境是五龙在被迫叫了阿保"爹"之后心里一片茫然,因为他是一个因为饥荒失去了父母的孤儿,他哪里还有爹呢?例

2叙述了五龙在被留在米店工作之后的疑惑心情,表明了人物对自己命运的不确定。例3和例4描写了五龙心中的恨慢慢增长的过程。例5是五龙在心中不断追问为什么城市的人总要置他于死地。例6、例7和例8描述了五龙在城市发家之后内心的那种无所适从的感觉。例9描写的是五龙在城市经过了种种浮沉之后,发现自己的身心已经日渐衰老的心理感受。

译者对以上几个自由转述体(自由直接思想)采取了保留原语的结构和表达方式的直接翻译方法。直接翻译的译文真实准确地再现了五龙内心的变化和故事的逃亡主题。当灾难威胁五龙的生存时,他无力抵抗,却可以通过逃离寻找生路。所以,回归是一种人的本能。苏童在对五龙的心理刻画中,充分挖掘出现代人对失去的家园的怀想。

在例5中,五龙被冯老板派去芜湖买米,却不知这是冯老板的阴谋,想要借机杀掉他。但是因为冯老板小气,没有给足杀手应有的报酬,所以五龙捡回了一条命。回来后,他心中充满了仇恨,不断地想起脚上中弹的情景,并在心中一遍遍地追问:为什么所有的人都要他死?五龙真的不知道为什么这个城市的所有人都要置他于死地。苏童特别善于使用模糊的词义。在《米》中读者常能读到"我不知道""我无法解释""我无法想见""我似乎看见"这样的否定句式和结构,表现了人物对世界的无能为力感。同时,他还发出了恐惧的呐喊:"我不知道他们为什么盯着我不放,我从来没有招惹他们,他们却要我死。"这句话表明了五龙的无奈处境,也是他对命运的质询,这是没有汇报分句的直接心理描写。译者采取了直接翻译的方式,没有增加任何汇报分句。为了表达五龙强烈的语气和内心无比的愤怒,译文改陈述句语气为反问句语气,并且连用两个反问:"Why won't they leave me alone? Why do they want me dead?"保留中又有创新,这样的翻译将人物的心理活动、爱恨情仇表现得淋漓尽致。

五龙在船上的遭遇是由叙述者引入五龙的心理带来的。"(他)脑子里固执地想着在芜湖附近江面上的遭遇,想到黑衣船匪跳上贩米船后说的话,想到铁弹穿透脚趾的疼痛欲裂的感受。"译者将其译为"Stubbornly he clung to images from Lake Wu: what the black-clad pirates said after they boarded the boats; the excruciating pain in his foot after the bullet had torn through it.",将起引导作用的三部分汇报分句内容浓缩为一个分句,即"he clung to images from Lake Wu",接着,将人物内心的想法转变为对心理的直接整理和描述。原文中排比结构所带来的韵律和节奏会受到一些影响,但是从英汉语两种语言的特点来说,这样的翻译

第 2 章 《米》中叙事视角的翻译

是有合理性的。因为"英语倾向于多用名词,因而叙述呈静态;汉语倾向于多用动词,因而叙述呈动态。"(连淑能,1993:104-105)译者翻译时保留了原文的叙事话语方式,再现了人物的思想,保持了原文中表示心理过程的语言功能。译文通过移植原文的话语表达方式和叙事结构,较好地再现了原文的人物形象和故事主题。

(4) 对比苏童其他小说中叙事视角的翻译

通过对比《我的帝王生涯》,可以发现视角在翻译中的这种变化具有浓厚的主题意味。《米》是苏童的新历史小说的代表作。除了《米》之外,他的新历史小说还有《我的帝王生涯》和《妻妾成群》。《我的帝王生涯》叙述了皇族的"大我"历史,《妻妾成群》讲述的是贵族的家族史,而《米》则更侧重五龙这个普通小人物的"小我"历史叙事。"《米》和《我的帝王生涯》都是叙述了主人公成长过程中的生存心态和生命际遇。在他们的生命此在中,沦落与救赎,突围与委顿,逃离与回归等存在境界和意象又是相同的。他们都是绝望存在中的存在者。"(汪政、何平,2007:306)两个故事都隐喻着人在历史的宿命中是无处可逃的。

《米》采用的是第三人称叙事视角,但是五龙却是一个存在着的独立实体。《米》主要透过叙事者客观冷静的叙事视角来仔细地描摹五龙人生的不同阶段的不同需求。五龙的人生道路好比是一级一级地爬楼梯,每登上一个台阶,叙事者都会仔细描述其所作所为和内心感受。比较而言,《我的帝王生涯》虽然采用了第一人称的叙事视角,但叙事者端白却是一个受制于人的没有主见的"虚化"主体。这尤其体现在他在其帝王的生涯中,一切都受人摆布,听从历史和命运的安排。下面本书将分别从视觉、听觉和感觉三个方面分析葛浩文的翻译对各种视角的审美效果和叙事主题的表现有着怎样的影响。首先,分析一个表示人物视觉视角的翻译的例子:

⑧ 而我的异母兄弟们都站在后面,我回过头**看见**他们用类似的敌视的目光望着我。(苏童,1996:4)

The sons of my stepmother stood behind me, and when I turned to look at them, **I was confronted by** what seemed to be looks of hostility. (Su, 2005:4)

译者将表示视觉视角的"看见"翻译成"be confronted by"(面临、遭遇),删除了原文中的人物视角"我看见",更加明确了这个虚化主体身不由己的处境,且更贴近人物当时的真实感受和尴尬境地。因为"我"是完全被动的,在祖母的操纵下将要继承王位,并受到其他兄弟的排斥,所以在他们嫉妒的眼光注视下的"我"就像遭受

了什么灾难一般。因此,译文中的被动语态契合了"我"是被迫继承王位的事实。其次,再分析一个表示端白听觉视角的翻译的例子:

⑨ **紧接着我听见**德奉殿前的人群中**爆发出一声凄厉的叫喊**,不是他,新燮王不是他。(苏童,1996:5)

All of a sudden, **a chilling shout exploded** from the crowd in front of Received Virtues Hall: Not him, he is not the new Emperor of Xie. (Su,2005:6-7)

在司仪宣布由"我"继承王位之后,"我"听见人群中传来杨夫人凄厉的反对之声,她是一心想当皇帝的端文的生母。原文中是有听觉汇报分句"我听见"的,但是在翻译时,译者将原文中的述位"叫喊声"变成了译文的主位"a chilling shout",从而省略了原文的主位——带有主语"我"的汇报分句"我听见",译文显然发生了视角的变化:从人物"我"的视角转变成了全知叙事者对场景的描写。对于表现"我"作为历史中可有可无的人物来说,译文能够深化故事的主题:人物"我"其实是在历史中缺席的,因此这是一个虚无的自我。

最后,分析一个文中表示人物感觉视角的例子。《我的帝王生涯》使用第一人称来讲述故事,优点在于可以充分地表现"我"的心理活动,并且把它外化为可见可感的具体的景或物。例如:

⑩ **我感到一丝忧虑**,秋天一旦过去,我养的大批促织一旦在第一场大雪中死去,那时候我该怎样打发漫漫长夜呢?(苏童,1996:11)

But **threads of melancholy were always present**, for once autumn had passed and the first snow of winter fell, my pet crickets would die off. How would I pass the long nights when that happened? (Su,2005:16)

原文由表示感觉的汇报分句"我感到"直接引出"我"的内心想法。译文没有翻译出汇报分句,而是把原文的述位变成主位,即"threads of melancholy were always present",同样是略去了表示感觉视角的汇报分句,是一种调整性省译的翻译方法。译文强调的是常常来袭的忧虑情绪而不是"我"这个叙事者,除了"always"这个副词可以流露出全知叙事者的评价之外,这也是一种近乎客观的描写,因此很大程度上弱化了这个虚化主体"我"。

虽然《我的帝王生涯》是通过第一人称叙事者"我"的所见所闻所感来描写宫廷斗争的残酷,但是"我"其实是在别人的操纵之下不得自由的虚化主体。译文通过

第 2 章 《米》中叙事视角的翻译

调整句子的语态、视角和主述位,略去了"我看见""我听见""我感到"这样的表示人物视角的汇报分句,让人物的有限视角变成了叙事者的全知视角,基本上抹去了"我"这个主体。此时的历史就成了叙事者眼中和想象中的历史。人物在历史中是被动的,没有自由。译文通过删除表示人物视角的汇报分句,拉近了叙事者和读者之间的距离,强化了叙事者的声音和对历史的干预与书写,让读者更加真切地感受到历史的虚构性和叙事的个人化。

汉学家杜迈克所翻译的苏童的中篇新历史小说《妻妾成群》中对视角的翻译处理,进一步说明了译者葛浩文在翻译《米》中的五龙视角时使用了调整性省译法,删除表示人物视角的汇报分句之后所产生的美学效果和对叙事主题的影响。"如果《米》是完整地揭示了都市淫靡文化摧毁一个乡村生命的过程,《我的帝王生涯》则形象地展示了中国帝王文化窒息吞噬生命的本质,那么《妻妾成群》是旨在揭示封建畸形的婚姻文化对女性生命的扼杀。"(孔范今、施战军,2006:261)

"在《妻妾成群》中,苏童通过模糊的背景设置,迂回的策略和琐细的场面描绘,以一个隐蔽的、无处不在的第三人称视角来展开故事。在他的观照下,故事呈现出一种似真非真,正在发生的感受,从而构成了一种特定的氛围和情境。"(孔范今、施战军,2006:420)这种氛围主要通过对女性行为和心理的细节描写体现出来。这些细节描写不仅增强了作品的形象性和生动性,更将人物的个性特征展示得一览无余,对塑造人物形象和叙述故事的主题,起到了不可替代的作用。例如:

⑪ 颂莲**看见**自己的脸在水中闪烁不定,**听见**自己的喘息声被吸入井水中放大了,沉闷而微弱。有一阵风吹过,把颂莲的裙子吹得如同飞鸟,颂莲这时**感到**一种坚硬的凉意,像石头一样慢慢敲她的身体。(苏童,2002:293)

Lotus **saw** the broken reflection of her face in the water and **heard** the sound of her breathing sucked down into the well and amplified, weak yet oppressively deep and low. A gust of wind rushed up; Lotus's skirt billowed out like a bird taking flight. She **felt** a coldness as hard as stone rubbing slowly up against her body. (Su,1996:22)

本段所用的是纯粹的白描[①]手法,但是整个场景却给人意象性的阅读感受,具

---

① 白描,原为绘画术语,是中国画的技法之一。后来白描也指文学写作的一种基本表现手法,即选用最简练的笔墨,不加烘托,勾勒出生动、传神的形象(李贵如,1995:226)。

有强烈的画面感。颂莲此时望着井中的自己,回想起往事,种种遭遇让她似乎转眼就老了很多岁。她看见井水中自己的倒影,心中充满了无限惆怅,发出了叹息声。杜迈克的译文将颂莲"看到""听见"和"感到"直接翻译为"saw""heard"和"felt",再现了人物视角的所看、所听和所想,突出了人物主体的感受,强化了女性在封建制度的迫害下逐步走向消亡的故事主题。《妻妾成群》因为故事的女性主题,需要从女性自身所特有的纤细的视觉、听觉和感觉视角去触摸和感受历史,表现一种诗意的历史氛围和情调。所以,译者杜迈克采用的是保留汇报分句,直接传译视角的翻译方法。

通过将《米》和《我的帝王生涯》以及《妻妾成群》中人物的视角翻译进行对比后发现,葛浩文主要通过调整性省译,删除了表示人物视觉视角、听觉视角和感觉视角的汇报分句,代之以叙事者客观的描述,拉近了叙事者和读者之间的距离,强化了叙事者的声音,突出了叙事者的干预和永恒在场。相应地,故事的主人公和读者之间的距离相对被拉远,主要人物声音的弱化也表明了人在历史中的被动和不自由。

2)"卫星"人物视角

如果整部小说仅以五龙的视角去看、去听、去想,未免太单调了。就像有学者指出的那样,"长篇小说里有主角,有主线,也有陪衬的角色,有副线。光有主角没有陪衬,小说容易变得单调。主题和副标题,主线和副线,主要人物和次要人物,形成一个丰富的整体,既有机统一,又丰富深厚。"(孙绍振,2006:222)在《米》这样的长篇小说中,由于小说的情节不断在发展,出于文本叙事的需要,作者所采用的视角自然也会随文本故事的深入而发生变化,譬如从其他人物视角来看五龙这个中心人物,对其言行做出评价。在《米》中,除了主要人物五龙的视角,作者还选取了"卫星"人物中的女性视角来叙述故事。《米》中女性人物主要有两位,即米店老板的两个女儿织云和绮云。小说通过女性心灵的闪烁,直逼意识的深层状态乃至潜意识,从而获得内心透视的效果。在《米》的故事叙述中,她看见、听见、想到、感觉到……,这类基本句式将两位女性主体的外部生活和内心律动乃至裂变过程完整地呈现了出来。

(1)织云视角

请看体现织云视角的译例(表2.7):

第 2 章 《米》中叙事视角的翻译

表 2.7 保留织云视角汇报分句的翻译

1. 织云**看见**五龙坐在板车上,双手划拉着车上残留的米粒,他把它们推拢起来,又轻轻弄散,这个动作机械地重复了多次。P.7	Cloud Weave **spotted** Five Dragons sitting on a wagon and scraping loose rice into a pile with both hands, then spreading it out again, mechanically, over and over. P.9
2. 织云朝被子上踢了踢,露宿者翻了个身,织云**看见**他的眼睛睁开来,朝夜空望了望又睡着了。P.13	Cloud Weave kicked the bedroll. The sleeping man rolled over. She **saw** his eyes open briefly before he went back to sleep. P.13
3. 她**觉得**这天五龙简直是疯了。P.73	…, he was, **she felt**, slightly deranged. P.85
4. 她**听见**了五龙的狂乱和骨折断裂的清脆的声音。P.86	Amid agonizing cries of pain, she **heard** the crisp crack of bone. P.99

译者在翻译织云的视角时,多数情况下保留了表示人物的视觉视角、听觉视角和感觉视角的汇报分句。这种人物限制性视角的保留,让人物形象更加鲜明和突出。例 1 描写了织云最初看到的五龙的样子。她看见他重复摆弄着米粒。这是一个具有隐喻意味的动作,表明了米在五龙心目中的重要地位,因为那是他在城市生存下去的目标和意义。译文将"织云看见"翻译为了"Cloud Weave spotted",既说明了织云对五龙的特别关注,也暗示了他们以后会有某种不寻常的关系。译文保留了原文中织云的视觉视角,也因此维持了文中人物(包括"卫星"人物和主人公)和读者之间的距离。这时通过视角所体现的语言功能的概念意义没有发生变化,译文小句中的及物性结构还是表示心理活动的过程。

例 2 的叙述情境是:织云从六爷那里回来时看见五龙仍没有离开,而是睡在了米店门前。于是她用脚踢了踢他,看看他的反应。译文保留了织云的视角并翻译为"saw",从而从她的视角表现了五龙刚来到城市时的贫困潦倒。织云的那种居高临下的视角也说明了城市人瞧不起农村人的事实。例 4 是织云在和五龙的争吵中咬断了五龙的一个脚趾后,听见了他发出的惨叫声和骨头断裂的声音。译文同样保留了原文中织云的听觉视角,翻译为"heard",突出了织云的亲身体验和感受。织云以及米店其他人留给他的伤疤导致了五龙对城市的恨不断加深。译文再现了原文的人物视角,维持了人物织云和读者之间的距离,而译文的语言功能也还是表示心理活动的过程。

例 3 中将织云的感觉视角"她觉得"直接翻译为了"she felt"。五龙在被迫同意娶织云之后朝咸菜缸里撒了泡尿。织云认为他是因为太高兴了才会做出这种奇怪的举动,但其实五龙是在发泄心中的不满。可见,第三人称的内心透视受到不可靠程度的支配。正像布斯说的:"我们越深入人的心理,就会在不失掉同情心的情况下接受阅读的不可靠性。"(孔范今、施战军,2006:227)正是因为女性特有的心理和气质会改变主人公五龙的形象,为了让叙述的语气尽可能保持客观中立,译者有时也删除了"看见""感到""听见"这一类的表示女性人物叙事视角的汇报分句。这样的例子有(见表2.8):

表2.8 删除织云视角汇报分句的翻译

1. 织云**看见**他颓然坐在门外台阶上,后背在急促地颤动。P.10	As Five Dragons sat dejectedly on the steps, his shoulders heaving … P. 10
2. 织云到后面厨房端了碗冷饭出来,**看见**五龙已经走进店堂正和两个伙计撕扯着,……P.10	By the time she returned from the kitchen with a bowl of leftover rice, Five Dragons had come into the shop and was arguing with a couple of the clerks. P. 10
3. 当织云吹灭油灯时**看见**五龙坐了起来,盘腿坐在棉被上,用指尖拔着下巴下的胡子茬,这样静默了很长时间,织云**听见**五龙说过一句话。真黑,满眼都是黑的。P. 85	When she leaned over to put out the lamp, he sat up and began plucking chin whiskers with his fingernails. It sure is dark, he said. I can't see a thing. P. 97
4. 仓房的柴门虚掩着,织云从门缝里张望了一下,她**看见**五龙坐在米垛旁,手里抓着一把米想着什么问题,然后他开始将米粒朝地上一点点地洒,洒成两个字形,织云仔细地辨认那两个歪歪扭扭的字,五——龙。P. 91	The brushwood storeroom door was unlatched, so Cloud Weave peeked in through a crack. Five Dragons was sitting on a mound of rice, a handful of raw kernels in his hand, a faraway look in his eyes. He began dropping the rice to the ground, one kernel at a time, until they formed two written characters. Cloud Weave recognized them immediately, even though they were little more than scrawls: WU LONG—Five Dragons, his own name. P. 105

  例1中的片段是织云初次看到五龙时所留下的印象。显然,从织云的视角可以看到五龙曾经善良的一面,虽然这只是短暂的一瞬间,但是它毕竟真的存在过。刚来到城市的五龙,单纯又怯懦,他唯一的愿望就是能够在有米的地方安顿下来。这时的五龙跟后来粗暴的他形成了鲜明的对比。城乡之间的巨大差别使五龙在城市的种种恶势力的逼迫之下,不得不走上"以恶抗恶"的道路。人物的视角有着双重作用和特性——既可以表现她所聚焦的人物的形象,也可以表现掌握视角的这个人物的性格特点。从那时织云对五龙的评价也可以看出织云本人的善良一面。译文删除了这个表示人物视角的汇报分句"织云看见",拉远了人物织云和读者之间的距离,从织云特定的视角变成了叙事者全知的视角。

第 2 章 《米》中叙事视角的翻译

例2描述的是织云从家里拿冷饭给五龙吃的时候,正好看见五龙和米店的伙计撕扯的情景,显然是伙计要赶五龙走。那时候在织云眼里,五龙不过是一个要饭的,一个到城市来讨生活的农村人。这是从织云视角所看到的五龙,所以她会在接下来叫五龙赶快吃,吃完就走,因为米店最怕要饭的上门,觉得那是十分晦气的事情。从织云对五龙最初的评价也可见织云作为城市人的傲慢和偏见。她虽然有一点怜悯之心,却还是无法摆脱城市人对农村人的歧视。译文删除了表示织云视角的汇报分句"看见",翻译为"By the time she returned from the kitchen with a bowl of leftover rice, Five Dragons had come into the shop and was arguing with a couple of the clerks.",使得原文的人物视角变成了叙事者对当时场景的相对客观的描述。

例3是织云在五龙死里逃生回来后的晚上看到的五龙。这时他心中充满了愤怒,因为自己的老丈人差点要了他的命。织云看见他坐了起来,听见他说:"真黑,满眼都是黑的。"这里的"黑"不仅是指没有灯光,而且表达了五龙内心的恐惧和疑惑:他根本就与他们无冤无仇,为什么都不肯放过他呢?所有人都逼他,都想让他死,所以他感觉眼前的世界一片黑暗。这里的"黑"是一种暗喻,强调了各种黑暗势力的无处不在,以至于让他觉得自己都没有容身之所了。这是从织云的视角看到的五龙,此时,她也见证了五龙性格转变的过程。译文删除了表示织云视角的"看见",译为"When she leaned over to put out the lamp, he sat up and began plucking chin whiskers with his fingernails. It sure is dark, he said. I can't see a thing.",把人物的有限叙事转变为第三人称全知叙事者的叙述。

例4是织云在结婚之后所看见的五龙:他在米仓里用米拼成了自己的名字。大米就代表了五龙,因此这个场景具有一定的象征意味,强调了五龙和米纠缠在一起的一生。这也从织云的视角见证了五龙对米的特殊爱好。译文删除了表示织云视角的"看见",翻译为"The brushwood storeroom door was unlatched, so Cloud Weave peeked in through a crack. Five Dragons was sitting on a mound of rice, …"。此时,叙事视角和叙事眼光都是来自叙事者的,因此叙事声音变得冷静客观,不再带有人物视角的主观色彩和情感因素。

在以上各例中,译者都将表示织云视觉视角的汇报分句"织云(她)看见"略去了,视角因而发生了转变:由人物的特定视角变成了叙事者对五龙形象相对客观的描述,使用的是调整性省译法。这样的省译增强了叙事者的声音,但是一定程度上弱化了对视觉发出者的女性性格的表现。

(2) 绮云视角

妹妹绮云是《米》中另一个"卫星"人物。她从一开始就对五龙完全没有同情之心,而且对他充满了厌恶和鄙视。绮云和冯老板一样,代表的是城市的冷漠和无情。下面是文中几处体现绮云视角的例子的翻译(见表2.9):

表2.9 保留绮云视角汇报分句的翻译

1. 有一次她**听见**五龙在深夜捣鼓房门,他用菜刀伸进门缝,想割断榆木门栓。P.97	Late one night she **heard** him outside, trying to saw through the bolts with a cleaver. P. 112
2. 她用力将瓷杯在五龙的头顶敲了一次,两次,她**看见**鲜血从他乌黑杂乱的头发间喷涌出来。P.110	She banged him on the head with her enamel mug—once, twice—then **watched** fresh blood crawl up through his dark, ratty hair. P. 126
3. 绮云走出前厅**看见**五龙拖着两只米箩往仓房里钻,……。P.135	Cloud Silk **watched** Five Dragons slip into the storeroom dragging two empty rice baskets behind him;... P. 156
4. ……,但她从戳破的纸窗上**看见**五龙交给外乡人一个纸包,……。P.195	...; but through a tiny hole in the paper covering she **saw** Five Dragons hand the stranger a paper parcel,... P. 229

从以上各例可以看出,翻译妹妹绮云的视角时,译者同样也主要采取的是以保留原文中绮云视角为主的翻译方法。例1和例2叙述的是绮云在受到五龙无端骚扰时的所见所闻。译文保留了原文中女性人物的听觉和视觉视角,也真实地再现了绮云对五龙的评价。她认为五龙是米店之家的灾星,是他给米店带来了种种不幸。冯老板去世、姐姐织云改嫁和命丧火灾以及现在自己被迫改嫁都是因为他。例3叙述的是绮云在请人写家谱时,看见五龙要从家里拿米出去的情景。她想五龙不仅吃家里的,还往外拿,他真是一个败家子。例4中绮云因为看见五龙将一个纸包交给他人而顿生疑惑,她觉得五龙要把家里的钱拿回他的枫杨树老家。事实上,五龙是要把地契交给堂弟,因为他在老家买了地给乡亲们种。译者保留了表示绮云视角的汇报分句,维持了人物绮云和读者之间的距离,并从她的视角来看待五龙这个人物的形象和性格特点。译者有时候也会删除表示绮云视角的汇报分句(见表2.10):

表2.10 删除绮云视角汇报分句的翻译

1. 绮云站在厨房门口梳头,**看见**五龙推门出来就朝地上啐了一口,……。P.65	Cloud Silk was in the yard combing her hair when the door flew open and Five Dragons stormed out; she spat on the ground ... P. 74

第 2 章 《米》中叙事视角的翻译

续表

| 2. 绮云在斑驳的黑暗中**看见**菜刀吓了一跳。P. 98 | Mottled reflections of moonlight on the blade sent currents of fear through her. P. 112 |
| 3. 绮云似乎**看见**五龙的灵魂在木盒里一边狂暴地跳荡,一边低声地哭泣。P. 197 | That little wooden box hidden in the rafters, for instance, seemed to contain Five Dragons's soul, leaping in frenzy one moment, sobbing the next. P. 231 |

例1叙述的是绮云在早上梳头时看到五龙从厨房出来,联想到他和织云的肮脏勾当,就朝地上吐了口痰以示厌恶。这说明了妹妹绮云对五龙和姐姐的行为非常不屑,也说明了她对五龙的蔑视。译文"Cloud Silk was in the yard combing her hair when the door flew open and Five Dragons stormed out"是一个由"when"引导的时间状语从句,略去了绮云的视角,变成了一个叙事者对当时场景的描述,从而拉远了读者和人物绮云之间的距离,而且语言的功能发生了改变:由表示人物心理的过程变成了指示客观事物的存在过程。

例2描写的是绮云晚上受到五龙不断骚扰的情景。他竟然想用菜刀把门闩割断后硬闯绮云的房间。原文"绮云在斑驳的黑暗中**看见**菜刀吓了一跳"表明了事件的因果关系和先后顺序是:绮云先看到了菜刀,然后吓了一跳。这句话是从绮云的视角描述的吓人景象。译文"Mottled reflections of moonlight on the blade sent currents of fear through her."则是叙事者对这个事实,尤其是事件结果的陈述——这种刀光给绮云带来了极为恐怖的感觉。因此译文在叙事的重点上和原文略有不同:原文是强调原因——因为绮云看到了黑暗中伸进来的菜刀。后者是强调结果——她因此感到十分恐惧。

例3是绮云走进房间时看见五龙正在往墙里面放木盒子的情景。她想这个盒子里一定装着五龙私藏的钱,但是五龙告诉她这是地契,因为他用自己的钱在老家买了地给家里的父老乡亲种庄稼。这是从绮云的视角所看到的五龙脆弱的一面。原文中的"绮云似乎看见"表明了绮云自己性格的变化。她其实是不确定五龙还会有如此软弱的时候,心中顿生怜悯之情。但是如果是在十年前,她对五龙绝对不会产生这种感情,那时她对他只有极度的厌恶和轻视。译文里省略了汇报分句"绮云似乎看见",即从人物的有限视角转变成了全知叙事者的视角,原文中的叙述也变成了译文中相对客观的描写。

总之,"女性视角的内心透视效果将人物主体生存世界的图景近乎残忍地展开在我们面前。"(孔范今、施战军,2006:227)译者删除了表示女性特殊视角的汇报分句,在叙述方式上保持了一种冷静客观的叙述态度和距离,这一点和原作是不谋而合的,都反映出主人公五龙在历史中的宿命是最终要被毁灭的。从"卫星"人物的视角可以看到主角五龙性格的其他方面,让这个人物不再扁平,而是更加立体和丰满。这些人物视角的主观性很强,译文删除了表示人物视角的汇报分句,由人物视角变为全知叙事者的视角,保持了一种客观冷静的叙事距离和语式。

3) 小结

综合以上,译者在翻译《米》中的视觉视角、听觉视角和感觉视角时主要应用了调整性省译法,略去了表示五龙视角的汇报分句,如"他看见""他听见""他觉得""他想"。叙事视角总体上从五龙的内视角转变为叙事者的外视角,从人物的限制聚焦转向了叙事者的全知聚焦,强化了无处不在的叙事者的声音。

翻译中的视角改变还具体带来了语言功能相应的变化:原文中概念功能、人际功能和语篇功能的侧重发生了改变,审美距离在译文中发生了变化,人物和叙事者声音的强弱也是此消彼长,突出了叙事者相对客观冷静的叙事态度。叙事者用较为客观冷静的眼光来描述历史和看待故事中的人和事,不给予评价,把思考留给读者。叙事者无处不在,但是他似乎又是隐身的,这体现的是叙事者和人物的力量抗衡所构成的一种张力。

译者有时也通过直接翻译再现了叙事者的视觉视角、听觉视角和感觉视角,保留了表示主人公五龙所见所闻和所听所感的汇报分句,并将原文的叙事结构和叙事美学效果基本传达了出来。

译者在翻译"卫星"人物的视角时,主要采取了直接翻译的方法,保留了表示"卫星"人物视觉视角、听觉视角和感觉视角的汇报分句,维持了"卫星"人物和读者之间的审美距离,并从"卫星"人物的视角更好地表现了五龙的形象和性格特点。译者有时也会通过调整性省译,删除某些表示"卫星"人物视角的汇报分句,突出了叙事者冷静客观的叙事口吻。总的来说,译者综合应用了直接翻译法和调整性省译法,比较好地传达了原文的审美效果和叙事主题。

2.3.2 叙事者视角的翻译

1) 叙事者视角的具体体现

如果说人物视角主要体现为特定人物的外部感觉和知觉(即视觉视角和听觉视角)以及人物主体的内心感受(即感觉视角),那么《米》中的叙事者视角则主要表现为无处不在的各种叙事评价资源,表明了叙事者对原文叙事的某种隐性干预和内在评价。《米》中的叙事者特指该小说的隐含作者,隐含作者与实际的作家本人有很大不同。《米》中的叙事者视角通常隐藏在带有叙事者感情色彩的评价词句中,因而往往是隐而不显的。从功能语言学的评价理论中可知,人际元功能中"评价资源是韵律性地分布在整个语篇中的"(李战子,2002:280)。通过对这些评价资源的分析可以反映出叙事者对事物的情感、立场、观点和态度。任何评价都必然带有叙事主体的情感,都是叙事者主体性的一种投影。

叙事者视角的评价资源也是叙事者对文本的介入和干预的一种体现。辛普森(Simpson)认为,叙事者干预是一种意识形态视角的体现,具体表现在评价词和情态词语上,表达了叙事者对事件的观点、立场、评价和看法(Simpson,1993:12)。热奈特在谈到叙事主体的职能时把它分成五种:"叙述职能(故事方面)、管理职能(文本方面)、联系和使动职能(叙述情境方面)、情感职能以及思想职能。后两者都涉及叙述人对故事中人物和事件的评价,是作者对故事的人物或事件做出的权威性解释。"(陶东风,2000:73)小说《米》中的评价资源具体体现在形容词、副词,以及语气、情态和小句当中。译者作为译文的叙事者,他对《米》中的人、事、物的态度、观点和看法也在翻译原文的评价资源中得以体现。

2) 译者增译的评价资源

《米》的译者对小说的叙事主题有着深入的把握,对苏童所特有的南方作家忧郁苍凉的气质也有很深的体会,所以,译者增加了一些表达译者本人对文本理解的评价资源。他主要增加了两种评价资源:形容词评价资源和副词评价资源。

(1) 形容词评价资源

下面是一个译者在译文中增加形容词评价资源的例子:

⑫ 五龙最后看见了那片浩瀚的苍茫大水,他看见他飘浮在水波之上,渐渐远去,就像一株**稻穗**,或者就像**棉花**。(苏童,2005:228)

The last image he ever saw was of himself floating on the surface of a boundless expanse of water, moving farther and farther away, like **an uprooted rice plant**, or **a solitary puff of raw cotton**. (Su, 1997:266)

这段议论为主人公内心世界的完全崩溃定了调,它充分揭示了五龙一生的虚无和城市梦的最终破灭,也暗含了作者对人生的一切深意。这句话集中了逃亡的意象:枫杨树的"大水"和漂浮在水上的"稻穗"和"棉花"。这些情景在故事中时有出现,每当身在城市的五龙回想起家乡时,或者从梦境中醒来,都会看到这些景象。

每次这种场景的出现只会增加五龙对城市的憎恶,来自乡村的五龙与城市之间永远无法取得真正的和谐。

"稻穗"和"棉花"这两个意象都和米有着密切的关系。"稻穗"和"棉花"代表了枫杨树——他的故乡,所以是有很强的叙事功能的事物意象。这表明了五龙深重的思乡之情和他的归乡梦。这既是五龙的一种实物情结,也是五龙在这孤独的人世间生存着的唯一的实实在在的理由。他自己就好比是大水上漂浮着的"稻穗"和"棉花"。他的生命就像浮萍一般,漂泊无依。这也正寓意了他一生"在路上"的状态和漂泊不定的命运。

原文中的"稻穗"和"棉花"的前面没有形容词,但是译者却增加了"uprooted"和"solitary"这两个描写性的形容词。"solitary"与"living alone"同义,"uprooted"是指"pulling up (a plant and its roots) from the ground",隐喻了无家可归之意。这两个形容词的添加符合五龙当时漂泊无依的心境和非常孤单的人生状态,表达了译者的情感立场和对人物的理解,也是对小说的孤独主题的呼应和深化。人的孤立无靠之感和人的生存困境,通过增加的形容词评价资源得到了强化。笔者发现,译者在译文中的某些地方也增加了"solitary"这个形容词,用来表示人孤独和寂寞的心情。例如:

⑬ ……,那牙医停下来不安地望着**那滴**眼泪。五龙摇了摇头,重新闭上眼睛,他咽了一口血沫,艰难地吐出一个费解的词组,可—怜。(苏童,2005:138)

The dentist paused to observe the progress of **the solitary** tear; Five Dragons shook his head and shut his eyes, then swallowed a mouthful of blood; with great difficulty, he spat out a single, mystifying word: Pity. (Su, 1997:161-162)

五龙之所以会在牙医为他拔牙时流下"那滴"眼泪,并不仅仅是因为生理上的疼痛,更是因为心理上的孤独和寂寞,这从他后来艰难地吐出的"可怜"二字可见一斑。表面上看来,五龙这时已经拥有了城市的一切,但是他的内心却无比孤独,因为城市并不是他的家。

译文增加了"solitary"来修饰"那滴眼泪",深刻体现了人物那种孤独无依的内心痛苦。译者对人物的心境感同身受,并认为不加该评价性形容词不足以体现原意。增译的形容词将人物的心情传达给了译文读者,拉近了读者和人物五龙之间

第 2 章 《米》中叙事视角的翻译

的心理距离。译文中增加的其他形容词评价资源还有(见表2.11)：

表 2.11 增译评价形容词的翻译

1. 挤在**女人**中间的还有各种告示和专治花柳病的私人门诊地址。P. 2	Tucked in among the **sexy women** are the names and addresses of VD clinics. P. 2
2. 夜来的事很像一场**梦**。P. 7	It was like a **bad dream**. P. 7
3. 为了一把米，为了一文钱，为了一次欢情，**人们**从铁道和江边码头涌向这里，……。P. 185	For a handful of rice, or a few coins, or a moment of pleasure, **pitiful people** poured into the city by train and by boat,… P. 217
4. 他低头看了看手心里的那颗血**牙**，……。P. 189	Rice Boy looked down at the **solitary** tooth in the palm of his hand. P. 222

例1叙述的是刚到城市的五龙在瓦匠街所看到的混乱不堪的情景。他首先看到的是一个死去的男人，后来就是这些充满了性诱惑的女人。女人也是他的城市梦想中重要的一部分。原文中只有"女人"，而译文增加了对这些女性的评价性形容词"sexy"，强调了这些城市女性对五龙来说的性吸引力。在例2中，五龙受到阿保为首的码头帮的欺负，由此埋下了他对城市仇恨的种子。这里增加的"bad"突出了城市的种种罪恶。因为对于五龙来说，城市生活的开始也是他堕落的噩梦的开端，而这一切最终也都随着他的返乡化为一场空。例3将"人们"翻译为"pitiful people"。原文表达的是五龙(还有原文叙事者)对从乡村涌入城市的人们的同情。译者增加的"pitiful"既表明了五龙的态度，也表明了译者在翻译过程中自己的态度。例4描写的是五龙的两个儿子大打了一架之后米生的反应。他看着手中的血牙，感到很孤单。他们虽然是亲兄弟，却没有一点手足之情，而且这整个家族也没有亲情可言。译文中增加的"solitary"突出和营造了一种非常孤单的氛围和感受。这些增译的形容词评价资源是译者对译文叙事的一种干预和介入，很好地深化了故事的叙事主题。

(2) 副词评价资源

译者在译文中有时还增加了一些副词评价资源。这些副词细致地刻画出人物的行为或者心理状态，表明了译者对人物心理的深刻理解和把握(见表2.12)。

表 2.12 增译评价副词的翻译

1. 我问你一句话，你要说真话。假如五龙这次有去无回。你会怎么样? P. 82	Let me ask you something, **she said softly**. What will you do if Five Dragons doesn't come back from this trip? P. 94

	续表
2. 看来是飞扬跋扈的码头兄弟会,他们每到月底就来米店收黑税。P. 115	Six Master's insolent Wharf Rats, who showed up at the emporium for protection money on the first of every month, **like clockwork**. P. 132
3. 他们就这样把我慢慢地分割肢解了。P. 186	They are cutting me up, **slowly but surely**, limb by limb. P. 218

例1的译文中增加了"she said softly"这一汇报分句。分句中出现的评价性副词"softly"将原文中隐含的人物情感或态度明晰地表现出来。绮云知道这次五龙很有可能是有去无回,所以她在询问中带着对新婚的织云即将丧夫的同情和怜悯。例2中增译的副词性短语"like clockwork"表明,城市的黑势力——码头帮会,胡作非为,准点准时,并一以贯之,突出强调了城市的罪恶本质。当然,这也是促成五龙变恶的重要的外部原因之一。

例3叙述的是五龙在醋液中浸泡了一个夏天之后,在一个夏日的午后爬上米店的屋顶看着自己的一身伤疤时的心中所想。这些伤疤都是城市人对他造成的伤害。看着自己满身的伤痕,五龙确信他们要将他"慢慢地"肢解了。译文中不仅把"慢慢地"翻译为"slowly",而且还增加了一个状态副词"surely"。"slowly but surely"的意思是"without fail",说明了城市人对他的伤害是一种慢慢侵蚀的过程,他是逃脱不掉的。五龙对自己所遭受的一切是那么肯定,他确信自己终将被城市的人逐渐折磨致死。因此,增加的状态副词更加贴近人物当时愤怒和悲哀的心境,突出了城市带给农村人深重灾难的故事主题。

译者有时会增加部分的形容词和副词评价资源,这在一定程度上增加了原文没有的语义和内涵,体现了译者自己的态度和评价。译者采用的是调整性增译法。

3)译者改译的评价资源

(1)语气评价资源

"人们日常生活中,不管是说话或者写作,只要是生成一个句子就表达一种语气。"(郑元会,2009:54)具体来说,语气指的是"动词的一个范畴,它在形式上已经语法化了,具有一种情态上的功能。语气一般有几个区分明确的言语范式,如陈述的、虚拟的、祈使的、条件的等,具体的数量和区分因语言而异"(李战子,2005:15)。本书选取了《米》中陈述句、疑问句、感叹句和祈使句这四类言语范式,并就它们在译文中发生了怎样的变化及其对语气评价产生的影响进行分析。

第一类语气改变的情况是原文中的疑问句在译文中改为陈述句,或反之。小说中陈述句或疑问句数量的多少,由谁来使用等,从认知的角度来说,可以体现出

第 2 章 《米》中叙事视角的翻译

谁是故事的主角。笔者在通篇比较后发现,人物五龙在故事的开始多使用的是疑问句、反问句和不完整的小句。后来,随着他社会状况的改变,并最终发迹成为米店老板,这时,他使用的更多是完整的陈述句和祈使句。后来,米店在他手中慢慢败落,他言谈中使用的主要句式又有所不同。可见,五龙使用的是陈述句还是疑问句,这和他的身份以及他性格的发展变化直接相关。例如:

⑭ 没有人在乎一条人命。五龙将米箩放在肩头朝后院走,他想其实我自己也不在乎。**一条人命**。(苏童,2005:42)

A human life meant nothing to them. Well, I guess I don't care either. He continued carrying baskets of rice out back. **What's one life**? (Su, 1997:48)

这是一段对五龙心理活动的描写。他在看见了阿保他们深夜去码头抢米,并把船老大推下江的情景,回到米店之后的心中所想。他想到了瓦匠街就像一条毒蛇不断分泌着毒液。没有人会在乎一条人命。他在码头遭遇阿保的侮辱,在米店受到冯老板和他女儿的歧视。他们都把他当作要饭的乞丐,而不是靠自己的劳动来讨生活的人。他的心中已经充满了对这个城市的恨。这种愤恨通过简短有力的陈述句"一条人命"表现出来。"陈述句是一种表静态的句式,表述一种事物的存在以及存在的情形。所表述的内涵比较客观、平正。"(李贵如,1995:96)在此,五龙在心中默念着的这句话透露出的是他对城市罪恶的一种默然接受。

译文"What's one life?"是一个疑问句式,其中无不表现出一种冷漠的叙述口吻,可以理解为"What does one life matter?"。这个疑问句表达的是五龙对自己身份地位的不确定,也是对自己生命的怀疑。他认为只要不是自己丧命,这事就与己无关。更何况他只是一个初来城市的农民,他又能有什么办法呢?这种冷漠却又无奈的口气在译文中通过句式从肯定转换为疑问的过程中传达了出来,比原陈述句更加贴近人物五龙当时的心情和身份。

但是,发迹后的五龙说话的语气又完全不同了。他在城市发家之后成为码头帮的头头,似乎一切顺心,连死对头吕六爷也死在了上海的跑马场。五龙在码头回想起自己初来城市的情景,仿佛一切都历历在目,尤其是当年在码头受到阿保的胯下之辱。正在这时,他看见了那个很像当年的自己的青年。他让青年叫一声爹就给他银元,青年照做了。他便打他,踩他的手,教训他,并且喊出了下面的话:

⑮ 为了一块肉,为了两块钱,就可以随便叫人爹吗?(苏童,2005:

146)

　　All it takes to get you to call somebody Daddy is a chunk of poke or a couple of coins. (Su, 1997:171)

　　他要像阿保当年对他那样好好给这个青年上一课,让他知道城市中没有怜悯,只有恨才能让他生存下去。这时的五龙由于成为米店的老板、黑帮的老大,所以可以为所欲为了。但是,他的心里永远抹不去阿保带给他的耻辱。于是,对那个青年的残暴举动也是在自我惩罚,为当时自己因为一块肉折腰而悔恨至今。三十年河东,三十年河西,想不到历史再次重演。现在的他却已经成为城市的主人,代表着城市的残忍和无情,向着刚从乡村来的也许是他的乡亲施以暴力的打击。他这样做其实是在惩罚当年的自己,也是在将这种罪恶的种子传递给又一个农村来的年轻人。

　　原文"为了一块肉,为了两块钱,就可以随便叫人爹吗?"是一个疑问句。疑问句是指"使用疑问语气提出问题的句子,主要分为三类:询问句、反诘句和测度句。"(李贵如,1995:101-103)这句话采用的是反诘式的疑问句,表达的是五龙对他人也是对自我的质询和责问的语气和情感。译文"All it takes to get you to call somebody Daddy is a chunk of poke or a couple of coins."是肯定句,在表现五龙现在作为城市主人的权威时说话的语气上要比原文的疑问句更为有力。他拥有着暴力和权力,所以他的口吻是斩钉截铁的。显然,译文中这类语气的变化一定程度上可以反映出人物身份的改变。一个曾经的受害者变成了现在的加害人。现在的他代表着城市的残忍和无情。

　　第二类语气改变的情况是由疑问句改成反问句。以下例子叙述的是米店的米快卖完了,冯老板正发愁的时候,妹妹绮云给父亲出了个主意,让自己的妹妹去找六爷借米的情景。

　　⑯ 让织云找他,**这点小事怕他不帮忙?** 织云不能白陪他玩呀。(苏童,2005:38-39)

　　　　Have Cloud Weave go see him. **You don't think he'd turn her down in a little matter like this, do you**? What she did for him ought to be worth something. You know what I mean. (Su, 1997:44)

　　绮云对冯老板说让织云去找六爷帮忙弄米,并反问父亲"这点小事怕他不帮忙?"。原文采用的是反问的句式和语气,表达了极为肯定的意味:就是凭着织云和

第 2 章 《米》中叙事视角的翻译

六爷之间的关系,六爷毫无疑问肯定会帮这个忙,反问使表达的意义更为肯定有力。译文"You don't think he'd turn her down in a little matter like this, do you?"用了"You don't think,... do you?"这个反意问句(tag question),使原来的含义发生了转变,绮云嘲讽的口气随之更加凸显出来。译文还增加了"你"这个第二人称的视角。第二人称在叙事上的特点是直接面对读者,拉近读者和人物以及文中人物和人物之间的距离。第二人称存在泛指和特指,本句中绮云的话显然是特别说给父亲冯老板听的。读者很容易感觉到,她言语中的那种嘲讽和嫉妒的语气十分强烈。妹妹和姐姐是截然不同、水火不容的一对亲姐妹。妹妹绮云一直看不惯织云的生活作风,对她和六爷的勾当十分厌恶。但是即使姐姐这般好吃懒做,依附男人,冯老板还是很宠她,把店里所有的脏活累活都交给绮云去做,所以绮云也恨父亲如此偏心。现在店里要没有米了,生意快做不下去了,就让你的宝贝女儿去帮你想办法吧。妹妹这种坐视不管的心态在译文中很好地体现了出来。

第三类语气改变的情况是由陈述句改为祈使句,或反之。一般情况下,祈使句的语气要比陈述句强烈得多,目的在于说服某人接受某种观点,敦促某人采取某种行动。下面这个例子还是关于米店姐妹的。她们真的是天生的一对冤家,都看对方不顺眼,甚至还时时提防着对方。

⑰ 你当心她朝我旗袍上吐唾沫。(苏童,2005:37)

Don't let her spit on my cheongsams. (Su, 1997: 42)

这是织云在离家出门之前,叫来五龙帮她看晾晒在外面的旗袍和其他衣物时对他的嘱咐。因为她担心绮云会趁自己不在家时往她衣服上吐唾沫,她的妹妹也确实这么做过。原文"你当心她朝我旗袍上吐唾沫"是警告和提醒的语气,而译文"Don't let her spit on my cheongsams."是带有命令语气的祈使句。祈使句"用来要求或希望别人做什么事或者不做什么事,主要包括带有命令语气表肯定的句式、带有请求语气表肯定的句式、带有禁止语气表否定的句式和带有劝阻语气表否定的句式。其中带有命令语气的表肯定的祈使句,多用于指令性的公文和上级指示下级工作。"(李贵如,1995:100-101)因此,祈使句中的语气更为坚决,表明姐妹俩互相对立的关系,就好像是仇家一般。而且祈使句也体现了织云作为老板的身份对下人五龙行使着特权,命令他做事情,从中也可以看出她对五龙的同情和可怜其实是多么浅薄。

下例表达了五龙对女人的评价和看法。他无意中偷听到米店姐妹有关阿保之死的对话。虽然阿保是因织云而死,但是她的生活却没有因此发生一点改变,她也没有因为他的死而悲伤。于是,他在心里得出这样的结论:

⑱……,突然对女人有了一种深切的恐惧。**想想吧,她一手葬送了一个男人的性命,到头来却无动于衷,**两种肉体的紧密关系随时会像花一样枯萎吗?(苏童,2005:48)

Women,… he suddenly realized, terrified him. **The thought that she had caused a man's death didn't faze her.** (Su,1997:55)

原文中五龙内心的想法是通过祈使句表达出来的。"在语法层面上,汉语主要是采用语气词、某些重复结构和附加否定成分来表达各种语气的。从附加语气词的角度来说,一般来说,祈使语气要增加'吧'等语气词。"(胡壮麟等,2008:157)所以,原文句子中的一个语气词"吧"生动地表现了五龙当时内心的一种惊讶,甚至是恐惧的心情。他惊叹于织云的无动于衷,因为阿保是因她而死,她却表现得好像与己无关。

译文"The thought that she had caused a man's death didn't faze her."是一个陈述句,更多的只是说明五龙意识到了这个事实:虽然阿保是因织云而死,但是她却没有一点悲伤,可见她是很冷漠的。五龙对女性的认识和他对城市的评价等,在译文的一般陈述句中没有能够予以体现。因此如果改为感叹句可能更能够传达出五龙那种惊叹的语气。

第四类语气改变的情况是陈述句改为感叹句。感叹句是"表示赞美、憎恶、欢乐、号召、悲伤、忧愁等感情的句子。感叹句大致分为五类:语序变换构成的感叹句、给感叹中心以修饰限制的感叹句、使用语气助词的感叹句、使用感叹词的感叹句、词语或句子重复构成的感叹句。"(李贵如,1995:103-105)感叹句表达的语气一般要比陈述句强烈。例如:

⑲ 她看见绮云抓过一把扫帚砸过去,你还骂人?你这要饭花子敢骂人?(苏童,2005:10)

…, but she saw Cloud Silk pick up a broom and attack him. **How dare you talk to us like that, you filthy beggar!** (Su,1997:10)

这句话是妹妹绮云对五龙说的。她看见五龙搬完了米后却还一直赖在米店门口不走,心里非常生气,因为她觉得五龙是个要饭花子,会给米店带来不好的运气。但是此时的五龙是有着做人的尊严的,他涨红了脸并用变了调的声音骂了一句粗话来发泄心中的不满。本例中的两个疑问句是绮云在听到五龙说的脏话之后,边拿起扫帚要打他,边发出的质询之声,她说:"你还骂人?你这要饭花子敢骂人?"这里连用了两个问号,说明绮云的愤怒和惊讶之情,她没有想到一个要饭花子竟然敢骂她。译文"How dare you talk to us like that, you filthy beggar!"是用感叹词"how"引导的一个简短的感叹句代替了原文中的两个疑问句。感叹号具有抒发强烈感情的作用,可见绮云对五龙无比轻视,也可见城市里没有温情,甚至连一个小小年纪的女孩都瞧不起农村人。这些矛盾的激化一步步吞噬着五龙的尊严,使他最终选择了以恶抗恶,并堕入罪恶的深渊。

语气评价资源是"一种副语言环境,是指参与交际者的表情、神态、语气、语调、体态以及所处的场景等从属于话语的附加因素。"(周方珠,2004:86)译者在翻译时,根据与之相关的文本语言环境做出了适当改译。这虽然改变了原文的审美距离,但是更好地传达了人物语言的内涵和人物的心态。

(2) 情态评价资源

情态在陈述句中表示说话人的意见或者征求对话者的意见。情态"所表达的是认知的程度和主客观程度,对人物心态的把握以及人物对事件的评价和看法都有着重要的影响。情态系统不但表明说话者的态度、判断,同时对支配人际功能的情景因素——话语基调产生综合影响。"(郑元会,2009:86)韩礼德把情态词分成三阶,在每一个阶中,第一项为低值,第二项为中值,第三项为高值,包括可能性阶(按照程度由弱到强分别是),即"possible""probable""certain"和通常性阶,即"sometimes""usually""always"这两类(胡壮麟等,2008:149)。下面是一个含有情态评价资源的例子。

⑳ 那时候他**好像预感**到了秋季的变化。(苏童,2005:38)

He **had sensed** the coming of autumn and the changes it would bring.(Su,1997:43)

五龙在帮织云看她晾晒在院子里的旗袍。此时他回想起夏天在枫杨树村的生活,似乎预感到了秋天的来临。这表现的是人物的一种主观感受,使用的是表达可能性的情态词"好像"。但是不久五龙的预感便成了现实:阿保因为和织云通奸的事情暴露而被六爷杀死了。译文"He had sensed the coming of autumn and the changes it would bring."中使用的是过去完成时,表达了十分肯定的语气。虽然译文和原文有所不同,但是译文的这种"偏离"对表现必将到来的灾难和难以逃脱

的宿命的主题是十分必要的。译文改变了原文中表达不确定情态的词语的例子还有(见表2.13):

表2.13 改变情态资源的翻译

1. ……,**也许**这就是枫杨树乡村与瓦匠街生活的区别之一。P. 49	They **more than anything** pointed up the difference between Maple-Poplar village and Brick Mason Avenue. P. 56
2. **也许**他还将在暗病的折磨下丢下整个生命? P. 169	… , and his life was threatened by the ravages of a dark disease. P. 199
3. **也许**米店这次劫难的真正原因只有米店一家自己知道了。P. 216	For all anyone knew, only the members of the family themselves could fathom the real reason for this particular calamity. P. 252

例1是五龙在看到米店姐妹互相争吵之后发出的感叹。他觉得只有城市的家庭才会这样不和睦。原文中的情态词是表示不确定的"也许",但是在译文中改为另一个短语"more than anything",中文直译是"比任何……都要",表达一种非常肯定的语气,更加强调了米店之家充满矛盾,潜伏着种种危机的现实状况。例2中五龙因为被暗病折磨得只剩下半条命了,所以他在心中自问:也许自己还将在暗病的折磨下丢下整个生命。译文去掉了这个表达猜测的情态词"也许",翻译成"his life was threatened by the ravages of a dark disease",语气肯定,因此也预言了小说最后五龙逐渐临近的死期。例3中瓦匠街的邻居因为目睹了五龙被抱玉带走的情景,所以都猜测着米店这次劫难的原因。译文省略了"也许",也表达了一种确定的情态和评价。因为除了米店之家的人,其他人对于抱玉和五龙之间的仇恨是无从知晓的。

译者有时也会改译原文中的某些语气和情态评价资源,从而改变了原文的语义,一定程度上突出强调了故事的叙事主题,可以说译者采取的是一种调整中的改译法。

4)译者删除的评价资源

(1)形容词评价资源

描写性形容词作为评价资源表达的是叙事者对人物的性格、环境的情况等的观点、看法和态度。例如:

表2.14 删除形容词评价资源的翻译

1. 五龙穿过月台上杂乱的货包和人群,朝外面**房子密集的**街区走。P. 2	After threading his way through a maze of cargo and passengers, Five Dragons heads for **town**. P. 1

续表

2. 五龙害怕别人从他的目光中察觉出阴谋和妄想,他的心里深藏着**阴暗的火**,它在他的眼睛里秘密地燃烧。P. 28	…; rather he feared that his look would give him away, for deep in his heart burned **a flame** whose light could be seen in his eyes. P. 32
3. 证明他是一个**货真价实的男人**。P. 72	To prove he's a **man**. P. 83
4. 柴生看见父亲萎缩的身体随火车的摇晃而摇晃着,他的脸像一张白纸在黑沉沉的车厢里浮动,他的四肢像一些**枯**树枝摆放在米堆上。P. 226	Kindling Boy watched his father's wasted frame rock from side to side with the train, his face floating like a sheet of paper in the darkness, arms and legs spread out over the rice like **twigs**. P. 264

在表 2.14 中,译者都删除了具有评价意义的形容词"房子密集的""阴暗的""货真价实的""枯"。例 1 是《米》故事的开始,五龙在经过两天两夜火车的颠簸之后,终于来到了梦想中的城市。但是他所走向的是"房子密集的"街区,并不是繁华的都市。这里是城乡结合部,是城市最混乱肮脏的地方,也是五龙生存直到堕落的社会环境。这条街道以及这条街道所在的区域其实就是整个城市的缩影。对它的细致刻画有助于揭示人物之所以最终堕落的原因——城市的诱惑和罪恶。译文省略了"房子密集的"这个描写城市肮脏混乱的贫民区的形容词。

例 2 叙述的是五龙因为受到织云的诱惑而想入非非,所以很长时间都不敢看织云的眼睛。"阴暗的火"不仅是在五龙的眼中燃烧,更是在他的心里秘密燃烧着,代表了他内心深处充满的罪恶欲望——想要占有米店的一切。但是,他又生怕自己的想法会被人觉察。译文"a flame"省略了"阴暗的"这个描写"火"和细致地表现人物心理活动的形容词。

例 3 中"货真价实的"男人是五龙对织云所说的一段话中所强调的内容。他告诉她在枫杨树村如果是入赘的男人就要在结婚时喝下一坛子的黄酒,以证明自己是一个真正的男人。五龙强调自己是个"货真价实的"男人,说明了他是有着强烈自尊心的人。例 4 叙述的是柴生看见五龙奄奄一息的样子,他的四肢就好像是枯了的树枝。这个"枯"描写了五龙生命力丧失殆尽的真实状况。译文将以上这些描写人物心理和现实状态的评价性形容词删除掉了。

(2) 副词评价资源

这一类的评价词主要是作为对人物言行的伴随性状态的描写,其主要目的是为了进一步细致地刻画人物形象(见表 2.15):

表 2.15　删除副词评价资源的翻译

1. 这时候五龙停止了奔跑,他站在那里喘着粗气,一边**冷静地**打量着夜晚的码头和那些夜不归宿的人。P. 3	Stopping to catch his breath, Five Dragons **sizes up** the waterfront, with its late-night occupants. P. 3
2. 五龙坐在被窝里,**木然地凝望**晨雾中的瓦匠街,……。P. 13	By this time Five Dragons was sitting up **staring at** mist-enshrouded Brick Mason Avenue. P. 14
3. 冯老板颔首而笑,他**淡淡地说**,那你就进来吧。P. 15	Proprietor Feng laughed. Come in, **he said**. P. 16
4. 五龙**冷冷地**面对着那个小男人,……。P. 60	Five Dragons **glared at** the stranger,… P. 69

例 1 是小说的开头部分。小说开始的景象的叙事功能在于给整个作品定下基调,是作者切入故事的角度。这个角度决定着他对整个故事的主体评价和把握。对于读者来说,"开端是第一印象,这个印象如何将影响他对作品的接受。"(徐岱,1992:324)显然,这个故事的基调是黑暗的。五龙刚来到城市的时候还是一个茫然无知的农民。他唯一的希望就是能够在城市找到出路。但是他怎么也没有想到,在家乡农村没有见到的死人景象,却在刚刚踏上梦想中的城市的土地就碰上了,这让他心生万分恐惧,但是奔跑之后他又停下来"冷静地"思考,可见他骨子里是一个很冷酷的人。随着故事的发展,他在瓦匠街的米店发家后无恶不作,也证明了此人本性恶的事实。译文"sizes up"省略了"冷静地"这个描写五龙在城市初次见到死人,内心经历了很大的情感波动之后的情绪体验。

例 2 中五龙"木然地"凝望着瓦匠街是因为他对未来茫然无知。这时候的五龙刚从乡村来到城市,所以此时的他也是最单纯和简单的。例 3 是冯老板答应收下五龙做伙计时所说的话。这种"淡淡地"的说话方式不仅表明冯老板当时的态度,也说明了人和人之间的感情是如此淡漠。例 4 中"冷冷地"描写了五龙令人恐惧的寒冷目光。这是他在帮织云吓走了纠缠她的男人之后织云所发现的。这一定程度上反映出他内心的恶逐渐开始觉醒的过程。译文中分别省略了"冷静地""木然地""淡淡地""冷冷地"这几个表示人物情感淡漠的评价性副词。

(3) 小句评价资源

阐释性小句,就是在描述完之后有一段对原文进行的补充性解释,其中也充满了叙事者的价值判断、立场和评价,有时还具有强烈的反讽意味。在修辞学中,反讽意味着说反话,或者字面意义与深层意义不相符合。跟暗喻、明喻、转喻或者提喻等修辞格不同的是,反讽从遣词的角度来看没有什么特别的地方。"反讽为之反讽,关键在于解释。"(洛奇,1998:196)。

表 2.16 删除小句评价资源的翻译

1. 他们猜测织云又是去赴六爷的宴会,这是她的常事。P.12	... assuming that Cloud Weave was off to another of Sixth Master's parties. P.12
2. 冬天是最可怕的季节,没有厚被,没有棉鞋,而肠胃在寒冷中会加剧饥饿的感觉。这是长久的生活留下的印象。P.25	For him it was the worst season. He did not own a comfort, he had no lined shoes, and cold weather made the hunger pangs worse. P.27
3. 拿去吧,冯老板说,你现在像个人了,知道讨工钱了。P.33	Go on, take it. Now you've become a wage earner. P.38
4. 冯老板突然意识到五龙作为一个男人的性格棱角,心胸狭窄,善于记仇。P.33	Finally Proprietor Feng understood Five Dragons's essential makeup: intolerant and vindictive. P.38

表 2.16 例 1 中人们看见织云穿着六爷送给她的大衣招摇而过就知道她要像往常一样去六爷那里。他们对她这种攀附六爷想过好日子的行为极为不屑。这样的语气和评价在后面的小句中得到了进一步加强。瓦匠街的人们对织云的评论话语中充满了对她的反讽和嘲笑。译文将这句极富讽刺意味的话"这是她的常事"省略了。

例 2 中的阐释性小句"这是长久的生活留下的印象"进一步说明了五龙生活的悲惨:他总是在饥寒交迫中度过冬天,而且是长久如此。冬天对于五龙来说是最寒冷最可怕的季节。这句话不仅是他真实生活的写照,也为五龙后来的变恶做出了铺垫。译文省略了这句对五龙真实生活境况做进一步描述的阐释性小句。

例 3 和例 4 都反映了冯老板对五龙的直接评价。例 3 是五龙在跟冯老板商讨提高工资时冯老板对他的嘲讽,说他现在"像个人了"。言外之意是,在冯老板看来他以前根本就不像个人。这个小句说明冯老板不仅打心眼里瞧不起五龙,而且还通过一系列隐喻性的话语,让五龙深深感受到自己与米店一家人以及其他城市人的不同,同时感到一种被排斥在外无法融入其中的屈辱和不自然,因而产生了身份的焦虑。这种焦虑的聚集最终成为他疯狂报复的导火线。原文中的"人"是和"非人"相对的概念,也就是说冯老板从来没有把五龙当作人来看待,也突出强调了二者之间的矛盾冲突。译文"a wage earner"回译(back translation,即是将已译成特定语言的文本译回源语的过程)过来就是"靠工资为生的人,雇佣劳动者",仅仅说明了两者之间的雇佣劳动关系。

例4中冯老板因为五龙一直记着自己不愿给他买皮鞋的事情,发现了五龙的性格特点,而且是作为"男人"的性格特征。原文突出了男女之间的性格差异,其实隐含着某种性别优势。因为在中国传统观念看来,男人是应该宽宏大量的,只有女性才心胸狭窄,好记仇。但是五龙却不是这样的。这为五龙后来对一切的人和事施以剧烈的报复埋下了伏笔。译文"Five Dragons's essential makeup"没有译出"作为一个男人"这个强调人物男性形象的评价性成分。

2.4 小结

叙事视角虽然是叙事学的一个基本内容,但也是主要和关键的问题所在。本章节分析了《米》中叙事视角的特点及其翻译。《米》主要采用的是第三人称叙事视角,具体可以分为两种:第三人称内视角和第三人称外视角。《米》中的叙事视角还根据情节发展、表现主题和塑造人物的需要在内外之间来回转换着。这种视角的变换,使文本空间更为灵活机动。在叙事上,又不至于因为视角单一而引起读者接受时的疲劳。

译者葛浩文在翻译《米》中主人公五龙的视角时,主要采取了调整性省译法,删除了表达人物内视角的汇报分句,从而强化了叙事者的在场,拉大了读者和人物五龙之间的距离。这时译者一定程度上改变了原文的叙事视角,也体现了译者的主观思想以及介入作品的程度和情感等。但是这样的视角变化突出了叙事者的声音,强调了《米》的主题——叙事者对历史的个人化叙事和人物在历史中的不自由。译者在翻译"卫星"人物视角时,为了保持叙事的相对客观性,有时也采取了调整性省译法,删除了表示她们主观判断和评价的人物视角汇报分句。

译者有时也会直接翻译《米》中的人物内视角。这具体表现在:他保留了一些表示主人公视角的汇报分句,但是会根据他对主题和人物思想变化的理解,选择语义相同但是内涵不同的译文,从而比较好地再现了原文的审美效果和叙事主题。译者在翻译"卫星"人物——米店姐妹的叙事视角时,主要保留了表示限制性人物视角的汇报分句,这样可以从人物的特定视角来进一步展现五龙的性格特点,也可以真实地再现"卫星"人物的心理活动和性格特征。

此外,译者还增译、改译和省译了部分表示叙事者视角的评价资源。他通过调整性增译法增加的副词评价资源是伴随着人物的动作同时发生的状态,具有细化描写人物行为的作用,有利于突出人物形象和叙事主题。出于对小说思想内涵的深入理解,译者在翻译时不仅增加了不少评价性的形容词、副词,也采用调整性改译法改变了某些语气和情态的评价资源。在这个过程中,译者似乎是在不经意中表达出了自己对人物和故事的主观看法和态度,这是译者对小说内容一定程度的干预。但这种干预是在小说情景主旨范围内的有限干预,是译者作为原文读者对小说所传达思想产生共鸣的结果,因此不仅不影响小说主题的展开,而且深化了主题。译者省译的部分表现叙事者隐性干预的形容词、副词和小句评价资源,在细节上对原文的审美效果和叙事主题的传达有一些影响。

第 3 章
《米》中叙事时间的翻译

3.1 《米》中的叙事时间

虽然《米》中的时间机制主要还是倾向于传统意义上的线性叙事,但是从整体上来说,《米》借鉴的仅仅是一个时间的外壳,或者说是一种伪时间,因为很难找到任何具有可堪证性的史实,看不到历史时间在叙事话语中的实证性作用,所以也就无法获得历史时间所蕴藏的事实真相。就本质而论,时间问题就是历史问题。因此,小说家对时间的处理实则隐含着小说家的历史意识。"历史时间的真实内涵被掏空,留下的只是作家自我对历史境遇中人的各种生存状态的主观性演绎。"(洪治纲,2005:145)苏童创作《米》时无意书写史诗,他的兴趣所在不是建构有关乡村历史的"宏大叙事",而是讲述一段有关五龙以及米店一家的家族史。

《米》中很少有确切的时间,而是以季节来连接故事。故事发生在秋天,五龙是踏着秋天的暮色来到城市的。故事结尾处当五龙坐上归乡的火车时同样也是在秋天。每一个季节的转换也伴随着主人公五龙生活境况的改变:从秋天走到隆冬,他在米店打工,只为能有一个安身之所,并且可以靠近他喜欢的大米;冬日里发生了很多变故,米店之家走向没落;从冬走到春,米店姐妹先后嫁给了五龙,五龙成了米店老板,也迎来他生命中短暂的春天;从春走到夏,五龙染上了恶疾,生命垂危;从夏走到秋,垂死的五龙踏上了返乡之路。

热奈特(1990:14)认为:"研究叙事的时间顺序,就是对照事件或时间段在叙事话语中的排列顺序和这些事件或时间段在故事中的接续顺序。"他区分了两种时间:叙事时间和故事时间。叙事时间是文本展开叙事的先后顺序,是叙事者讲述故事的顺序,因而是可以变化的。故事时间是被讲述故事的自然时间顺序,是故事从开始发生到结束的自然时间,是固定不变的。他按照叙事时间和故事时间之间关系的不同将叙事时间主要分成了时距、顺序和频率三个大的方面。时距主要包括场景、停顿、概要、省略四类;顺序主要包括插叙、预叙、倒叙三类;频率涉及反复叙事、单一叙事等。本章将以此为理论框架对《米》的叙事时间的翻译进行研究(《米》中没有省略和倒叙这两种叙事时间)。

3.2 《米》中叙事时间的翻译

3.2.1 场景

场景是指"叙述故事的实况,一如对话和场面的记录,故事时间与叙事时间大致相等。场景可以说是戏剧原则在小说叙事中最充分的应用,它的基本构成是人物对话和简略的外部动作描写。"(热奈特,1990:70)场景通常出现在"富于戏剧性的内容、情节的高潮以及对一个事件的详细描述等情况下,在事件发展的关头或处于激烈变化的情况下,往往会伴随浓墨重彩的场景甚至几个相接连的场景。"(谭君强,2008:141)《米》中的场景主要有描写式场景和对话式场景两类。

1) 描写式场景

《米》的开篇主要有两个场景描写:一个是火车站的场景;另一个是瓦匠街的场景。五龙是在火车的颠簸中出场的。孤身一人乘着运煤的火车来到城市,五龙看到的是火车站混乱的景象,听到的是嘈杂的天棚和铁轨的声音,闻到的是油烟的味道,感到的是如干草一般的无力。此时的他既不属于城市也不属于乡村,这也预示了他将是一个注定了被悬空、无所依托、永远在路上的人。初到城市,五龙还带有乡村的淳朴、简单的性格。而后,他走向了更加混乱嘈杂的瓦匠街,在那里他看到了死人,吓得撒腿就跑。至此,我们看到的是一个初到城市、茫然而胆怯的五龙的形象。在乱糟糟的城市里,他(乡村精神)和城里人阿保(城市罪恶)一接触,就被无情地践踏了人格,为了一块肉,被迫叫阿保们"爹",做了城市的"儿子",这也激起了五龙对城市最初的仇恨。(因场景描写较长,完整的原文和译文请见"附录A"。)

有意思的是,译者在翻译五龙碰到阿保之前的场景描写时,都采用的是现在时态。而在五龙遭到阿保的侮辱之后,译文的时态就转变成了过去时。时态的改变导致了叙事话语的语义内涵发生变化,突出了叙事的主题。现在时态的作用是将一种画面感更加清晰地展现在读者的面前,就好像影像一般的逼真。"现在时赋予故事以即刻生动性,并且有延缓或凝固动作的作用。'我去'或'我正要去'表达的行动概念要比'我去过'缓慢。现在时可用来强调故事中那些关键的,或者具有重大意义的时刻,因为放大的特写镜头可以用来表现场景的某些重要特征,从而增强场景的情绪感染力,或者给场景涂上永恒的梦幻般的色彩。"(塞米利安,1987:68)

可以说,前面的三页故事是一种概说,"概说的现在时是一种将评价加入叙事中的手段,通常是一种外在的评价。"(李战子,2002:182)这一部分也可以看作一种概述式的场景描写,其中实际上隐藏着叙事者的评价。所以,译者采用现在时态代表的是一种过去的现在时,用一种看似真实存在的状态表达一种虚拟的现实。时间模式上的这种客观现在时,处于时间之外,是永恒的现在时,或者可以说是一种历史现在时,带来的叙事效果是场景的真实再现。另外,这样用全知全能叙事者的视角来描写景物和对人物的心理进行刻画,显得相对客观冷静。

从叙事的形态和方式来看,现在时态是一般戏剧的时间特征。这种戏剧性的客观呈现在布斯那里被称为是"展示"(布斯,1987:175)。可以说,译者对原文场景的理解是相对客观的叙事或者展示。正像塞米利安(1987:11)所说的:"读者进入场景,他被带入事件的整个过程,而过程本身也显示了结局。场景赋予故事以直接性和行动正在进行的特征。我们不可能叙述尚未发生的事件,但是通过场景的描绘,作家可以造成一种客观印象:故事正处于发生、发展的过程中。而且似乎是第一次发生,是不可重复的,独一无二的。场景能够把过去的事件变成目前的事件。"而且用现在时来开始这部小说,"就把小说中事件发生的时间移至小说的当时,更加接近读者生活的时代,从而使故事更具有即刻生动的特征。"(塞米利安,1987:68)这也正是译文采取现在时态所产生的叙事审美效果。

从第一章第四页开始,描写的是五龙第一次遭到码头帮的阿保等人的侮辱。这也是五龙丧失原本的单纯,走向堕落的开始。译者在翻译中便转而使用过去时。

过去时态的出现代表了一种新的视角的出现,即叙事自我,也就是突出了叙述者的声音。因此,作为叙事者的译者的介入较前一个场景更为明显。《米》的总体时态是过去时,这也是叙事文体的一般时态,讲述的是故去的往昔。"'叙'一般涉及过去的事件,'议'一般表述作者的看法。因此,'叙'是过去时态,'议'是现在时态。"(刘宓庆,2006:363)过去时态代表的是一种回忆。

五龙在城市的遭遇,从发家到败落都是一场不真实的梦境,而且译文中还增加了许多叙事者的隐性评价成分。五龙至此开始了他在城市的生活,也是他堕落的真正开始。因此,使用过去时态也隐晦地说明了城市生活的真正展开其实是人物五龙自身的一种倒退、堕落和迷失。这便是译者在《米》的整个故事场景的翻译过程中,对不同时态的选择所产生的不同的叙事效果和对叙事主题的突出。

2) 对话式场景

在场景中,故事时间跨度和本文时间跨度习惯上被认为是相等的。最纯粹的场景形式是对话。塞米利安(1987:11)认为:"哪里有对话,哪里就会产生生动的场景。"对话往往是属于大场景中的一个个相对分散的小场景。《米》的主体叙事中充满了大量的人物对话,而且是省略了汇报分句和标点符号的自由直接引语,使得整个叙事连贯和真实。显而易见,前面主要是概述性的描写,后面则加入了大量的人物对话。随着叙事时态由现在时转向过去时,文本叙事话语各成分之间的距离也发生了改变,文本和读者的距离近了,不仅叙事者的介入要更强一些,而且拉近了人物和读者之间的距离。人物对话也可以称作对话式场景。

人物话语的不同表达方式早在古希腊时期就开始有人注意了。在柏拉图(Plato)的《共和国》(*The Republic*)第三卷中,苏格拉底(Socrates)就区分了"模仿"和"讲述"两种形式。"模仿"是指直接展示人物话语;"讲述"则是诗人用自己的语词来转述人物话语。这两者大致和后来的直接引语和间接引语相当。但这种两分法太笼统,不能描述文学作品中可能出现的所有表现人物语言和思想的现象,远远不能满足文学批评的需要。

英国批评家佩奇(Pechey)把小说人物话语的表达方式分为八类:"直接引语、被遮覆的引语、间接引语、'平行的'间接引语、带'特色的'间接引语、自由间接引语、自由直接引语、从间接引语'滑入'直接引语。"(申丹,2001:272)但是,佩奇的分类存在一些缺点,如太烦琐、引语形式排列不够规则等。

现在比较通行的分类是把人物话语的表达方式分为五种。利奇(Leech)和肖特(Short)根据叙事者介入叙事程度的由强到弱以及人物主体意识的自由度的由低到高,对这五种表达方式做了有规则的排列,分别是:直接引语(direct speech)、间接引语(indirect speech)、自由直接引语、自由间接引语和言语行为的引述(narrative report of speech acts)。

各种话语表达方式在语言上的特征是:直接引语是表达人物语言和思想的常规方式,使用引号来"原原本本"地记录人物话语,保留其各种特征,如个人语域特征和社会变体,通常带有"某某人说"这类汇报分句。间接引语是指引述人用自己的话语来转述原话,其中的人称、时态、指示代词、时间状语和地点状语要发生变化。自由直接引语指与直接引语一样原封不动地引用原话,但省略引号和汇报分句(利奇和肖特把仅仅省略引号但保留汇报分句的表达形式也归为自由直接引语)。自由间接引语在形式上与间接引语一样,用引述人的话来转述原话,但省略汇报分句。言语行为的引述则明显地打上了叙事者对人物话语的"编辑"和"加工"的烙印。在这一形式中,叙事者仅对人物话语的内容进行概括性的介绍。

各种话语表达方式的主要特点是:直接引语除了能突出文中的"人物世界",还由于引号本身在视觉上的醒目标示,容易吸引读者。原封不动地引用人物话语使读者有一种"如临其境""如闻其声"的感觉。间接引语为叙事者提供了总结人物话语的机会,故具有一定的节俭性,可加快叙事的速度。自由直接引语除了具有直接引语的一些优点外,还由于它是叙事干预最小的一种表达方式,使读者能在任何情况下,直接接触人物的"原话",认人感觉作者似乎已经完全退出故事,实现了小说人物和读者的直接交流。自由间接引语由于摆脱了从句的限制,能保留人物话语的色彩,让读者可以直接进入人物的内心,从而在无形中消除了故事讲述者的媒介作用。在言语行为的引述中,小说人物主体意识的自由度最低,受到的叙事干预最大。

《米》的一大叙事特色是采用了大量的自由直接引语,数量达到 1 735 个。《米》在大部分情况下都是通过人物的对话和行动来推动故事情节发展,从而进行生动的场景描写和人物塑造的。人物开始有了自己的声音,人物开口说话了,说明苏童的创作开始变得流畅,开始水到渠成,就像河流一样,从自为变得自由。

(1) 自由直接引语式场景的翻译

本书对自由直接引语的界定采用的是利奇和肖特的定义。"自由直接引语不仅包括原封不动地引用原话但省略引号和汇报分句的句子,还包括没有引号但具有汇报分句的句子(例如:She said I want to see the elephants.)。"(Leech and Short, 1981:322)这里的自由直接引语不包括自由直接思想,因为本书在分析《米》中五龙的心理视角的翻译时已经重点讨论过了。这里就《米》中部分自由直接引语的翻译进行讨论,以考察译者葛浩文的翻译方法以及产生的审美效果及其对主题传达的影响。

① 他想水汽可能会挡住那些暴虐寻衅的眼睛,但冯老板已经在招呼阿保了,冯老板说,阿保,让我的伙计给你擦擦背。然后他看见阿保踩着水走过来,阿保眯着眼睛注视着五龙,一只手在毛茸茸的肚脐上轻轻拍打,他说,给我擦背,擦不好我饶不了你,擦好了赏你一块大洋。五龙扭过头不去看阿保白皙发福的身体,他说,我给你擦背,以后请你别盯住我不放,我跟大哥无怨无仇的。阿保从水中跳出来,躺在木板上说,那可不一定,我天生喜欢跟人过不去,什么无怨无仇? 老子不管这一套,谁不顺眼

第3章 《米》中叙事时间的翻译

就治谁,码头兄弟会就干这事。(苏童,2005:31-32)

He assumed that the pall of steam would keep the thugs from spotting him. But Proprietor Feng called out, **Abao, want my helper to wash your back**? Abao, who was rubbing his hairy belly, squinted to get a good look at Five Dragons. **Sure. Do a good job and I'll give you a silver dollar. But do a bad job and you'll be sorry. I'll wash it for you**, Five Dragons said, not even looking at Abao's fair skin, **if you'll stop staring at me all the time. I've never done anything to offend you**. Abao climbed out of the pool and lay face-down on the table. **No promises. I was born to make trouble. Offend me? I don't care about stuff like that. I go after anyone who looks cross-eyed at me. That's what it takes to be a Wharf Rat.**(Su,1997:36)

五龙在陪米店老板去澡堂洗澡时碰到了阿保。之后,五龙给阿保擦背时两人之间展开了这场对话。五龙希望阿保不要再为难他,但是阿保却回绝了。译文基本上保留了原文中的自由直接引语,而且译文再现了原文口语化的语体色彩,这是原文中自由直接引语的标志之一,表明的是对现实场景的实录。例如译者把"那可不一定"译为"No promises.",把"不顺眼"译作"looks cross-eyed at …",将"码头兄弟会就干这事"翻译为"That's what it takes to be a Wharf Rat.",都是简洁地道的英语表达。此外,译文还增加了某些词语,实现了译文内部的连贯。例如将"……,他说,给我擦背,擦不好我饶不了你,擦好了赏你一块大洋"翻译为"Sure. Do a good job and I'll give you a silver dollar. But do a bad job and you'll be sorry."。译文增加的"sure"一词,表明了这是阿保对前面冯老板询问是否要五龙给他擦背的回答。而且译文还省略了原文中的一个分句"然后他看见阿保踩着水走过来,……",让译文衔接更加紧密。总之,译者在整体上保留原文的叙事话语方式和叙事结构的前提下,在词和小句这两个方面进行了一些灵活的翻译处理,译文因此实现了自身的衔接和连贯。下面这段对话发生在织云和五龙之间:

② 织云笑着说,怎么闹起来了? 你快吃,吃了就走,你不知道米店最忌讳要饭的进门? ……他说,我操你们一家,让你们看看,我是不是要饭花子? ……**看不出来你还有骨气。不吃就不吃吧,关我甚么事?** ……,绮云拿了个什么东西敲柜台,织云,你给我过来,别在那儿人来疯了。……

什么呀？我不过是看他饿得可怜，谁想他跟我赌气，这年头都是狗咬吕洞宾，好人也难做。（苏童，2005：11）

Why get so upset? She asked with a smile. Here, eat this before you leave. Don't you know it's taboo for beggars to enter a rice shop? ... Fuck you and your whole family! I'll show you if I'm a beggar or not ... **I see you've got character, she said approvingly. A man ought to have character.** But I don't care whether you eat or not ... Cloud Weave! Her sister rapped on the counter. Get in here, and quit acting like that ... **What's wrong? She asked.** I only took pity on him because he was so hungry. How was I to know he'd fly off the handle like that? A dog will sink its teeth into a saint these days. People just won't let you do what's right anymore.（Su, 1997：11）

这个片段是由三个话轮来推动叙事的：五龙先受到了绮云侮辱，后来因为织云说他是要饭的就拒绝吃她施舍的饭，最后是绮云将织云拉开叫她不要搭理五龙，招惹是非了。这三个话轮中的矛盾是在不断激化的，并最终导致了五龙和织云之间的争吵。五龙的自尊心也在这个过程中不断受到摧残。原文的叙事采用的是流畅的自由直接引语，而且没有汇报分句，像流水一样没有阻碍地将故事中的矛盾逐步推向高潮。总体上来说，译文保留了原文的自由直接引语的叙事结构，只是增加了两个汇报分句，即"she said approvingly"和"she asked"。这在无形中多少改变了原文流畅的叙事节奏，拉远了读者和人物之间的距离，而且织云和五龙之间的矛盾不断深化的过程也被短暂打断，所以对表现人物愤怒情感的积聚过程有一些影响。下面这个例子是五龙和米店冯老板之间的对话：

③ 你怎么天天睡我家门口？冯老板盘问道。

五龙摇摇头，用一种梦幻的目光看着他。

那儿有个布篷，夜里能躲露水。冯老板指着对面杂货店说，我说你为什么不去那儿睡呢？

我喜欢这里。这里能闻到米香，五龙爬起来**飞快地卷起**铺盖，他说，我只是睡会儿，我从来没偷过你们的一粒米。（苏童，2005：14）

Why do you sleep in my doorway every night? Proprietor Feng asked him.

Five Dragons **looked up** and shook his head.

There's an awning over there. Proprietor Feng pointed to the grocery store across the street. It will keep you dry at night, so why not sleep there?

I like it here, where I can smell the rice. Five Dragons climbed to his feet and **rolled up** his bedding. I just sleep here. I haven't stolen any of your rice. (Su, 1997:15)

冯老板因为每天看见五龙睡在自己店门前就询问他原因。五龙只是摇摇头,用梦幻般的眼神看着冯老板,因为他自己也很迷茫,不知道应该到哪里去。"梦幻般的眼神"是五龙无声回答时伴随着的状态副词。这也是一个评价性的状态副词,和故事的主题正相关,表现了五龙来到城市后一直处在迷梦般的生存状态中。译文删去了这个表达故事主题的评价资源,对表现五龙梦游一般的精神状态有一些影响。

当冯老板建议他去其他地方睡的时候,他"飞快地"卷起了自己的铺盖,因为他的自尊心受到了伤害。他觉得冯老板一定认为他是想偷米,所以才睡在米店门口的。为了证明自己的清白,他赶紧把铺盖收起来打算离开。从这个细节也可以看出五龙初到城市时,虽然很穷却有骨气,还有着做人的尊严。译文删除了"飞快地"这个描述五龙动作迅速、内心恐慌的状态副词,一定程度上弱化了对人物性格和内心想法的揭示。这里删除了表示人物状态和感情的词语,实现了译文语篇内部的连贯,但叙事效果较原文有一些变化。

(2) 间接引语式场景的翻译

间接引语在《米》中出现的情况不是很多。间接引语"为叙事者提供了总结人物话语的机会,因此简洁,可以加快叙事的速度和节奏。而且人称、时态跟叙述语完全一致的间接引语能使得叙事流畅地发展。"(申丹,2001:291)这一点很符合苏童"平静如水"般的创作风格。间接引语主要出现在故事的开头部分,有时还出现在五龙对枫杨树村的回忆当中。间接引语的叙事节奏相对较快,可以将相对次要的情节一笔带过。如五龙在码头遭受了阿保他们一帮人的侮辱之后,被迫喊他们"爹"。这种痛苦让他回忆起在枫杨树村的生活和他悲惨的身世。因为他是一个孤儿,他的身世是乡亲们告诉他的。乡亲们是这样说的:

④ ……乡亲们告诉他他们死于二十年前的大饥荒中。亲戚们前来

抬尸的时候,五龙独自睡在干草堆上舔着一只银项圈。(苏童,2005:5)

Villagers said they had died in a great famine twenty years earlier. He was asleep on a haystack, sucking a silver necklace, when they were taken off to be buried. (Su, 1997:5)

这段的第一句话是一个间接引语,叙事者引述了枫杨树的乡亲所说的话来揭示五龙孤苦无依的悲惨身世。乡亲们告诉五龙他的父母死于二十年前的饥荒,他也因此成了孤儿。叙事者通过采用这种间离式的叙事视角和叙事姿态,凭借间接引语中的过去时和第三人称在读者和人物的话语之间拉开了一段距离,从一个旁观者的角度对过去进行轻描淡写,从中可见叙事者相对冷静客观的叙事态度。译者保留了原文的叙事结构,也保持了原文的叙事节奏。《米》中的间接引语出现的情况很少,主要是引述了瓦匠街的人们对五龙或者其他人物的看法和评价。瓦匠街的人们既是故事中的看客,也见证了米店一家的兴衰和种种变故。例如(表3.1):

表 3.1　间接引语式场景的翻译

1. 这事很快地张扬开了,甚至有人知道阿保的死因跟米店的织云有关,……。P. 46	News of the incident spread quickly, and people learned that Abao had died over his involvement with Cloud Weave. P. 53
2. 到过吕公馆后花园的人说,在繁盛艳丽的芍药花圃下面藏着一个大地窖,里面堆满了成包的鸦片和排列整齐的枪支弹药。P. 53	Visitors to his garden spoke of a bunker beneath the teeming sprawl of flowers and exotic plants in which he stored quantities of opium and stacks of guns and ammunition. P. 61
3. 她们说织云为了招摇,穿什么都行,什么都不穿也行。P. 88	They said she would wear anything imaginable, or nothing at all, as long as she could draw attention to herself. P. 102
4. 据瓦匠街茶馆的茶客们说,五龙是因为私藏军火被日本宪兵逮捕的,……。P. 216	Teahouse customers said the Japanese MPs had arrested Five Dragons for storing up explosives,… P. 252

例1中瓦匠街的住户传闻阿保的死和织云有关,从他们的议论中可以看出人们对织云和阿保的私情都是心照不宣的,也说明了他们对织云行为的不齿。例2是去过吕公馆的人描述的他家地窖里藏着的东西,从而揭开了吕公馆神秘的面纱。例3是瓦匠街的女性对织云的正面嘲讽和贬低,可见织云平日就不检点,在当地的名声很差。例4是人们在喝茶时讨论五龙被日本人抓去的原因,让五龙的被捕变得更加扑朔迷离。译者在翻译以上几个间接引语时,保留了原文中的话语表达方

式和这些看客们的叙事视角,从特定人群的角度来描述事件的发展和人物性格命运的改变。

(3)"两可"叙事话语式场景的翻译

和英语相比,中国的叙事话语的特点之一在于存在一种"两可"的句式。这和两种语言文化赖以存在的思维方式之间的差异有着十分密切的关系。东方人重悟性、直觉、意象,而西方人重理性、逻辑、实证。中文这种浑然一体、重感悟的语言形式是没有英语中的曲折变化和语法形式的。所以,时态和人称无法在中文里表现出来。一般情况下,《米》中的"两可"叙事话语出现在五龙或者其他人物的回忆当中。译者通常也是以比较规整的句式结构来对应翻译之。例如:

⑤ 婚礼上出现的一些细节后来成为人们谈论米店的最有力的话柄,**比如**鞭炮没有响,只买了一挂鞭炮,点火以后发现是潮的;**比如**藏在被子里的红蛋,摸出来一捏就碎了,流了一地的蛋液,原来没有煮熟,**再比如**新郎五龙,他始终不肯喝酒,当男人们硬架着灌进一碗酒时,他用手捏紧了鼻子,当着众人的面全部吐到了地上,**他说他决不喝酒**。(苏童,2005:74)

Many things happened during the ceremony that evolved into barbed comments that would later characterize any discussion of the rice emporium. **Item**: The firecrackers didn't pop. Only a single string was purchased, and they were too damp to light. **Item**: A lucky red egg hidden in the bedding cracked and oozed yellow yoke when it was squeezed. It was soft-boiled. **Item**: The groom refused to drink a drop of wine, and when the male guests tried to pour some down his throat, he pinched his nose tightly and spat it all out. **He didn't drink, he said, not a drop.** (Su,1997:85)

这里描写的是五龙和织云结婚的场面。因为婚礼的新娘是被六爷抛弃的织云,而且婚礼办得非常简单,所以给众人留下了很多谈论的话题。这段话中的"比如"构成了一系列的排比结构,列举了婚礼中的种种不祥之兆,预示着他们以后的婚姻生活中将会遭遇的种种不幸。这种规整而富有逻辑的语言表达显然是经过叙事者组织的,"概括角色所说、所想的方法"(Leech and Short,1981),被称为"言语行为的引述"(narrative report of speech acts,NRSA)(胡壮麟、刘世生,2004:220)。译者将人们议论的内容翻译为三个由"item"引导的并列结构,从叙事者的角度描述了当时的情景。

最后一句话描写的不再仅仅是场景,而是聚焦于新郎五龙当天的表现,即"他说他决不喝酒"。这句话的主语是五龙,但是如果站在叙事者的角度来看,可以理解为是叙事者的"一种叙述人物的语言和思想的方式"(胡壮麟、刘世生,2004:220),因此是一个"言语行为的引述"。而如果站在人物五龙的角度来看,则是一个"间接引语",所以可以看作一个"两可"的叙事话语方式。

对于最后一句"两可"的话语"他说他决不喝酒",译文"He didn't drink, he said, not a drop."中汇报分句的位置从前面移到了中间,突出强调了汇报分句后面的话"not a drop"。这里明显留下了叙事者对人物话语进行"编辑"和"加工"的痕迹,所以,译文是一个"言语行为的引述"。婚礼继续进行,紧接着还是一段对婚礼场景的描写。但是,最后一句话是这样描写五龙的:

⑥ 但是他不肯喝酒,他对所有劝酒的人说,我不喝,我决不喝酒,……。(苏童,2005:74)

He refused to drink, **saying tersely to anyone who tried to toast him, I don't drink, not a drop.** (Su, 1997:86)

这可以看作一个"言语行为的引述"和"自由直接引语"混合的句子。译者按照原文的句式结构来翻译,将"我不喝,我决不喝酒"译为"I don't drink, not a drop."。相同的句式结构,相同的叙事视角,都是从五龙的角度发出的声音。译文使用的是一般现在时,是对人物当时话语的直接引用。因此,译者是将"两可"的原文翻译为了"自由直接引语"。和前面"言语行为的引述"的译文相比,显然"自由直接引语"的语气要强烈许多,比较充分地传达出五龙当时内心复杂的情绪和他结婚当天不喝酒的决心。可见,五龙和织云的结合并非心甘情愿,这也是导致他后来变恶、报复众人的原因之一。

一般情况下,译者尽可能地保留了原文中"两可"的句式结构。因为句式结构决定了故事叙述的角度,体现了作者的用心。句式所承载的不仅仅是形式本身,还有故事的主题以及整个故事的美学意味。所以,译者根据上下文的语境进行理解,并在翻译时做出了合适的人称和时态选择。此外,这样的"两可"句式还出现在《米》中对人物心理的描写当中,因为场景不仅记录了人物的对话,"还记录了人物不曾说出的内心独白,涵括着人物的思想和情感"(塞米利安,1987:10)。例如(见表3.2):

第3章 《米》中叙事时间的翻译

表3.2 "两可"叙事话语式场景的翻译

1. 五龙莫名地打了个寒颤,他怀着突如其来的幻想注视那件鹅黄色的旗袍,心绪纷乱不安。那是夏天穿的衣裳。那是夏天,美貌风骚的织云穿着它在米店出出进进,夏天他们在这里干了些什么?夏天他还在枫杨树乡村的稻田里打稗草,洪水还没有从山上冲下来,所有人都在稻田里无望地奔忙。P.38	He shivered, for some strange reason, and gazed at the cheongsam, gripped by a sudden fantasy that made him fidget uncomfortably. It was a summer dress; in it, Cloud Weave, looking shamelessly sexy, would have flounced around the shop in last summer's heat. What were they doing here then? Back in Maple-Poplar Village he was weeding the rice paddies; the mountain torrents hadn't come yet, and everyone was running around in busy desperation. P.43
2. 五龙设想了有一天他衣锦还乡的热闹场景,……。堂弟将带领那些乡亲在路口等候他的到来。他们将在树上点响九十串鞭炮,他们将在新修的祠堂外摆上九十桌酒席,他们将在九十桌酒席上摆好九十坛家酿米酒。P.207	Five Dragons envisioned his reception when he returned home a conquering hero, … His cousin would lead a delegation to welcome him at the village entrance, where ninety strings of firecrackers hanging from trees would be exploded, and ninety tables would be set up around the newly rebuilt ancestral hall for a welcoming banquet that would include ninety vats of homemade rice wine. P.243

例1的场景是五龙在夏天的午后看着织云晾晒的衣服所想到的在家乡农忙的情景。这种城乡之间的对比经常出现在五龙的思想意识里面,说明了五龙一直处在一种矛盾的思绪之中。这是一个"直接思想表达方式"和"言语行为的引述"的混合句式。例2是五龙在城市生活了多年之后,幻想着有朝一日衣锦还乡的情景,表现了五龙对枫杨树家乡的向往之情。这是一个"间接引语"和"言语行为的引述"相混合的"两可"句式。译者翻译时都保留了原文的叙事结构以及人称和语法时态,维持了人物五龙和读者之间的距离,再现了故事的主题——城市和乡村的对立是导致五龙变恶的重要原因。

"两可"的句式在中文中通常是隐而不显的,其理解往往在于细微之处。就像哈利迪(Halliday)指出的那样,"从某个角度看,文本的主要兴趣在于其留下来不说的东西"(朱纯深,2008:220)。译者根据上下文的语境进行理解,并在翻译时保留了原文中的话语表达方式,也比较好地再现了苏童创作的叙事特点。王宏图认为:"苏童的长篇小说的特点是,戏剧性的高潮没有出现,叙述从头到尾平缓地推进着,和日常生活流逝的节奏是一样的。即使在《米》那样表现了人物许多极端情感的作品中也是这样的。"(苏童、王宏图,2003:174)。苏童的叙述往往如流水一般,缓缓地、静静地流动着。因此,叙述的节奏是不紧不慢的,故事的味道淡淡地笼罩着一种忧愁和淡然。这就是他创造的美学诉求:诗般的意境。

(4) 对比《妻妾成群》中场景的翻译

苏童的另一部新历史小说《妻妾成群》中叙事话语方式的翻译同样对故事氛围的传达产生了一定的影响。在创作这个故事时,为了追求某种意象的视觉性效果,苏童"在写人物对话的时候取消了引号和冒号,以充分发挥汉字方块字特有的意象性功能。加之苏童对色彩奇异的敏感和他富有弹性的叙述语言,使小说具有一种造型功能"(孔范今、施战军,2006:201)。这个故事可以说就是一个意象的集合,整个故事就像是一首诗。虽然《妻妾成群》的英译者杜迈克在《译者识》(Raise the Red Lantern: Three Novella)中指出自己试图保留苏童作品中突出的叙事特点,如使用长的复合句式等的叙事"陌生化"的效果(Duke,1996),但是在实践当中译者还是有经常断句的情况。例如:

⑦ 梅珊咬牙切齿地骂,她那一身贱肉反正是跟着老爷抖你看她抖得多欢恨不得去舔他的屁股说又甜又香她以为她能兴风作浪看我什么时候狠狠治她一次叫她哭爹又喊娘。(苏童,2002:103)

Coral's face was distorted in anger as she cursed her. "**She shakes that cheap meat of hers in front of the old man all the time; look how she loves to shake it; she's just dying to lick his asshole and swear it tastes as sweet as it smells. She thinks she can make trouble for all of us; you wait and see how I fix her good some day, make her scream for help.**"(Su,1996:74)

在原文中,作者以突破常规的手法使用了一个没有任何标点隔断的特长句,以此来表示三姨太梅珊对二姨太卓云的愤恨之情。梅珊的话共64个字却没有一个标点,是故事中最长的一个句子,让人印象很深刻。句子虽然没有标点间隔,但是却形成了节奏感极强的语流,让人物的仇恨情绪得到发泄。一气呵成的句式充分表现了人物的仇恨之深,一个敢爱敢恨的形象跃然纸上。

反观译文,译者把这一特殊长句分成6个短句,无法看出这原本是原文中最长的句子,抹去了形式上的"陌生化"效果。译者的译文由于大量使用标点,将自由直接引语改成了直接引语。而且用几个分号和逗号还有句号隔断了原文的长句,失去了原文贯通一气的语流,也失去了原文流畅的节奏感。这样翻译的结果是,作者具有流水特征的句式被常规化了,句法相似性可能引起的心理效果也被削弱了。

再如故事的最后:

⑧ 第二年春天,陈佐千陈老爷娶了第五位太太文竹。文竹初进陈府,经常看见一个女人在紫藤架下枯坐,有时候绕着废井一圈一圈地转,对着井说话,文竹看她长得清秀脱俗,干干净净,不太像疯子,问边上的人说,她是谁?人家就告诉她,**那是原先的四太太,脑子有毛病了**,文竹说,**她好奇怪,她跟井说什么话?** 人家就复述颂莲的话说,**我不跳,我不跳,她说我不跳井。** 颂莲说她不跳井。(苏童,2002:120)

In the spring of the following year, Chen Zuoqian, Old Master Chen, took his fifth wife, Bamboo. When Bamboo first entered the Chen compound, she often saw a young woman sitting alone under the wisteria vine, or sometimes walking around and around the abandoned well; as she walked, she talked down into the center of the well. Bamboo saw that she was very clean, pretty, and refined, not at all like a madwoman. She asked the woman around her who she was, and they simply told her, "**she used to be the Fourth Mistress; something's wrong with her mind.**"

Bamboo said, "**She's very strange. What's she saying to the well**?"

They repeated Lotus's words for her: "'**I won't jump, I won't jump.**' **She says she won't jump into the well.**"

Lotus says she won't jump into the well. (Su, 1996: 98-99)

这段话是小说的最后两段,在原文中人物的对话没有引号,自然融合在故事的叙述当中,形成了统一的自然段。在原文当中,倒数第二段显得较长,最后一段由一个短句单独构成,形成长度上和形式上的强烈反差,将全文的全部重量都压在了最后一句上,显出尾句的沉重感,加强了对读者产生的震撼力。这段中作者除了问号之外,使用的全部是逗号和句号,意义在于冷却自己的主观情绪,给读者留下阐释的空间。"当'我不跳'这样垂死的呐喊是以毫无感情色彩的逗号和句号结尾的时候,作者叙事的冷漠和人物命运的残酷形成一种强烈的反差,造成一种更强烈的压抑感,散发出更加深沉的悲剧意味来。此时的逗号和句号也给读者留出了更多空白点和体味的空间,让人们依照自己的感悟去体会人物复杂的内心世界。"(杭零,2008:108-109)

从整体上来说,译文将原文中的一整段分成了三小段,并且在话语形式的层面上将自由直接引语改成了直接引语。在这个过程中,叙事者的主体存在一再被突出,重复提醒读者同人物的心理认知距离。尤其是倒数第二句话——"她说我不跳井"翻译为"She says she won't jump into the well.",将自由直接引语翻译为间接引语,突出了叙事者的声音和评价。译文将倒数第二段分成了三段,而且还增加了引号,把人物对话一一单独列出来,因此形式上较原文要松散,也弱化了原文"陌生化"的视觉效果。

通过对比研究可知,杜迈克翻译《妻妾成群》的时候不是完全遵循原文流畅的对话叙事特点,而是做出了包括拆分句子、添加标点符号和重新分段等的改译,将原文中流畅的叙事节奏打乱,让原本浑然一体的意象群变得支离破碎,一定程度上破坏了原文整体的叙事美学效果。葛浩文在翻译《米》时将原文中的话语表达方式尽可能地保留了下来,基本维持了原文的叙事时距,原文中弥漫的那种哀伤的情调也得以保留和传达。译义所呈现出的这种客观冷静的叙事距离和故事的主题有着密切的关系,表现了叙事主体对历史的个人化的叙事和描写。

3.2.2 停顿

停顿在叙事时距中是最小的叙事速度,相对于一定量本文篇幅的故事,其时间跨度为零,即在作停顿叙事时,"对事件、环境、背景的描写极力延长,描写时故事时间暂时停顿,叙事时间与故事时间的比值为无限大,当叙事描写集中于某一因素,而故事却是静止的,故事重新启动时,当中并无时间流逝"(热奈特,1990:63)。也就是说,在对某一对象进行大量描述的时候,将焦点集中在描写的对象上,在这一描写过程中并未出现时间的流动。在叙事文学中,停顿的出现十分频繁,涉及叙事停顿的主要是描写。这在《米》中具体表现为对有主题意义的景物和人物的描写上,使作品具有一种画面感。

1) 景物描写中的停顿

苏童作品的画面感很强,《米》就被改编成电影《大鸿米店》搬上了大荧幕。画面感通常反映了文学作品中的一种情调和气氛。《米》呈现出来的那种中国南方的色调在停顿叙事的时间机制中也有所体现。例如:

⑨ 街上有孩子在滚铁箍,**远远的街口有一个唱摊簧的戏班在摆场,**他听见板胡和笛子一齐尖厉地响起来,一个女孩稚嫩的有气无力的唱腔随风飘来。飘过来的还有制药厂古怪的气味和西面工厂区大烟囱的油

烟。街道另一侧有人在大锅里炒栗子,五龙回过头看见他们正把支在路边的铁锅抬走,让一辆黄包车通过瓦匠街。(苏童,2005:24-25)

Children were rolling iron hoops down the street; the high-pitched screeches of a two-stringed huqin and the hollow notes of a bamboo flute, followed by the childish, lackluster strains of a female voice, **came from a local opera troupe at a distant intersection.** Odd aromas from the pharmaceutical plant and smoky chimney smells from factories to the west arrived on the same wind. A man roasting chestnuts across the street wrestled his cauldron out of the way of a rickshaw traveling down the street. (Su, 1997:28)

此处描写的是五龙在秋天的一个傍晚,站在铁匠铺和米店之间所看到的瓦匠街的景象。故事的时间停止了,瓦匠街的整体环境被立体地呈现出来。景物描写往往为人物的活动提供了典型的环境和场所,目的在于营造出某种历史氛围和意境。因为人是社会动物,人的思想活动和性格的形成势必离不开周围事物的影响。那么苏童为什么把五龙放到20世纪前半期东西文化交汇中的动乱、丑恶、失去温情的都市一角——瓦匠街呢?因为"展示生存本相(食、性、死亡等)的瓦匠街隐匿着20世纪上半叶中西文化交汇扭曲变形的社会现实。这是一个能使五龙之辈自由展示个性,表露生存本相的绝妙舞台,这是由历史大环境和特定小环境构成的典型环境"(霍巧莲,2004:132)。这段叙事停顿中的描写有许多中国特色浓重的事物:孩子滚铁箍、唱摊簧的戏班、板胡和笛子、女孩的唱腔、大锅里炒栗子、黄包车等。

译者几乎将原文一字一句地译出,让读者进入了一个不同的、东方的、神秘的、令人向往的世界。打破这和谐场景的却是制药厂的古怪气味和工厂大烟囱的油烟。强烈的对比让读者感受到了平静的生活被工业化所侵蚀的无奈。"译作中这种富于异国风味的种种细节描写,将另一个民族的生活场景及他们对世界的认识展现在译入语读者的面前,增进了具有不同文化背景的人们之间的相互了解和理解。"(张璐,2006:95)此外,译者还将作为主位的"他听见"删除掉,代之以具体的声音——二胡的声音和女孩子稚嫩的唱腔,译文因此从限制性的人物视角转变为全知全能的叙事者视角,所以这处停顿也变成了对场景的一种铺陈和展示。

下面是文中另一例叙事停顿。这处停顿是有关瓦匠街冬日街景的描写,产生了一种阴郁、潮湿和黑暗的叙事效果,也是五龙充满怨恨的心理在环境中的一种投射。

⑩ 冬天瓦匠街上刮着**凛冽的北风**，石板路上的污水在夜里结成了冰，尤其是清晨，**湿冷的寒气**刺入你的骨髓。（苏童，2005：31）

Cold, biting winds swept down Brick Mason Avenue from the north, turning puddles on the stones into ice slicks at night. **The bone-chilling cold** was worst in the early morning hours. (Su, 1997：35)

这段叙事的画面感很强，突出了冬日早晨的极寒，五龙却还得早起为冯家人买早饭。原文中按照人物观察的视角来一一描写瓦匠街上的寒冷景象，主要从"凛冽的北风"和"湿冷的寒气"这两个方面来写其极寒。译文也相应地将这两个有代表性的冬日景象分别作为两个句子的主语："cold, biting winds""the bone-chilling cold"，因而准确再现了原文的逻辑衔接关系，形成了前后的衔接和照应。

译文除了总体上采用直接翻译的方法之外，还把"湿冷的寒气"译为"the bone-chilling cold"（刺骨的寒冷）。原文中的"寒气"具体指代了冬天寒冷的空气，而译文中的"cold"则是"the absence of heat; low temperature or cold weather"（寒冷、低温）的意思，即是指给人带来的某种感觉，是相对抽象的说法。译文把原文相对具体的内容变为相对抽象的表达，采取的是一种调整性抽象法。这其实也是译文合理化（rationalization）的表现形式，因为"合理化意味着抽象，从而消除了小说的具体性"（Berman in Venuti, 2000：289）。译文中发生的这种指称变换从另一角度来看就是交互指称（cross-reference）。交互指称具有视角互补并形成作品多维的特点，同时也蕴含了表达译者评价的人际功能。而且，"变换的指称蕴含着评价，对变换了的指称的确认使得读者卷入语篇之中"（李战子，2002：172-173），让读者一同体会《米》中真实世界的寒冷和人物内心的绝望。外部环境是对人物内心世界的一种真实再现和投射。比如文中的这个例子：

⑪ 霏霏细雨时断时续地下了很久了，在蒙蒙的雨雾里阳光并没有消失，阳光**固执地**穿越雨丝的网络，**温热地**洒在瓦匠街的石板路上，弯曲绵长的石板路被洗涤后呈现出一种**冷静的青黛色**，南方的梅雨季节又将来临了。（苏童，2005：139）

A light rain had been falling for some time, yet the sun persisted **stubbornly**, even though the heavy mist, and managed to **warm** Brick Mason Avenue. Once the long, meandering cobblestone road was washed clean, it turned **sober and dark**. The plum rains—those late-

第3章 《米》中叙事时间的翻译

spring drizzles common to the South—were on their way. (Su, 1997:163)

　　这里的停顿描写的是从米生的眼中所看到的瓦匠街在雨季到来时的景象,为下面发生在米店之家的矛盾提供了叙述的环境和背景。阴沉的天气使人物的心情更加阴郁。此时,对事物或者环境的描写采用的是"内聚焦方式,即通过作品中的人物(某人或几个人)的眼光进行,这种描写可以说已经不是对被观照的事物的客观描写,而是对观照主体的感受和心理过程的揭示"(杨星映,2005:69)。这句话是米生眼中的城市梅雨季节的景象,也反映了他心中如天气般的烦闷不安的情绪。原文是一句完整的描述,描写的是雨中瓦匠街的景象。其中评价性的副词和形容词"固执地""温热地""冷静的"表现了人物的主观感受和体验,所要传达的是人物如这天气般烦闷的心境。

　　译者翻译时分成了三句话:第一句话不仅简洁流畅,而且采用直接翻译的方法,保留了原文中"固执地"这个描写阳光状态的副词,译为"stubbornly"。同时,译者还活用了动词"warm"来准确地表现那种阳光"温热地"洒在石板路上的情景。因为译者将原文的副词改为了动词,原文的词性在译文中发生了变化,所以采用的是一种调整性换位法。第二句译文将雨后石板路所发出的"冷静的青黛色"译作由"and"引导的平行结构"sober and dark",增加了连接词"and",主要采用了调整性增译法,译文因此具有形式上的对称和音韵上的和谐。此外,其中的色彩意象"青黛色"其实是两种颜色的融合,即"blue and black",但是译者只翻译出一种颜色"dark",所以也采用了调整性省译法。"dark"所传达出来的那种黑暗的情调符合整个故事的叙事基调。第三句中使用的破折号引出了对"梅雨季节"的文内注释,即"the plum rains—those late-spring drizzles common to the South"。此处译文对梅雨季节进行了具体的解释,使得原文的意思更加明了,是一种调整性释译法。梅雨季节是南方,尤其是长江中下游地区特有的一段雨季,也为《米》的叙事铺陈了一种湿漉漉的江南气息。后面的注释不仅点明了故事发生的时间背景是"late-spring"(暮春)时节,而且说明了故事发生的地点是在"the South"(南方)。同时译文还描写了梅雨的情状是"drizzles"(毛毛雨,蒙蒙细雨)。这种雨季因为绵长无期,所以会给人带来一种莫名的烦恼。译文增加的破折号主要是考虑到英语读者的理解和接受。葛浩文曾说:"我很注重译文的流畅和可读性,因此尽量避免做注。我赞同将解释融入故事中,让注解成为译文本身。"(葛浩文,1998:108)《米》的译文全篇没有一个注释,那么如何帮助读者更好地理解文本的文化内涵和主题意义呢?文内解释就是一个好的办法。

2) 人物描写中的停顿

人物和情节是小说叙事要素中不可或缺的组成部分。苏童的故事很好看,归根到底是体现在人物的塑造、情节的描写和由之产生的氛围上面。对人物的描写实际上也是叙事者从自己的视角,透过自己的眼睛,用自己的声音说出的他眼中的人物,因此绝对不是纯客观的,而是带上了叙事者的感情色彩和评价。《米》中对于人物的描写主要采取的是一种类似中国古典小说里常用的白描手法,寥寥数笔就把主人公的形象勾勒分明。

"人物和事件是绝大多数小说最基本的构成"(Abbott, 2002:123),而且二者是相辅相成的。《米》吸引读者的地方主要还是在于人物,故事的情节为表现人物的性格特点服务。人物的刻画可以分为"直接描写和间接描写。前者主要指叙事者对人物性格的直接评价,后者是通过对人物外貌、语言、行动、心理等的描写来揭示人物的性格特征"(Rimmon-Kenan, 1989:59)。下面是对米店姐妹俩第一次出场时的间接描写,也是一个停顿的例子,突现了两人迥异的形象和性格特点,也为后面进一步对两人的形象展开叙述做出了铺垫。

⑫ 织云坐在柜台上**嗑葵花籽**,她斜眼**瞟**着米店的门外,她**穿着**一件翠绿色的旗袍,高跟皮鞋拖在脚上,**踢跶踢跶**敲打柜台,那种声音听来有点**烦躁**。在不远的米仓前,绮云帮着店员在过秤卖米,绮云的一条长辫子在肩后轻盈地**甩来甩去**。织云和绮云是瓦匠街著名的米店姐妹。(苏童,2005:8)

Sitting on the shop counter **eating sunflower seeds**, Cloud Weave **cast sidelong glances** outside. She was **dressed in** an emerald-green cheongsam and high-heeled leather pumps, which she **clicked against** the counter—**it was the tempo of agitation.** Her sister, Cloud Silk, was helping a clerk weigh out rice for customers in front of the nearby storeroom, her pigtail **sweeping** lightly across her shoulders. Cloud Weave and Cloud Silk had gained notoriety as Brick Mason Avenue's rice-emporium girls. (Su, 1997:8)

本段对织云出场的描写有几个关键词:"嗑葵花籽""斜眼""翠绿色的旗袍""高跟皮鞋"。显然,这是一个"色相彰显的角色,是城市肉欲的象征"(李珂玮,2008:56)。绮云的出场最显眼的词汇是"过秤卖米",故事通篇对绮云也较少有衣着外貌的描述。因此,绮云代表的是一种财富的诱惑,而不是美色的欲望。作者通过对人物形象的描写,准确地反映出来的是一个被惯坏了的、整天闲来无事、吃东西打发时间的姐姐和一个勤劳的、不停忙碌着打理米店生意的、干练的妹妹。两者形成了鲜明的对比。

原文中的"嗑葵花籽""斜眼瞟""穿""敲打""甩来甩去"等都是很传神的动作,甚至有些动作是中国人所特有的,比如"嗑葵花籽"。译者对织云的动作都翻译得比较准确到位,分别译作"eating sunflower seeds""cast sidelong glances""dressed in""clicked against""sweeping"。尤其是"那种声音听来有点烦躁"被翻译成"it was the tempo of agitation",是一种译文名词化的表现,改变了原文的词性,采用的是调整性换位法。译文名词化让叙述表达简明传神,表现了人物烦躁不安的性格特点。从语法上来说,这也是符合英语习惯的翻译转换,因为"英语比汉语在表现形式上要更为抽象。英语的名词化就是其抽象化的表现之一"(连淑能,1993:128)。而且将原文中的一系列谓语动词翻译成非谓语动词结构(如名词化),会使译文的叙事节奏相对减缓,甚至出现短暂的停滞状态,可以起到定格当时场景、深化人物形象和性格特点的作用。

下面一例是冯老板对五龙外貌的描述,反映出他对五龙的鄙视。五龙的变恶其实也是一种他者"凝视"下的结果,就像萨特(Jean-Paul Satre)认为的那样,在他人的凝视下我们最终成了别人眼中的那个"他者",而实际上是一个失去了主体自我的存在(赵一凡、张中载、李德恩,2006:351)。例如:

⑬ 冯老板站起身走到门口,他看见五龙在傍晚空寂的大街上疾走,**仍然缩着肩,步态呈轻微的八字,硕大的被剃得发亮的头颅闪着微光**,最后消失在街口拐角处不见了。(苏童,2005:34)

He walked to the door to **watch** Five Dragons hurry down the street in the quiet dusk air, **shoulders drawn in**, as usual, **feet splayed out into a V**, his large **shaved head glinting in the fading light.** He turned the corner and was out of sight. (Su, 1997:38)

五龙在跟冯老板商讨提高工资的时候,冯老板说他现在像个人了。言外之意就是他以前认为五龙不像个人。这说明冯老板始终没有把他当作人来看,而仅仅是赚钱的工具。之后,五龙拿着讨到的钱去买皮鞋,冯老板看着五龙离开并对他的形象进行了以上的一番描述。

译文将"看见"直接翻译成"watch","watch"有"spending time looking at something, especially when you see it from the beginning to the end",重在表现冯老板看着五龙背影时微妙的心理以及所反映出的情感和态度,保留了原文冯老板的人物视角。冯老板对五龙的走路姿态和外貌的描述译者也一一地准确翻译了出来,而且译法灵活:"缩着肩"翻译为"shoulders drawn in",采用过去分词短语"drawn in"作后置定语修饰名词"shoulders"来翻译原文,是一种调整性换位法;"步态呈轻微的八字"译为"feet splayed out into a V";"被剃得发亮的头颅闪着微光"译作"shaved head glinting in the fading light",用现在分词短语修饰"shaved head"来翻译原文的动词结构,同样是采用了调整性换位法。译文很好地再现了五龙在冯老板的眼中那种猥琐的形象。

译者对停顿这一时间机制的翻译是以直接翻译为主的。同时,译者也根据表达故事主题的需要采用调整性省译法、调整性抽象法、调整性换位法、调整性增译法和调整性释译法来翻译细节性的词和小句,从而突出了黑暗的现实环境和人物心境的暗淡无望,拉近了文本中的主要人物以及"卫星"人物和读者之间的距离,比较准确地传达了原文中的意境和人物的心境。

3.2.3 概要

所谓概要(也叫"概略"或者"概述")是指"不写言行的细节,用几段或几页叙述好几天、好几个月或几年的生活。……在文本中把一段特定的故事时间压缩为表现其主要特征的较短的句子,故事的实际时间长于叙事时间。概要的简短使它在所占篇幅上明显少于戏剧性场景,常常是场景前的铺垫或两个场景之间的过渡"(热奈特,1990:60-61)。概要比场景描写要简短得多。小说叙事常常在概要和场景之间交替进行着。"概要有时是对某些事件或者人物作一个总括性的叙述,然后再对这些事件和人物加以展示。""概要可以提供必要的背景信息,对于一些无须充分展开的事件以粗线条勾勒出来……"(谭君强,2008:138-139)热奈特有关概要和省略这两种时间机制之间的区别不是很分明。例如:"贫困惨痛的两年过去了",这个句子既可以是省略,也可以是概要。而"贫困惨痛的两年过去了,在这两年中,她失去了两个孩子、失了业,由于无法付房租而被撵了出去,"则是概要,因为这个例子中提到了一系列的事件(巴尔,2003:121-122)。所以我们区分这两种时间机制的主要依据是内容中是否提及了其他事件。如果有的话,就是概要,而并非省略。概要主要通过一些浓缩了一段时间的词或者短语体现出来(见表3.3):

第3章 《米》中叙事时间的翻译

表 3.3　概要的翻译

1. **多年来**五龙一直与粗蛮的铁匠们保持着亲密的联系,这也是他与瓦匠街众人唯一的一点交往,……。P.123	**For years** he had maintained an amicable relationship with the rough-hewn black-smiths, who were his only friends on Brick Mason Avenue. P.142
2. 瓦匠街两侧的店铺**随岁月流逝**产生了新的格局和变化,……。P.125	**Over the years**, subtle changes had come to the shops lining Brick Mason Avenue;… P.145
3. 织云又是伤心而归,这一走果然兑现了无意的誓言,织云没有再回过瓦匠街的米店。**多年来**她一直在吕公馆里过着秘不传人的生活,红颜青春犹如纸片在深宅大院里孤寂地飘零,……。P.132	Once again, Cloud Weave left in a sorrowful mood. And an oath made in anger would prove to be prophetic: She would never return to the rice emporium on Brick Mason Avenue. **For years** she had lived a cloistered life in the Lu mansion, her youth floating out of the walled compound like a scrap of paper. P.152

例1中的"多年来"是一个代表了概要的时间词语。这个概要的时间机制表明了年复一年,五龙的生活还是一成不变。这么多年他只是和瓦匠街的几个铁匠为伍。翻译为"For years"是采取了直接翻译的方法。例2中将"随岁月流逝"翻译为"Over the years",也是采取了同样的方法,说明了时间在无情流逝,以前引人注意的织云已经化为历史的尘埃,再也无人记起。

例3叙述的是织云最终离开了五龙和米店走进了六爷的深深庭院。但是那么多年过去了,她在那里并没有过上想象中的好日子,而是苦不堪言。"多年来"更是用高度概括的时间长度说明了织云从进入六爷家就没有过上好日子的真实情况。这段话实际概述了织云在六爷家所受的种种悲惨待遇,因此可以看作一个概要的时间机制。译文将"多年来"翻译为"For years",准确地再现了原文中"概要"这一时间机制所留给读者的想象空间。读者可以从上下文语境中推知织云这么多年来在妹妹家中多次受到奚落,在六爷家也长期受到歧视的境遇。译者处理这一类的概要时间时非常准确到位,在必要的时候还做出了相应的解释,让读者更容易理解这类叙事时间的意义。

有时译者也会对概要的时间表述进行明晰化的处理。明晰化的译文能够表明一些原文中不明显或者隐藏着的内容,因而可以使故事的发展逻辑更为清晰,这是一种调整性释译法。例如第二章在插叙织云的故事时,概述了从秋天到冬天所发生的一些事情:

⑭米店的老板娘朱氏是在这年冬天过世的。**之前**她终日呆坐于店堂,用一块花手帕捂住嘴,不停地咳嗽,到了冬至节喝过米酒后,朱氏想咳嗽却发不出任何声音了。(苏童,2005:23)

That winter Madam Zhu, proprietress of the emporium, died. **During the days leading up to her death** she sat behind the counter all day, holding a handkerchief to her mouth and coughing. Over the winter solstice, when the rice wine was being drunk, she tried to cough, but no sound emerged. (Su, 1997:26)

本段话表示概要的词语是"之前"。"之前"具体是指从织云秋天的一天去澡堂找父亲的时候认识了六爷,到她的母亲在冬天的某一天去世的这一段时间。译文"during the days leading up to her death"显然浓缩了一个季节的时间,同时采用了阐释性的翻译策略,具体解释了"之前"这段时间指的是朱氏去世之前的这段日子。其中暗含了织云的任性所带来的恶果,以致气死了母亲,她的妹妹也因此不原谅她。绮云觉得是姐姐织云给这个家带来了种种的不幸。所以明晰化的翻译策略将原文中暗藏的责备之意和导致的后果直接传递给了译文读者。

译者翻译概要时也会增译一些内容,加入了自己的主观评价,采取的是调整性增译法。这和原文中叙事者所表达的对人物的评价并不完全相同,体现了译者自己的理解和介入。又如:

⑮米生的口琴已经为米店周围的邻居所习惯,那种焦虑刺耳的杂音折磨了他们**一个夏天**,他们希望在秋凉季节里可以免遭口琴之祸,但他们的希望很快被证实是一场空想,……。(苏童,2005:210)

During the warm weather, the neighbors had gotten used to hearing the strains of a harmonica—melancholic, tinny, off-key—but they hoped that as the chilled air of autumn settled in, their ears would be spared. (Su, 1997:247)

五龙的两个儿子米生和柴生在"一个夏天"里都没了老婆,成了光棍。大儿子米生的妻子雪巧在这个夏天逃离了米店之家。二儿子的媳妇乃芳被日本人杀死在自家门口。米生通过吹口琴来发泄心中的焦躁不安。对于米店的邻居来说,这样的噪音让炎热的夏天更加难熬,所以说是折磨了他们"一个夏天"。

译文"during the warm weather"在表达人物心绪和感情上显然和原文是有出

入的。虽然这也体现出了概要这一时间机制,概括了一整个夏天中米店发生的种种变故,但是译文形容邻居对夏天的感受是"warm weather"。这不可能是被口琴的噪声折磨了那么久的人会有的心理体验,所以,译者是用自己对夏天的心理感受置换了原文中人物的体验和评价。

叙事中的概要会带来中国传统艺术创作中"留白"或者"空白"的审美效果,留给读者一定想象空间。《米》中的概要是一种典型的"空白"艺术。空白的手段是省略,也是一种简化原则,但其目的是追求表现更多的叙事审美效应。译者在翻译概要时主要采取了直接翻译的方法。但是,有时译者会考虑到读者对原文信息的理解和接受,适当地进行解释;有时也会根据自己对主题的理解对译文进行一定的调整,采取调整性释译法或者调整性增译法。总体上来说,译文地道流畅,拉近了文本中的人物和读者之间的距离,突出了人物的形象。

3.2.4 插叙

在《米》的文本中还出现了一些"插叙"。"插叙"是文本在叙述过程中插入相关的情节,以交代必要的常识和背景。这种情形是一种故事时间与叙事时间不一致的情况,属于"时间倒错"(热奈特,1990:14)。插叙相当于华莱士·马丁(Wallace Martin)所说的"插曲"。"插曲可以是也可以不是主要故事线索的组成部分(同叙述或异叙述的),也可以给主线填进某些先前漏掉的东西(补充性倒叙)。"(马丁,1990:149)插叙是苏童《米》的叙事的一大特色。

从整体叙事秩序来看,《米》基本上是按照故事时间的发生展开的。故事的开始叙事者叙述了火车驶入车站的情景,主人公五龙随之到达了城市,然后到了码头,再跟着运米的车子来到了大鸿米店所在的瓦匠街。从大的时间段来看,是按照五龙从秋天离开枫杨树村来到城市,然后发迹直至在秋天衰败至死的顺序进行叙述。他在这一年内的经历遭遇是按照前后次序来讲述的,给读者宏观上形成完备清晰的印象,便于读者沿着这一条完整的线索缀补情节。但是细读文本就会发现,作者之意并不在于贯穿这么一条单一的行为线索,而是让读者经受不同时序带来的不同心理感受。插叙可以缓解阅读带来的紧张和文本叙事上稠密的节奏,便于分清主、次、轻、重、缓、急,全面地认识人物,把握作者意图。《米》中的插叙根据其叙事功能主要分为讽刺性插叙和阐释性插叙两类。

1) 讽刺性插叙

讽刺性插叙多用于介绍人物的背景情况和性格特点,在看似客观的叙述中透露着叙事者对人物的评价和讽刺之意。最先运用这类插叙的是文本的第二章(因为此处插叙较长,所以完整的原文和译文见"附录B")。此处插叙的是五龙从别人那儿听来的有关织云的种种传闻。他们讲到了织云十五岁时如何认识了六爷,并很快变成了他的情人。她的放荡行为甚至气死了自己的母亲,连亲妹妹也对她充满了仇视。这里的插叙丰富了织云这个人物的形象,也充满了对织云的讽刺。作为苏童的"红粉意象群"中的一个代表人物,织云依附着男人生存。她也有着怜悯之心。这是在冷酷无情的城市和灰暗的米店里,五龙唯一能得到的一点慰藉。译文基本保持了原文中的叙事结构和叙事节奏,只是在一些细节的处理上与原文有所不同,因而强化了此处插叙的讽刺意味,这主要体现在小句层面上。例如下面两句话是叙事者对织云的直接描写和评价:

⑯ 织云就去了。(苏童,2005:19)

Like a good daughter, she always did as she was told. (Su, 1997:21)

米店老板娘叫织云去澡堂找冯老板回来,织云就照母亲说的做了。译文"Like a good daughter, she always did as she was told."强调了织云像一个好女儿一样很听母亲的话。显然,译文和原文的意思不太一样,因此是一种调整性改译法。但是事实却是织云的行为恰恰相反:她不听父母的劝告做了六爷的情人,而且她的放荡行为还气死了自己的母亲。所以译文所描写的乖女儿形象跟现实生活中的织云产生了鲜明的对比,具有强烈的讽刺意味。有的时候,译者还改写了原文的某些小句,强化了原文中的讽刺效果。例如:

⑰ 织云突然变得丰腴饱满起来,穿着银灰色貂皮大衣娉婷玉立,俨然一个大户小姐。(苏童,2005:22)

Suddenly she was a young woman, regal in her silver-gray mink coat. (Su, 1997:25)

这是全知叙事者较为隐蔽的评论,充满了对织云的反讽意味。因为织云并非大户人家的小姐。她只是米店老板的女儿,但是她生来就有着强烈的欲望,要过好日子,甚至觉得依靠男人可以得到一切。这是她的悲哀,最终她也因为这样的心理而丧命。叙事者通过遣词造句创造出了织云这个矛盾的人物形象——单纯而又虚荣。这便在织云的思想世界里构筑了一种对比和张力。译文将这句极富讽刺意味的话"俨然一个大户小姐"省略了,而代之以"regal"这个词语。"regal"是"of or relating to a monarch; royal; magnificent; splendid"的意思。译文通过"regal"这个更为简洁夸张的形容词形成了与现实世界中的织云的一种对比。译者运用调整性改译法更加有力地讽刺了织云想要依附男人过好日子的性格弱点。

这类插入的故事情节对于故事的结局也具有讽刺意味。例如第四章中(原文第 53 页)关于六爷的住处及其创业生涯的传说也是这样的插叙。极其奢华的建筑和六爷传奇式的发家过程充满了神秘色彩。而到头来,六爷暴死于上海滩,阔气的豪宅也被五龙的一把火付之一炬。这样的结局让下面的这段插叙充满了讽刺意味:

⑱吕公馆的仿明建筑在城北破陋简易的民居中显得富贵豪华,**据说**六爷修这所园子花了五百两黄金。那次空前绝后的挥霍使人们对六爷的财力和背景不胜猜测,知悉内情的人透露,六爷做的大生意是鸦片和枪支,棉布商、盐商和码头兄弟会只是某种幌子,六爷传奇式的创业生涯充满了神秘色彩。**到过吕公馆后花园的人说,** 在繁盛艳丽的芍药花圃下面藏着一个大地窖,里面堆满了成包的鸦片和排列整齐的枪支弹药。(苏童,2005:53)

The Lu home, built in the Ming style, offered a luxurious contrast to the slumlike buildings of its North City residential surroundings. **People said** Sixth Master had spent five hundred taels of gold on the garden alone, an unheard-of show of extravagance that had townspeople making wild guesses about his wealth and background, until they learned that he had made his money in opium and gunrunning. The yardage and salt business, plus the gang of Wharf Rats, were merely fronts. Yet even then, his legendary enterprises were cloaked in mystery. **Visitors to his garden spoke of** a bunker beneath the teeming sprawl of flowers and exotic plants in which he stored quantities of opium and stacks of guns and ammunition. (Su, 1997:61)

这段专门介绍"吕公馆"的插叙中提到了许多事物,如"仿明建筑""鸦片和枪支""棉布商、盐商和码头兄弟会""六爷传奇式的创业生涯"等都在暗示着那个时代(20 世纪 30 年代)的特色和人们的生活状态。译者都直接地翻译了出来,即"in the Ming style""opium and gunrunning""the yardage and salt business, plus the gang of Wharf Rats""his legendary enterprises were cloaked in mystery",真实再现了那个年代中国人的日常生活图景,具有东方情调和中国文化特色。而且译文保留了原文中的间接引语的话语表达方式,将"据说"翻译为"People said",把"到过吕公馆后花园的人说"译为"Visitors to his garden spoke of …"。因此,吕六爷神秘的发家史和家中秘藏的鸦片和枪支在这些看客的口中逐一揭开了面纱。然而,这一切最后却因为五龙放的一把火而化为灰烬,所以之前对其豪宅的描述就具有了强烈的讽刺意味。译文也将原文中要表达的那种人生如梦,一切的富贵荣华不过是过眼云烟的道理传了出来。

2) 阐释性插叙

阐释性插叙是对叙事情节的一种丰富和深化,也是对人物的想象空间的一种扩展。例如第十三章中(原文第 207 页)所插叙的五龙对枫杨树乡村生活的某些令人愉快的细节的回忆。

⑲ 米使他紧张的心情松弛了一些。然后他回忆了枫杨树乡村生活的某些令人愉快的细节,譬如婚嫁和闹洞房的场景,譬如一群孩子在谷场上观看劁猪时爆发的莫名其妙的笑声,譬如他十八岁和堂嫂在草堆里第一次通奸的细节。(苏童,2005:206-207)

It eased his tension and turned his thoughts to happier episodes from his childhood in Maple-Poplar village: **the mischievous taunting of newlyweds outside bridal chambers; the baffling outbursts of children's laughter as they watched hogs being slaughtered on the threshing floor; his sole youthful sexual experience**, when, at the age of eighteen, he and his sister-in-law had played in tall grass. (Su, 1997:242)

这里插叙的是五龙在米的安抚下对乡村生活的回忆。在整篇小说中,五龙令人憎恶、丑陋、残忍、无耻。可是当他怀想起故乡的时候却是那么可爱乃至有些诗意。这样的情景在小说中反复出现,与五龙对城市的诅咒形成了某种同构。原文的阐释性插叙是一个通过三个"譬如"连接起来的较为规整的排比结构,因此是经过叙事者整理的一段"言语行为的引述"。

译者在翻译时基本上忠实再现了原文中所插叙的往日情景,保留了原文中的排比结构。其中前面两个小句:"譬如婚嫁和闹洞房的场景"和"譬如一群孩子在谷场上观看劁猪时爆发的莫名其妙的笑声"被翻译为对称的动名词结构,即"the mischievous taunting of newlyweds outside bridal chambers" 和 "the baffling outbursts of children's laughter as they watched hogs being slaughtered on the threshing floor"。最后一个小句"譬如他十八岁和堂嫂在草堆里第一次通奸的细节"译作一个带有时间状语的名词短语"his sole youthful sexual experience, when, at the age of eighteen, he and his sister-in-law had played in tall grass"。此处因为译者调整了句子中各个成分的顺序,所以是一种调整性语序变化法。译文保留了原来的话语方式和叙事节奏,表现了叙述者客观冷静的叙事语态,也表达了人物五龙当时内心矛盾的情绪。

另一处阐释性的插叙出现在第十章(原文第 162 页),叙述的是雪巧在看着抱玉给她的翡翠手镯的时候,心中回想起从前沿街叫卖花的情景。

⑳ 她倚靠在房门上,将戴着手镯的那只手缓缓地往上举,手镯闪现的晶莹的绿光也缓缓地在空中游移,雪巧虚幻的视线里出现了一个硕大的男性生殖器,它也闪烁着翠绿的幽光,轻轻地神奇地上升,飘浮在空中。雪巧闭上眼睛幻景就消失了。她听见窗外又响起了淅沥的雨声,又下雨了。在潮湿的空气里雪巧突然闻到了久违的植物气味,那是腐烂的白兰花所散发的酸型花香。**雪巧从前沿街叫卖白兰花,卖剩下的就摊放在窗台上,她记得在一夜细雨之后,那些洁白芬芳的花朵往往会散发这种腐烂的花香。**(苏童,2005:162)

She leaned against the door and slowly raised her arm to watch glitters of green swirl through the air; an enormous penis took shape in her imagination, emitting a green glow as it rose magically to float in the air; she closed her eyes to shut out the sight, and her ears detected a pattering noise; it was raining again. The moist air carried an odor from her past: the smell of rotting magnolia blossoms. (Su, 1997:189)

这个场景很容易让人联想到张爱玲的名篇《金锁记》中那个曹七巧的形象。她们同样是遭受摧残的女性,都是父权社会的牺牲品,不同的是,曹七巧最终媳妇熬成婆,并将自己所遭受的一切都报复在下一代的身上。雪巧却还是婆媳争斗中的弱者。她企图和抱玉偷情时被柴生发现,并因此被他勒索钱财。她已经感到了人言可畏,为自己一时的出轨遭受了精神上无尽的折磨,身心都不堪负荷。她的心迅速老去,就像那朵腐烂的白兰花。原文中将现实中的雪巧和曾经卖花的雪巧进行了对比,并把她比喻为腐烂的白兰花,甚至散发着腐败的气味。通过这种强烈的对比,突出了这个充满邪恶的家庭和整个社会对女性的摧残和伤害。

译文省略了"雪巧从前沿街叫卖白兰花,卖剩下的就摊放在窗台上,她记得在一夜细雨之后,那些洁白芬芳的花朵往往会散发这种腐烂的花香",这句话是雪巧对她以前卖花生活的回忆。省译了这句话就无法将雪巧现在不堪忍受的生活同过去的美好时光进行对比,而且重要的喻体——象征雪巧的白兰花也在译文中失去了。"女人如花"说的是女性的美丽,但是雪巧这朵白兰花却在丑事即将要败露的时候,变成如在斜风细雨中摇摆不定的残花一般了。这一形象的比喻突出了人物当时衰败的心境,因此如果翻译中能予以保留,可以进一步传达出原文营造出来的那种哀伤绝望的人物情绪和氛围。

虽然《米》的叙事线索比较简单,整个故事就是一个圆形的结构,但是其中也插叙了一些内容,作为介绍故事中人物的背景,或者是为了营造某种气氛。这些插叙的内容一般具有两种叙事功能:讽刺功能和阐释功能。译者基本上忠实地翻译了插叙的段落,保持了叙事结构的完整性和叙事节奏的一致性,也基本保留了原文中插叙的叙事功能。此外,调整翻译策略的应用使得译文更为地道流畅。全篇唯一的一处有所省译的插叙对表现人物雪巧的形象有一些影响。但是因为雪巧并非故事中的主要人物,所以此处调整性省译不会影响到故事主题的传达。

3.2.5 预叙

预叙是指"事先讲述或提及以后事件的一切叙事活动"(热奈特,1990:39)。《米》中的预叙有预言的意味,也有一种宿命的味道,故事中的人物都难逃各自的命运。《米》的叙事者适当运用预叙、解说等手法,拉开叙事者、读者与人物之间的距离,以客观冷静的姿态调控着人物主体感伤的叙事姿态。这些预叙其实都是一种铺垫,为即将到来的事情,而且往往是不好的事情埋下一个伏笔。《米》中的预叙具体出现在以下两种情况中:一种是在人物话语和思想表达方式中;另一种是在场景描写中。

1)人物话语和思想表达方式中的预叙

《米》中的人物都是历史长河中的浮萍,随波逐流,常常身不由己,对未来茫然无知。但是五龙有时却能准确预见到自己的未来,尤其是在他人生的关键时刻出现的人或者事。例如:

㉑ 米店和米店里的人,你们是否将改变我以后的生活?为什么**偏偏**

是你们改变了我以后的生活?(苏童,2005:71)

You there, rice emporium and all your occupants, are you about to change the course of my life? Why does it **have to be** you who change the course of my life? (Su,1997:82)

译文"have to be"是指"不得不做的事情",带有某种无奈的语气和口吻,可以传达出原文中具有强烈评价意味的语气副词"偏偏"含有的某种宿命的味道,而且动词不定时态表示将来会发生的事情,也基本传达了原文中那种难以逃避的命运的主题。

后面的事实也一再印证着五龙的预言是对的。就像他自己所说的那样,是米店一家人改变了他的一生。婚后不久他就被冯老板派去芜湖买米,其实这是要他性命的圈套。他虽然保全了性命,却因此伤了一个脚趾,回来后又被织云咬伤了另一个脚趾。冯老板去世之前将手指深深地插入了他的眼窝,戳瞎了他的一只眼睛。被他强娶的绮云在反抗时给他的额上留下了一道伤痕。然后织云的孩子抱玉对他使用了各种酷刑,戳瞎了他仅剩的另一只眼睛。做尽了坏事的五龙也最终难逃恶有恶报的命运。所以当五龙看见再次出现在瓦匠街,并以探亲之名来拜访他的抱玉时,他预见到了自己以后一定会死在抱玉的手中:

㉒ 我有个预感,日后我若是有个三长两短,**肯定**就是那杂种暗算的。五龙对他身边的弟兄们说,我从他的眼睛看出来了,……。(苏童,2005:160)

If anything happens to me, he said, that son of bitch **will be** the cause of it. I saw it in his eyes. (Su,1997:187)

原文指明"我有个预感,日后我若是……肯定……",可见五龙对自己即将到来的厄运那么肯定,并且确知要害他的人就是抱玉。原文中的附加词"肯定"表示的是一种情态,而且是一种责任性情态动词的高值。这个结构如果直译过来是"I have a premonition that if anything happens to me... must be..."。

译文是条件状语从句"If anything happens to me... will be...",省略了"我有个预感"(I have a premonition),采用了调整性省译法。原文中所蕴含的预言意味在译文中是通过"will"体现出来的。因为"will"在英文中不仅是表示将来时态的助动词,还用于表示意愿,"will 比 shall 包含了更鲜明的人物意志的内涵"(刘宓庆,2006:351)。译者将"肯定就是"翻译为"will",而非"shall"或者"must",是基于他对故事内涵的理解,选择了更有深意和更能表达作者情感评价的词语,这是一种调整性语义变化法。译者葛浩文在翻译《我的帝王生涯》时也将多次出现的咒语"燮国的灾难将要降临了"都翻译为"Calamity will soon befall the Xie Empire."(Su, 2005:4,5,6,18,24,25,36,43,44,77,100)。可见,译者使用的"will"具有强烈的寓言意味,预示着灾难即将到来。

《米》中的预叙带着某种强烈的语气和情绪,并通过一定的语气情态词表达出来。但是,英语中的曲折变化能表示的仅仅是时间上的未来性,而对事实的预测所带有的那种肯定、确切无误的语气只能部分地翻译出来。因为"和英语相比,汉语的形式和语义结合得更加紧密"(胡壮麟等,2008:157)。但是,译者还是尽可能地做到了原文和译文之间的这种意味的传达。《米》中表示预叙的例子还有(见表3.4):

表 3.4 预叙的翻译

1. 冯老板直直地盯着织云看,最后咬着牙说,随你去吧,小妖精,你哭的日子在后面呢。P. 22	Proprietor Feng glowered at his daughter for a long moment. Do what you want, you little demon. **Your time to weep will come sooner or later.** P. 24
2. 这是他**早就预料到**的事,男人的禀性玩什么都容易上瘾,玩什么都容易腻味,玩女人也一样。P. 58	He'd **been expecting** it for some time. That's how men are: They tire easily of their playthings, women included. P. 67
3. 你天天在这里就不害怕?我觉着这园子早晚会出什么大事。六爷杀了那么多人,结下那么多怨,他就不怕会出什么大事? P. 117	Aren't you scared to live here? She asked. **Something awful will happen in this yard someday.** After all the people Sixth Master has killed and the enemies he's made, doesn't he expect something to happen? P. 134
4. ……,他们都听说了抱玉回来的消息,几乎**每个人都预感到抱玉将给米店一家的生活带来某种新的危机**。PP. 214－215	…; having heard of Jade Embrace's return, **they could not escape the feeling that there would be trouble.** P. 251

译者在翻译例1和例3时,将表示人物预言式的话语翻译成了"will"所引导的句子。例1是冯老板对织云所说的话,他感觉女儿早晚有一天会被六爷抛弃。译文是"Your time to weep **will** come sooner or later."。结果也正如他所料,织云在和阿保的私情败露之后被六爷甩掉了。例3是绮云在警告织云要小心一点,因为她"觉着这园子早晚会出什么大事",这个大事情就是最终织云和整个六爷的庄园都将被五龙的一把火化为乌有。译文"Something awful **will** happen in this yard someday."也体现出了绮云语气中强烈的预言性。

译者在翻译例2和例4中的预叙时,采用的是更加明晰的表达叙事者主观评价和判断的语言结构。例2中的"他早就预料到"译为"He'd been expecting…",采用的是完成进行时态,表达的是一种肯定的语气,表明五龙对男人喜新厌旧的本性早已十分了解。例4中"每个人都预感到……"译作"could not escape the feeling that…",是一种阐释性的翻译方法,即调整性释译法。众人在看到抱玉回来之后产生了一种强烈的不祥之感,这也从一个侧面说明了米店之家的灾难必将降临。

译者在处理人物话语和思想表达方式中具有预言意味的语言时主要采取了两种方法:一种是直接使用语法情态词"will"来翻译,采用的是调整性语义变化法;另一种是用更为明晰化的语法形式和表达方式来阐释原文中含有的预言意味,采取的是调整性释译法。《米》中的预叙还体现在场景的描写中。

2) 场景描写中的预叙

"诺德(Nord)曾强调了一个长篇文本尤其是小说的开头是翻译中文本诠释的关键所在。因此,对开头做出充分的分析应当是翻译小说的第一步。如果翻译的目的要求效果对等,那么,这些形成风格的手段就应当在译文中出现。"(朱纯深,2008:120)《米》的开头对瓦匠街的描写就是这样一个具有预言意味的场景描写。

㉓ 才下过雨,麻石路面的罅缝里积聚着碎银般的雨水。**稀疏的**路灯突然一齐亮了,**昏黄的**灯光剪出某些房屋和树木的轮廓。城市的北端是贫穷而肮脏的地方,空气中莫名地混有粪便和腐肉的臭味,除了从纺织厂传来的沉闷的机器声,**街上人迹稀少,一片死寂。**(苏童,2005:2)

Runnels of water in the cobblestone street from a recent rain glisten like quick silver. Streetlamps snap on, immediately carving out silhouettes of an occasional home or tree; the air in the squalid northern district, home to the city's poor, stinks of excrement and decay. Apart from the **hum** of spinning wheels in nearby textile mills, **the deserted streets are silent as death.** (Su,1997:2)

这是五龙刚来到城市的时候看到的景观。他的各种感官都向着眼前的城市开放,但是捕捉到的景象却是那么萧条、荒凉、一片死寂。城市的北端是贫困而肮脏的地方。五龙将在这里讨生活,从此定下了他在城市生活的基调:他将一直和这种阴暗的生活为伴,不是征服它,就是被它所吞噬。这也注定了五龙永远不可能把这样的城市当作心中的家园,所以他一直身在城市,而心在乡村。

译者翻译了原文中的每一句话,将城市的种种景象一一展现在读者面前。译文的句子结构多有所调整,读来更为简洁流畅。尤其是最后一句"街上人迹稀少,一片死寂"为整个场景涂抹上了一层黑暗的色调,并有着很强烈的预言意味。译者将其翻译为"the deserted streets are silent as death"是很到位的,而且句子结构也贴近原文简洁有力的叙事风格。但是译者删除了一些修饰景物的形容词,如"稀疏的""昏黄的"和"沉闷的"这三个缺乏生气的贬义词。这些形容词在细微之处也渲染了整个场景衰败、堕落、黑暗、荒凉的色彩和氛围,并预言了五龙从这里开始的谋生之路将是一个逐渐走向没落的过程。这处预叙翻译中省译的词语对传达故事的氛围有一些影响。再如下面这个描写五龙被抱玉拖出瓦匠街的场景:

㉔……,走在前面是一队日本宪兵,后面尾随的则是翻译官抱玉,抱玉拖拽着一个人,**就像拖拽一只沉重的米袋**。窗后的居民惊诧万分,他们认出被拖拽的是五龙,**病入膏肓的五龙真的像一只沉重的米袋**,两只脚甚至没有来得及穿上鞋袜,它们因为无法站立而在石板路上滋滋地摩擦着,有人听见了五龙轻轻的痛苦的呻吟声,另外还有人看见五龙的眼睛,五龙的完好的右眼仰望着夜空,昔日那道强硬的白光已经最后消逝,在昏黄的街灯映照下,**五龙就像一只沉重的米袋被拖出了瓦匠街**。(苏童,2005:215)

It was Japanese MPs, followed by the interpreter, Jade Embrace, who was dragging someone along **like a sack of rice**. People froze with fear when they saw it was Five Dragons. **A sack of rice perfectly describes the disease-ridden Five Dragons.** Denied the time to put on shoes and socks, he scraped the cobblestones with his bare feet; some of the neighbors heard tortured moans, others concentrated on his eyes, the good one staring into the sky, the powerful light of former days extinguished. (Su, 1997:251-252)

这里描述的是抱玉将病入膏肓的五龙拖出瓦匠街的场景,直接预言了五龙将被抱玉折磨致死的结局,这也一定程度上印证了他自己将死在抱玉手里的预言。原文的三个比喻是相同意思在不同句式结构中的重复。这重复就像咒语一般,预示着五龙将要死去的事实。第一句翻译为"who was dragging someone along like a sack of rice",将原文中对五龙病态的比喻直接传递了出来;第二句的译文"A sack of rice perfectly describes the disease-ridden Five Dragons."调换了原文中主位和述位的位置,构成了与前文的呼应。但是译者没有翻译原文的第三句"在昏黄的街灯映照下,五龙就像一只沉重的米袋被拖出了瓦匠街",这句话不仅是对前文的重复,表达一种强烈的语气,更重要的是起到了前后呼应和从整体上进行总结概括的目的,同时也有助于故事主题的升华,预言着五龙即将到来的末日。

虽然《米》中的预叙没有像《我的帝王生涯》中的咒语那样,不断重复达15次之多,但是这种隐藏在人物话语和心理活动当中,或者藏匿于故事的场景里面的带有预言意味的叙述或者描写更值得玩味。读者在寻觅着这些"草蛇灰线"般若隐若现的预叙时,也在经历一个被卷入积极阅读的过程。《米》中的预叙体现在文中的各个角落,无论是对于人物话语和思想表达方式的表述还是静态场景的描写,甚至许多细节都会采用预叙的手法,从而将预叙上升为一种技巧和对叙事时间的关注。译者在翻译预叙时,通过直接翻译和调整性释译法、调整性语义变化法、调整性省译法等方法总体上传达了原文中具有预言味道的叙事主题。但是有些省译对表现叙事的美学效果有一些影响。

3.2.6 反复叙事

频率是"一个事件在故事中出现的次数与该事件在本文中叙事(或提及)的次数之间的关系"。热奈特(1990:73-74)将频率关系归结为四种:"单一叙事,是指讲述一次发生了一次的事件;重复叙事,是指讲述几次只发生了一次的事件;反复叙事,是指讲述一次发生了几次的事件。另外还有一种,是讲述若干次发生过若干次的事件。"《米》中主要有两种叙事频率:反复叙事和单一叙事。

"反复叙事是一种带规律性的综述,体现为用一句话或一段文字叙述一段时间内反复发生的事件。"(杨星映,2005:75)在《米》中,"反复叙事"的频率很高,是最常出现的叙事时间机制,如"又看见""不止一次想起""总是""多次"等这些"反复叙事"的标志性词汇,十分简洁但却完成了对若干次重复行为的表述。这种"反复叙事"其实是一种叙事上的重复,有着重要的抒情意味,也有着很强的象征意义。五龙经常看到的几个场景是大米、大水、火车、伸向远方的铁路。这些意象并不是简单地反复出现,而是深化了故事的主题,推动了故事情节的发展,同时也延伸了故事的叙事空间(见表3.5):

表 3.5　反复叙事的翻译

1. 可是五龙听见嘭的一声存在于冥冥之中，它**总是**在夜深人静时出现在米店的院子里。P. 48	But there it was—thud—in the darkness, and **always** late at night in the deserted yard. P. 55
2. 她(织云)记得每次回米店的结局**总是**不愉快的。P. 124	Her visits **always** ended unhappily. P. 144
3. 城市是一个巨大的被装饰过的墓地。在静夜里五龙**多次**想到过这个问题。P. 205	The idea that the city was an immense, ornamental graveyard occurred **often** to Five Dragons at night. P. 241
4. 五龙感慨地想到如果没有那场毁灭性的洪水，枫杨树乡村相比城市是一块安全的净土。这种差别尤其表现在死亡的频率方面，他记得在枫杨树乡村的吉祥安宁的时期，平均**每年**才死一个老人，而在这个混乱的人欲横流的城市，几乎**每天**都有人堕入地狱的一道又一道大门，直至九泉深处。P. 207	His emotion built：If not for that devastating flood, he was thinking, Maple-Poplar Village would be a safer place for me. The difference between town and country is the frequency of death. Back during those peaceful, promising times, he recalled, on average only a single old villager died **each year**；but in the city, where chaos reigns and human perversities run rampant, someone new passes through the netherworld gates nearly **every day**, plummeting straight to the depth of the Ninth Springs. P. 242

下面首先重点分析一下例 4。空间不但为主人公五龙的活动提供了背景，甚至可以说，它们本身就是主人公存在状态的一种象征。城市是一个经过装饰的坟墓，而乡村是五龙的精神家园。城市和乡村这两个空间之间巨大的反差和强烈的对比正是《米》在空间上的现代性的一种体现。每当五龙生活不如意或者在城市中遇到某种具有转折意义的事情时，他就会回想起枫杨树村，而且他回想起家乡时总是充满了感情。枫杨树家乡始终处在主人公五龙的回忆和过去的视角之中，城市则存在于当下和现在的视角。五龙的身份介于城市和乡村之间，邪恶和堕落的边缘，因此他的内心才会充满了矛盾和身份的危机感。他对比了城市和乡村的死亡率，认为家乡是比城市安全很多的地方。但是他又渴望在城市尽早发家致富，衣锦还乡。所以，他总是在城市和乡村之间来回摇摆着。

此例第二句话中"每年"和"每天"，即"each year"和"every day"，本身说明了农村的死亡率很低，而城市却几乎每天都在死人的现实，从而突出强调了城市(town)和乡村(country)在空间上的对立对五龙的心理和性格所造成的挤压，并最终铸成了人物罪恶的形象。可以说，五龙永远处在这个城市的边缘地带，无法进入其中心。"这时候的空间不仅是地理上的概念，也是建构并定位了自我和他者，中心和边缘,文明和野蛮之间的关系。"(张德明,2009:30)五龙通过一次次地追忆枫杨树的往事,追寻失去的时间,确认自己的身份并达到自我的认同。

在五龙看来,城市永远是作为乡村的对立面存在着。就像例3叙述的那样,他在黑夜降临城市时总是会想到城市的种种罪恶。"城市是一个巨大的被装饰过的墓地"这个明喻将城市的罪恶本质和伪善面孔暴露无遗,而且在夜里这些黑暗势力会滋长得更快。五龙看尽了城市的一切罪恶,最后自己也深陷邪恶的深渊不能自拔。他之所以会多次想起,是因为这些罪恶他都经历过:从在码头第一次被欺负开始,到后来在米店受到侮辱;从六爷一帮人对他的迫害,再到后来阿保的后代抱玉对他施以残酷的报复行为。五龙在城市的遭遇不断加深了他对城市黑暗本质的认识。在一步步堕落的过程中,他会时常回想起枫杨树乡村。那里虽然贫穷,但是单纯快乐。这些都是在这个欲望的都市里早已被埋葬的东西。

译文将表示概括五龙各种经历的"多次"翻译为"often",在情感色彩上要比原文稍微弱一些。这里译者的介入程度和原文中所表达的介入程度并不完全一致。"often"是比较中性的词语,无法完全传达原文的"多次"中所包含的五龙的情感体验。如果翻译为"always"会更符合人物充满怨恨的心境,因为"always"的意思是"at any time; in any event",更强调了如梦魇一般的挥之不去的思绪。

例1中阿保因为五龙向六爷告密而被六爷杀死了。之前阿保总是在深夜翻墙到米店和织云偷情,五龙对此厌恶至极。但是在阿保死后,五龙却还总是在晚上听见阿保翻墙落地的声音。这里的"总是"是一个概括性的时间机制,表明了阿保的深夜造访是常事,也说明了这样的感觉好像梦魇般长久纠缠着五龙。译者把"总是"直接翻译为"always",是"at all times; invariably"的意思,说明了这种声音出现之频繁和对人物五龙造成的永久性影响。例2也是将表示经常出现的反复叙事"总是"翻译为"always",说明了织云每次去妹妹那里总是伤心而归的现实。

反复叙事因为出现的次数非常频繁,经常用概括性的词语加以表达。这通常出现在两种情况中:一是五龙对家乡的回忆时;二是五龙对城市种种肮脏和罪恶的回想时。这种反复叙事是一种具有隐喻意义的重复性的细节。叙述在不断的重复中达到了对某种意义的提升,烘托出故事的主题。译者基本再现了原文中表示反复叙事的时间机制,维持了人物五龙以及其他"卫星"人物和读者之间的审美距离,也体现了故事的主题——城市不是农村人的天堂,他们在这里只会常常受到各种罪恶的困扰。

3.2.7 单一叙事

单一叙事,即讲述一次发生了一次的事件,是最常见的叙事方式。单一叙事主要在《米》的时间意象中体现出来。

《米》中的时间意象最明显的就是它的模糊性,即表现为对历史时间的模糊处理。苏童很多作品中的历史都具有模糊不确定的时间概念。在《米》的整个故事中明确的历史时间仅仅出现了一次,"一九三零年南方再次爆发了大规模的灾荒,而在遥远的北方战事纷繁"(苏童,2005:119)。时间的模糊性指向虚无和苍凉,它成为苏童揭示个体生命生存状态的一种氛围、一种情调、一种话语方式,也起到了一种审美间离(审美心理距离)的作用和效果。《米》中的"傍晚"或者"黄昏"就是这样的相对模糊的时间(见表 3.6):

表 3.6 单一叙事的翻译

1. 风吹打着米店的布幌,噼啪作响,是一个**寒冷的黄昏**。P. 32	The emporium canopy snapped in the gusty winds of **a cold afternoon**. P. 37
2. **傍晚时分**阳光淡下去,……。P. 78	The sun's rays weakened as **evening** approached. P. 89
3. 风的游丝从南窗里挤进来,挤进来的还有榆树上的蝉声和**黄昏**依然灼热的气流。P. 170	Wind whistled through the southern window, carrying the chirps of cicadas from the elm trees along with the **late-afternoon** heat. P. 200
4. 夏日的**黄昏**天空横亘着广袤的橘红色,看不见的空气之火在云层后面燃烧并渐渐化为灰烬,……。P. 185	On that summer **evening** the sunset painted the horizon a spectacular orange; waves of heat scorched the layers of clouds from behind, gradually turning them to cinders. P. 217

例 1 中"寒冷的黄昏"译作"a cold afternoon",其中的"afternoon"是指"the part of day from noon until sunset",所以不是特指某个时间点,而是指"中午到日落"那一段时间。五龙在这个黄昏打算和冯老板商讨增加自己工资的事情。不知结果会如何的他心中充满了深深的寒意,就像那"寒冷的黄昏"。例 3 中的"黄昏"是绮云看到浸泡在醋缸中的五龙的时间,也并非确指某一时间,译者翻译为"late-afternoon"。译文增加的"late"有"晚期的"意思,不仅仅是指时间晚了,更是喻指五龙快要走到尽头的生命。

例 2 的"傍晚时分"翻译为"evening",是指"the period between sunset or the evening meal and bedtime"。这里描写的是从日落到人们晚上就寝这段时间中的瓦匠街,也是城市末日的写照。五龙刚来到城市就是在这样的黄昏时刻。这个模

第 3 章 《米》中叙事时间的翻译

糊的单一叙事时间渲染了一种故事发生的场景和氛围。译文采用了直接翻译的方法,将其中所蕴含的不断衰败的意境通过时间的直接传达予以保留。例 4 是五龙在夏日的午后爬上房顶所看到的黄昏。这里的"黄昏"也并非是指真实时间,而是映照着五龙即将走入黄昏的人生旅程。译者也是直译为相对模糊的时间"evening"。可见,单一叙事中的"黄昏"这个模糊的时间主要是为了营造出一种末日的气氛和表现主人公五龙即将死去的现实状况。译者直接予以传译,从而在译文中再现了这种叙事美学效果和主题意义。

文学作品中模糊语言的审美价值在于可以给文本留下更多空白点,等待读者的积极阅读和参与。译者以模糊的时间来翻译《米》中相对模糊的单一叙事的时间机制,从而让译文文本同原文本一样呈现出开放性的结构,让译文读者介入其中,去解读、阐释,并产生共鸣。

《米》的全文只有一个明晰的历史时间,除此之外,《米》中的时间都是模糊不清的。这不同于苏童的《1934 年的逃亡》(1987),该书反复出现"1934"这一年份,在读者的印象中不断强化年份的印记,从而引领读者回到那年的故事之中。《米》刻意把"时间"抽空了。时间的消失使得"历史"往往只剩下了"情境"和"色调",其特定的具体性就消失了。换言之,苏童笔下的历史可能已经变作为"元素的历史",变成了某种"文化的结构"(张清华,1997:122)。例如:

㉕ **一九三零年**南方再次爆发了大规模的灾荒,而在遥远的北方战事纷繁。炮火横飞。(苏童,2005:119)

A second major famine hit south China in **1930**, while far off to the north fierce battles raged. (Su, 1997:137)

这里交代了故事发生的时间背景是在 1930 年的中国,同时也交代了这一年中中国所发生的重大事件,也就是五龙为什么要逃离枫杨树家乡来到城市讨生活的真正原因——灾荒肆虐,农村已经无地可种,无以为生了。这是《米》中仅有的一次明确指出故事发生的历史时间的地方。这也是中外读者唯一可以从文本中获取的一段比较清晰的中国历史时期。译文中直接翻译了这个时间点。但是,英语读者对这一中国历史时间的概念其实还是很模糊的。因此,译文直接翻译表示单一叙事时间的"1930",可以传达原文中较为模糊的时间美学效果,并一定程度突出了模糊的历史大背景下的小人物五龙等的命运。此外,在整个故事中还有两个相对具体的日期:

㉖ 七月的一天,从江北飞来的日本飞机轰炸了城北地区,……。(苏童,2005:163)

One day in July Japanese warplanes flew in over the river and bombed the northern section of town. (Su, 1997:191)

㉗ 八月十三日下午,两个年轻的日本士兵摇摇晃晃地走出城南的兵营,他们喝醉了酒,借着酒劲强行冲过了门口的岗哨。(苏童,2005:202)

Just past noon on August 13 two youthful and very drunk Japanese soldiers staggered out of the military barracks in South City and forced their way past the sentry,…(Su, 1997:237)

"七月的一天"这个时间并没有任何记录历史的意义,而是渲染了一种末世的氛围。就是在那样的战火纷飞的日子里,瓦匠街的米店一家还在互相猜疑,互相伤害着,谁也不给谁好日子过。"八月十三号下午"这个时间是乃芳和她未出世的孩子被日本人杀死的日子。故事将这个时间放在这里也许主要不是为了隐射任何历史事实,而是为了说明历史的残酷和人命的低贱。译文都直接翻译了这两个时间状语。

总之,在《米》中,苏童首先从时间的链条中切割出一段——1930年,随后,他就集中精力去捕捉那些失去时间矢量的瞬间,如码头受辱、买鞋事件、夜间抢米等。他通过对大量瞬间的细致描写向读者展示了一个特定时空中人的生存景象。同时,对其他时间的模糊处理使得1930年前后的这段时间不再包含任何时间意义,而只是一个盛放创作主体生存体验和主观情绪的容器。译者在翻译的时候基本上采取的是以模糊时间翻译模糊时间,以准确时间翻译准确时间的直接翻译法,传递出作者想要传达的这种主体体验和感受,保持了读者和文本中的人物之间的距离,也给读者留下了较为广阔的想象空间。

3.3 小结

《米》是一种典型的循环型(圆形)意象结构小说。时间是故事的主题,却始终隐藏在结构与人物的背后,如故事在秋天开始又将在秋天结束,构成了一种循环和轮回。苏童采用这样的时间机制,无疑是想充分体现其创作的整体意图。他采取的是对当时的时代背景进行冷处理的方式,远距离地观照现实生活,以一种客观的

第3章 《米》中叙事时间的翻译

眼光去评判现实和人生以及他所创造的人物。这样的评判因为有了距离而越发显得真实。在这个故事里,人物其实都没有明天,因此作者采用的绝大部分都是相对模糊的时间概念和词语。

译者在翻译《米》中的叙事时间时,采取了以直接翻译为主的方法。译者在翻译反复叙事和单一叙事这两种时间机制时,保留了这两种叙事时间,译文比较准确地再现了反复叙事的时间标识和单一叙事中的模糊时间和具体时间。因此,译文再现了原文的审美效果和叙事主题。

在翻译概要、插叙、场景、停顿、预叙这五种时间机制时,译者以直接翻译为主,再现了概要中对人物和景物的描写,保留了原文中的插叙结构和表示场景、停顿以及预叙的叙事表达。同时,译文也在一些细节的地方采用了调整性译法,包括:改译法、增译法、省译法、抽象法、换位法、释译法和语义变化法。

具体来说,译者在翻译《米》的整个大场景时,总体上保持了叙事语态的过去时,但是根据他对故事主题的理解而在原文的前三页中应用了现在时的叙事时态。译者在翻译人物话语方式这一类分布在文本各处的小场景时,主要通过直接翻译保留了原文的话语表达方式和叙事结构。此外,译者也对一些细节的地方进行了灵活的改译。

在翻译自由直接引语时,译者从整体上保留了自由直接引语的叙事话语方式,保持了原文的叙事结构和美学效果,有效地再现了叙事主题和人物形象。但是他有时会采取调整性增译法,增加原文中没有的汇报分句;此外,也会采用调整性省译法,删减汇报分句中存在的某些修饰性评价成分,如一些状态副词等,这些词汇层面上的评价资源是故事主题在细微处的表现。《米》中的间接引语和"两可"句式也以直接翻译为主,体现了叙事者相对冷静的叙事姿态和视角。

译者在翻译概要时,对表示概要的某些时间词语进行了一定的增译和释译,突出了故事中的人物形象;在翻译插叙时,进行了某些调整性改译、省译和语序变化,突出了叙事主题和人物的性格特点;在翻译停顿时,译者也改写了某些对景物和人物的描写;译者翻译预叙时还改译了某些人物的话语方式,省译了部分的景物描写。总之,译者在整体上保留原文叙事话语方式和结构的前提下,更多的是从读者接受的角度考虑进行了一些小细节的删改。

第 4 章
《米》中叙事化修辞格的翻译

苏童小说叙事功能中的修辞力量是很强大的。《米》中大量使用了叙事化修辞格,主要包括叙事化意象和比喻。这些叙事化修辞因素的介入,也必然会淡化、延宕甚至中断叙事的时间进程,使叙事的时间性在一定程度上被解构,但叙事的空间性却得到强化,而且"各种叙事化修辞因素的碰撞和互动形成了《米》小说特有的意境"(王义军,2003:191)。叙事化修辞格意味着这些修辞手法作为叙事元素的构成部分,是架构故事情节、描写环境、塑造人物形象和性格特点的主要部分。

叙事化意象是苏童一贯的写作姿态,具有一种诗性而含蓄的审美效果。在他的小说叙事中,"注重意象的营造和意象的组合,通过中心意象与整体叙事过程的融合,阶段性意象和相应部分的叙事过程的交融,把叙事和意象结合起来,使叙事过程强化意象的诗意功能,让意象在整个叙事过程中更加鲜明,……,叙事的明晰性和意象的含蓄性相得益彰,获得诗意的审美效果"(张学昕,2006:101)。可以说苏童的小说有意识地继承了中国古代文学的叙事化意象这一传统。他的艺术营养并不完全吸收自西方,他可能更受惠于中国文化和中国古典小说传统。他那悠远而透着暗淡、迷离、忧愁和古旧气息的叙事风格,弥漫和绵延式的想象的动力都来源于此。

苏童的《米》是一个由主题"米"统领的意象化叙事,其中各种意象的形成具体还体现在修辞手段的应用上,进一步展现了原文统一的、浑然一体的、整体的、网络状的叙事意象空间。营造这些意象的最终目的是表达人的孤独、逃亡和追寻的叙事主题。人没有真正的家园,所以逃亡的最终结果还是宿命的终极。

准确而新奇的比喻是《米》叙事语言的又一大特点。这些比喻在喻体的选择上新奇而独特,准确地表现了作者所要传达的意象,也是将意象串联起来的重要线索。在选用喻体的时候,作者极富想象力和表现力,带动读者想象的翅膀,和作者一起去感受小说的情境、人物的思想和故事的氛围。这样的比喻使小说在表现人物时生动而具体,并且深化了故事的主题思想。

第4章 《米》中叙事化修辞格的翻译

4.1 叙事化意象的翻译

4.1.1 意象的叙事意义

在中国传统文论中,意象"更多的是在外感于物的基础上,然后才孕于脑中,最终形成意念性的艺术之'象'"(赵新林,2005:39-40)。意象是苏童语言的特色之一。他的写作颇具灵气,主要体现在意象的经营等方面。"他对文学界的贡献就在于他的意象小说,从早期的充满情绪的分散意象,到《米》中的叙事化意象。他的小说想象丰富,意蕴深厚。在这些意象背后隐藏着某种共通的诡异气息,它们引导着人们从这些意象中体味到死亡的气息,就如同波特莱尔的'恶之花'。"(孔范今、施战军,2006:111)

在《米》中,"意象的经营走向了'生活化'、'现实感'和'总体性',当然包括了作为'物证'的'米'的通篇贯穿和作为生命图景的《米》这个故事本体"(黄毓璜,2003:69)。这些不同的意象以其各自的指涉使小说本身成为一个庞大的符号系统和象征系统。一方面它们本身是推进故事情节发展,构成故事链的一个必需环节或中介;另一方面又是作家主体的理念与情感的载体,具有隐喻象征作用,又预示或暗示了故事的结局。米和性、生存和死亡构成其生存的物象,伴随着主人翁五龙的一生。

《米》中的主要意象是米、大水、火车、风铃和风筝等。苏童通过意象的叠加来强化小说的信息量和情绪化。《米》中的意象可以具体分为时间意象、事物意象和色彩意象。时间意象对构筑《米》的整个故事的完整结构,形成一个有宿命意味的"圆"有着重要的作用。时间意象按照季节来分,包括了春天意象、夏天意象、秋天意象和冬天意象。《米》中的事物意象主要包含南方意象群、女性意象群、逃亡意象群和飞翔意象群中的各种意象。色彩意象又可以具体分为红色意象、蓝色意象、黑色意象、白色意象及其他意象。

4.1.2 时间意象

苏童小说的"叙事时间的推进更多依赖季节的更替。在他的小说中,季节变化是最重要的标志。季节的更替在苏童那里具有某种神秘的与生命状态相对应的意味"(孔范今、施战军,2006:371)。这在叙事模式和人物的设置上也体现出中国传统的审美味道,代表了中国式的循环论模式。《米》的故事经历了一年四个季节的轮回,秋天五龙开始了从农村向城市的逃亡,他也是在下一个秋天带着满身的伤和一车皮的大米踏上了返乡的路途的。所以,季节不仅定位了故事具体发生的时间,更有着宿命和轮回的意味。所以,虽然每一个季节都有其内涵,但是其共同之处在于都指向一种无尽的衰败和消亡。

在这里,季节成为承载环境气氛和人物心情的一种意象。小说拉开帷幕是在落木萧萧的秋季。在这样的时空中,物象多是"昏黄的灯光""沉闷的机器声""死寂""不断蒸腾的雾气"。弥漫在环境之中和物象周围的味道是"酸""腐""臭"。"存在于感觉、嗅觉、听觉、视觉的不同层面上的意象群有机地结合在一起,共同构筑了苏童小说的意象体系。这种系统的多层次的意象不仅仅是一种描写方法,而且是一种隐喻的手段,它是小说诗意扩张的焦点,频繁出现的意象与人的精神世界构成了一一对应关系。"(张丛皞、韩文淑,2005:13)小说中的声音要么是死寂一片,要么就是沉闷、刺耳、喧杂。这类空间中的人们最多的感觉是"飘",如一叶浮萍,无所依傍,随波逐流。

《米》中的每一个季节都有着它的隐喻意义。正如葛红兵所言:"苏童注重给小说以季节定位。"(葛红兵,2003:110)《米》中的秋天多象征着灾难的来临,夏天是死人的季节,春天也令人绝望,冬天预示着死亡。苏童提供了一种意象化的叙事语式,时间意象承担了非常重要的叙事功能,不仅仅定位了故事发展的具体时间,而且有助于推动故事情节的发展。伍尔夫(2009:361)曾赞许过这样的一种诗化小说,认为它"具有诗歌的某些属性。它将表现人与自然、人与命运之间的关系,表现他的想象他的梦幻"。

1) 春天意象的翻译

《米》中的春天是极为短暂的,但却是米店发生深刻变化的季节。全文中明确提到春天这个时间意象的地方不多,主要是绮云视角下的春天景象。春天本该是温暖和生机勃发的,但是却因为现实的无望而染上了一种绝望的色彩。在这个漫长的南方雨季里,人物的心情和雨季的天空一样充满了阴霾。译者一般直接保留原文的春天意象。例如:

① 绮云也在仰首而望,**春天**的阳光稀薄地映在绮云瘦削的脸上,她的表情丰富而晦涩,一半是事故沧桑,另一半是浓厚的忧伤。(苏童,2005:96)

Cloud Silk's haggard face was brushed with pale **spring** sunlight,

第4章 《米》中叙事化修辞格的翻译

her expression richly expressive yet impenetrable in its mixture of knowledge and sadness. (Su, 1997:110)

这里译者直接翻译了原文中的春天意象,所表现的是人物绮云当时悲哀的心境,因为她感觉到了米店将会在这个暗淡的春天发生很大的变故。果然,不久米店老板去世了,姐姐织云也离开了米店,她在无奈之下嫁给了五龙这个恶棍。有时候,译者也会根据故事情节的发展需要选择更富有深意的词语来翻译,即采用调整性语义变化法。例如:

② 她(绮云)觉得**这个春天**是一头蛰伏多年的巨兽,现在巨兽将把她瘦小的身体吞咽进去了。**这个春天**寒冷下去,**这个春天**黑暗无际。(苏童,2005:111)

The coming **spring** was a sleeping beast that had begun to stir and would eventually swallow her up; **a springtime** wrapped in cold, **a springtime** of unending darkness. (Su, 1997:128)

春天对于绮云来说是无望的。因为在织云离开了米店之后,父母都不在了,孤苦无依的绮云别无选择,虽然她心中痛恨五龙,却只能嫁给这个流氓了。这短短的两句话中重复了三次"春天"。与之形成鲜明对比的是,后面对春天进一步的阐述所表达的多是阴郁和衰败的内容。这种巨大的反差突显了人物当时绝望的心境。

首先是一个有关春天的暗喻,将其比喻为一头蛰伏多年的巨兽。译者翻译为"spring",准确传达了原文的时间意象。其次是"这个春天寒冷下去,这个春天黑暗无际",这个平行结构具有诗歌的韵律,朗朗上口。译者将这两个"春天"都翻译为"springtime"。与前面直译为"spring"相比,"springtime"因为增加了"time",更加突出强调了春天这个时间的主题意义。而且"springtime"除了有"春天"之意,还可引申为"全盛时期",应该是充满阳光和活力的。这与人物绮云的真实感受——"寒冷"和"黑暗无际"形成强烈的对照。可见,译文中两个春天意象的语义发生了改变,让读者体会到人物绝望的情感随着思绪的发展不断强化的过程,进一步拉近了人物绮云和读者之间的距离。

2) 夏天意象的翻译

《米》中的夏天也充满了杀机。就像五龙所言,夏天是一个杀人的季节。而且时间意象常常是和色彩意象搭配使用的,进一步渲染了某种肃杀的氛围,深化了叙事的主题,这类似于《妻妾成群》中夏天意象的作用。因为"从初夏颂莲进入陈家大院开始,经过秋天,到冬天,暗示了颂莲的由盛而衰"(葛红兵,2003:110)。同样地,米店一家在夏天也遭遇了种种祸事,整个家族逐渐走向没落和衰亡。例如:

③ **夏天**过去米店兄弟的生活发生了戏剧性的变化,兄弟俩都变成了光棍,……。(苏童,2005:210)

Summer had ended with a dramatic change in the lives of the rice-emporium: Both had regained their bachelorhood. (Su, 1997:246)

米店兄弟俩在一个夏天都失去了自己的妻子,成了光棍。米生的妻子因为不堪忍受柴生的勒索逃离了米店之家。柴生的妻子乃芳在回家待产时被日本人杀死在自家门前。可见,夏天是一个不幸的季节,家破人亡,妻离子散。译文准确翻译了原文中的夏天意象,突出了故事中夏天意象的象征意义:这是一个死人的季节,很多祸事将在这个季节到来。直接翻译夏天意象的例子还有(见表4.1):

表 4.1 保留夏天意象的翻译

1. 在**炎炎夏日**雪巧频繁地洗澡沐浴,借助清凉的井水来保持冷静,思考她的处境和应该采取的策略。P. 171	Seeking refuge from **the blistering summer heat** in frequent cool baths helped her control her fragile emotions as she considered her predicament and her options. P. 201
2. 绮云望着**夏季暗红色的天空**,……。P. 177	She looked into **the dark red summer sky**. P. 208
3. **夏日的黄昏**天空横亘着广袤的橘红色,看不见的空气在云层后面燃烧并渐渐化为灰烬,……。P. 185	On that **summer evening** the sunset painted the horizon a spectacular orange; waves of heat scorched the layers of clouds from behind, gradually turning them to cinders. P. 217
4. ……,前来吊唁的人寥寥无几,城南的一场杀人比赛导致了这个**夏天浓郁的死亡气息**,似乎人们都在忙于奔丧,米店的丧事因而显得平淡无奇了。P. 204	Only a few people dropped by to offer condolences; everyone seemed to be in mourning as **the presence of death filled the summer days** following the South City killings; the wake at the rice emporium caused hardly a ripple. P. 239

以上各例中,夏日和"炎炎""暗红色""黄昏""浓郁的死亡气息"等这些暗淡无光的色彩、灰暗的时间、燥热不安的情绪、死亡的气息联系在一起,这些无不表明了夏天是一个不祥的季节。译者忠实地再现了其中的夏天意象以及与之搭配的事物。他将"炎炎夏日"译为"the blistering summer heat";将"夏季暗红色的天空"译为"the dark red summer sky";将"夏日的黄昏"译为"summer evening";将"夏天浓郁的死亡气息"译为"the presence of death filled the summer days",从而再现了故

第4章 《米》中叙事化修辞格的翻译

事的审美效果和暗淡衰败的叙事主题。有时译者也会省略掉某些表示夏天意象的词,这是他考虑到英语读者的表达和思维习惯进行的翻译转换,以便让译文更为简洁地道。例如:

④ 而在古老的瓦匠街上到处散发着垃圾的臭味,蝇虫繁忙地飞行,路人仓皇地走过烙铁般的石板路面,这是一个异常炎热的**夏季**,那些阅历深厚的老店员对气候和时局议论纷纷,他们普遍认为最热的**夏季**往往也是多事的危险的**夏季**。(苏童,2005:165)

…; the smell of rotting garbage drifted up and down the ancient street, drawing swarms of flies amid clusters of people rushing about on cobblestones as hot as molten steel. It was a sweltering, miserable **summer**, and old, experienced clerks talked of little but the weather, convinced that the hottest **summers** were usually the most dangerous. (Su, 1997:193)

从他们的谈论中读者能感觉到这是一个灾难即将降临的季节。译者在翻译原文中的三个夏天意象时,将最后的一个意象省略掉了。这是译者考虑到英语表达简洁的特点所做出的省译,因为"汉语的词汇和句子结构经得住重复,英语如果同样重复,就显得累赘和臃肿"(程镇球,1980:218)。但是原文中由于重复三个时间意象所带来的强烈的视觉和心理效应就被削弱了一些。可见,译者在翻译某些夏天意象时也会省略之。省译夏天意象的例子还有(表4.2):

表4.2 省略夏天意象的翻译

1. 那是**夏天**穿的衣裳。那是**夏天**,美貌风骚的织云穿着它在米店出出进进,**夏天**他们在这里干了些什么?**夏天**他还在枫杨树乡村的稻田里打稗草,洪水还没有从山上冲下来,所有人都在稻田里无望地奔忙。P.38	It was **a summer** dress; in it, Cloud Weave, looking shamelessly sexy, would have flounced around the shop in **last summer's** heat. What were they doing here **then**? Back in Maple-Poplar Village he was weeding the rice paddies; the mountain torrents hadn't come yet, and everyone was running around in busy desperation. P.43
2. **夏天**灼热的太阳悬浮在一片淡蓝色之中,蒸腾经年未有的滚烫的热气。P.164	…, but all was calm in the light blue sky, where the blazing sun baked the ground until it shimmered;… P.193

例1是五龙刚到城市后经历的第一个夏天。他看着院子里晾晒的衣物,想到了夏天穿着这些衣服的织云和去年夏天他在枫杨树村劳作的景象。译者省略了一

个现实中的"夏天"意象和一个回忆中的"夏天"意象,这主要是考虑到英语简洁的行文习惯从而略去重复表达。例 2 的译文省略了原文中的"夏天"意象,那么原文中"夏天"和"灼热的太阳"以及"滚烫的热气"之间形成的对照关系就弱化了一些。秋天意象是《米》中最重要的时间意象。因为五龙城市生活的开始和结束都是在这个季节,也可以说是他生命的时间之轮开始启动和结束转动的时间点。

3) 秋天意象的翻译

《米》呈现出如弗莱(Northrop Frye)所言的秋天悲剧这一原型。"秋天是悲剧和挽歌的原型,是日落和死亡的阶段,代表了堕落,神之将死,暴死和牺牲。"(朱刚,2006:21)五龙现身于城市就是在秋天,之后开始发迹,中年时成霸,处于上升轨迹;盛极必衰——残疾溃败、腐烂以致死于返乡的火车中,完成生命轮回的圆形循环并呼应着秋天悲剧这一原型。苏童偏爱颓败而萧瑟的秋之意境,以赞美叙写冷郁的色彩,并把它们刻画得美轮美奂,这其实就是一种颓艳的叙事。例如:

⑤ **秋天已经随着街上刺槐的落叶悄悄逝去。冷风从房屋的缝隙和街口那里吹来,风声仿佛是谁的压抑的哭泣。**(苏童,2005:24)

Autumn faded with the falling locust leaves. Chill winds blew through the cracks in buildings and across intersections, like muffled sobs.(Su,1997:27)

大部分情况下,译者直接将"秋天"翻译为"autumn",因为那种秋日一切衰败,秋风扫落叶的情境是能够为西方读者所体会到的。这句话反映了"落叶而知秋"的景象,而且冷冷的风声也让人感受到了秋之萧索。这时五龙感触最多的是:秋天来了,冬天还会远吗?身体上的饥饿和寒冷让他无法忍受。后来随着故事的发展,秋天不仅仅是指天气寒冷,还寄予了更多的意味,如世事变幻无常和天灾人祸的即将来到等。译文中保留秋天意象的例子如下(见表 4.3):

表 4.3 保留秋天意象的翻译

1. 也是**深秋清冷的天气**,织云穿着那件貂皮大衣在瓦匠街一带招摇而过。P. 22	**The late-autumn days were cool and crisp**, and Cloud Weave loved to flaunt her fur coat on Brick Mason Avenue. P. 24
2. **秋风又凉了一天**,从米店里传出了婴儿的第一声啼哭。P. 103	On **a brisk autumn day** the first cry of a newborn infant broke the silence at the rice emporium. P. 119

第4章 《米》中叙事化修辞格的翻译

续表

3. 夜里下起了入秋以来的第一场雨,淅淅沥沥的雨声在瓦匠街上响成一片,米店屋檐上的铁皮管朝院子里倾斜,雨水哗哗地冲溅在那张旧竹榻上。P. 224	**The first rain of autumn** fell that night, raising a wet tattoo on Brick Mason Avenue's cobblestones; water coursed down the rain gutters and soaked the ancient bamboo cot in the yard. P. 260
4. 原野上的雨声已经消失;也许是阳光阻隔了这第一场秋雨。P. 228	The sound of rain in the wild woods had died out; maybe the sun had vanquished the first **autumn rain**. P. 266

在以上各例的翻译中,译者都主要采用了直接翻译法。他把"深秋清冷的天气"译为"The late-autumn days were cool and crisp";把"秋风又凉了一天"译为"a brisk autumn day";把"入秋以来的第一场雨"译为"The first rain of autumn";把"秋雨"译为"autumn rain"。译者将秋天和与之紧密相关的秋雨、秋风和秋天所带给人的深深凉意都直接传达给了译文读者,从而营造出秋天萧索凋敝的意境。除此之外,译者有时也通过改变语义来翻译秋之意象。例如:

⑥ **秋天**正在一步步地逼近,……。(苏童,2005:207-208)

Fall weather was becoming more and more pronounced,… (Su, 1997: 243)

秋天在一步步地逼近,也预示着灾难在一步步地靠近。译者保留了秋天的意象,并且将其翻译为"Fall weather",而不是"autumn",说明了这是一个衰败的季节,一切都在走向消亡,包括人在内。译者没有仅仅把秋天翻译为"autumn",而是选择了更富有深意的"fall",可见译者之用心。虽然在美式英语中一般都是将秋天翻译为"fall",但是由于"fall"本身所蕴含的一种向下和下降的趋势,用在这里起到某种隐喻的作用,隐喻了五龙不断衰败下去的人生境遇和走向。显然,译者体会到了情节发展后秋天意象所增添的内涵,并通过增加翻译素"fall",翻译为"Fall weather",将其在译文中体现了出来。

可见,译者意识到了秋之意象在结构《米》全篇中的重要作用,所以随着情节的发展,译者对秋天的翻译在选词上发生了一些变化,以传达意象之外的萧索情境和人物凋敝的心境。因此,译者在总体上采取直接翻译法的前提下,有时也采用了调整性语义变化法。

4) 冬天意象的翻译

冬天是最漫长寒冷的季节,也是多事之时。在《米》中,冬天是一个让人心生恐惧和疑虑的季节。这里的冬天既是自然意象,更是为了表现五龙身心上的寒冷。

因为冬天吃不饱穿不暖,五龙身体的寒冷加剧了胃肠的饥饿感和内心的绝望。比如下面这个例子:

⑦ 对于冯老板来说,记忆中**每年冬天**都是多事而烦恼的:比如亡妻朱氏的病死;比如米店因为缺米而半掩店门;比如饿疯了的难民半夜敲门乞讨;比如现在,织云怀孕的丑闻即将在瓦匠街张扬出去,而她直到天黑还不回家。(苏童,2005:57)

For Proprietor Feng, **every winter** in recent memory had brought only trouble and vexation: such as the death of his wife Madam Zhu; such as the time they nearly had to close down over a shortage of rice; such as now, when Cloud Weave's disgraceful pregnancy was about to become the talk of the neighborhood, and she wasn't home, even at this hour. (Su, 1997:66)

原文中的"每年冬天"是一个反复叙事的时间机制,概括了过去许多年米店在这个季节遭遇的事情。译者将其直接翻译为"every winter",突出了故事中冬天意象的内涵,就是一个多事的季节。译者直接翻译冬天意象的例子还有(见表4.4):

表4.4 保留冬天意象的翻译

1. 在这个**多事的冬天**里,他初次发现了城市与瓦匠街生活的种种薄弱环节,……。P. 49	During **that eventful winter** Five Dragons had discovered a series of weak links in the chain of city life,… P. 56
2. 瓦匠街的石板路上洒着**冬日斑驳的阳光**,不断有穿着臃肿的人从米店走过。P. 50	**Mottled wintry sunlight** blanketed the cobblestones of Brick Mason Avenue on which their bundled customers trod. P. 57
3. 窗外飘起了点点滴滴的**冬雨**,雨点打在屋檐和窗棂上,使院子笼罩在冰冷湿润的水汽之中。P. 76	A gentle **winter rain** fell onto the emporium eaves and windowsill, enfolding the yard in a damp, freezing mist;… P. 88
4. 冬天对于织云**是一个漫长而痛苦的梦**,……。P. 88	For Cloud Weave **the winter was one long, tortuous nightmare**. P. 100

在以上各例中,译者不仅将冬天的意象准确地翻译出来,并且翻译出了与之相关的,表达人物心境的(事物)的形容词。他把"多事的冬天"译为"that eventful winter";把"冬日斑驳的阳光"译为"Mottled wintry sunlight";把"冬雨"译为"winter rain";把"冬天是一个漫长而痛苦的梦"译为"the winter was one long, tortuous nightmare",很好地再现了冬日的严寒和人物绝望的心境。有时译者也会用代词将冬天意象替代掉,此时"原文提供的语用信息多于译文,译语读者需要自己理解原文和译文之间的关系"(Munday,2001:65),即为一种修改-词语转换法。例如:

⑧ 又是**冬天**了。**冬天**是最可怕的季节,没有厚被,没有棉鞋,而肠胃在寒冷中会加剧饥饿的感觉。这是长久的生活留下的印象。(苏童,2005:24)

Winter was back. For him **it** was the worst season. He did not own a comfort, he had no lined shoes, and cold weather made the hunger pangs worse. (Su,1997:27)

因为吃不饱、穿不暖,所以冬天对于五龙来说是最可怕的季节。译文用"it"来替代"冬天",因为前面一句话中刚刚出现过了"冬天",根据英语的行文习惯,为了避免重复,译者使用了代词。但是,如果将原文中的两个冬天意象都翻译出来可以起到强化主题的作用。而且将寒冷和饥饿联系在一起是英语读者也会有的相同认知体验,所以读者应该会对这一重复的意象所表达的寒冷感受产生共鸣。

4.1.3 事物意象

《米》中的事物意象根据主题主要分为南方意象群、女性意象群、逃亡意象群和飞翔意象群。在苏童的小说里,事物意象主要是"通过万物有灵论和互渗律来体现的。从某种程度上说,苏童小说中特有的意象群落,是人的某种'情结'的产物,而'情结'是属于精神病态学的范畴的。人只有沉溺于某种'场'不能自拔,才会具有某种'情结',因而意象也就成了人命运的症候,所以我们要了解作者所追求的深层寓意,就必须对事物意象做出深刻的心理分析"(胡金龙,2006:21)。五龙对于米有着一种深深的情结,这是他饱尝饥饿之苦的生活留给他的痛苦回忆。他对于女性、逃亡和飞翔等都有着一种生活赋予的情结和体会。

1) 南方意象群的翻译

南方意象群主要由米和水构成。米是整个叙事的内驱力。"内驱力就是驱动叙事的推动力:是谁或者是什么,对事件的发生负责?这又是如何结构和定型整个叙事的?"(宇文所安,2003:68)五龙的逃离和归乡都是因为米。五龙也最终为自己的选择付出了生命的代价。"米是五龙一生所崇拜的图腾,他的愚昧和深谋远虑的两面都表现在这里。"(张清华,1997:129)米和水经常出现在五龙的梦境之中。离开了米和水的五龙不再是龙,而是一只虫了。水则是江南和北方最大的区别,因为南方拥有丰富的水资源。但是,南方也因此经常遭受洪水的灾害。洪水是促成五龙第一次逃离枫杨树家乡的原因,也多次出现在他的梦中,而且他多次梦回枫杨树村看见的也是大水。

在这个意象群里,米是最核心的意象。苏童小说的标题不但具有概括性,同时也有强烈的象征性和寓言性。五龙的逃离和归乡都是因为米,米是故事的叙述动因和内在线索。《米》中的米意象既具有客观性,是故事必不可少的环节,又具有主观性,它们承载着某种观念,寄寓着某种情感,暗示着某种结局。

译者一般情况下是直接翻译米的意象。对于具有重要隐喻意义的题目《米》,译者直接翻译为"*Rice*"。米总是和米店联系在一起的。译者在翻译"米店"时也是将"米"这个意象都保留了下来,翻译为"the rice shop"(例如译文第 11 页,第 70 页,第 81 页,第 108 页,第 120 页,第 191 页)或者是"the rice emporium"(例如译文第 17 页,第 22 页,第 25 页,第 39 页,第 85 页,第 89 页,第 111 页,第 119 页,第 123 页,第 135 页,第 139 页,第 152 页,第 211 页,第 218 页,第 239 页,第 246 页,第 251 页)。在有米意象出现的句子中,译者也一般将意象保留下来。例如:

⑨ ……他需要一车皮雪白的、清香的**大米**,他需要这份实在的能够抗拒天灾人祸的寄托。(苏童,2005:222)

He needed a carload of snow-white, fragrant **rice**, since that was the only thing that stood between him and calamities, natural and man-made.(Su,1997:259)

本例中译者将"大米"直接翻译为"rice"。五龙在弥留之际仍然念念不忘要带上一车皮的好米衣锦还乡。可见米不仅是推动故事发展和结构全篇的重要意象,而且是他生命的象征物。对于他来说,米已经不再是生存的必需之物,而是整个生命的内容。译文中保留米意象的地方还有多处,见表 4.5:

表 4.5 保留米意象的翻译

1. 他看见几辆大板车停在一艘铁船的旁边,船舱里装满了雪白的新米。有几个汉子正从船上卸米。P.7	…; a line of freight wagons stood beside a steel-hulled ship whose cargo of snowy white **rice** was being unloaded by stevedores. P. 7

第4章 《米》中叙事化修辞格的翻译

续表

2. 五龙觉得咀嚼生米和吃饭喝粥其实是一样的,它们的目的都是抵抗饥饿。P. 8	**Rice**, it didn't matter whether he crunched it, chewed it, or slurped it, so long as it filled his belly. P. 8
3. 那股**大米**的清香从他身后奔涌而出,五龙涣散的精神为之一振,……。P. 14	The subtle fragrance of **raw rice** released into the air energized him. P. 14
4. ……,飘散新**米**特有的香味。P. 18	…, sending the unique aroma of new **rice** drifting toward him. P. 19
5. 守着一船米的人注定是要倒霉的,难道他不知道这是凶险黑暗的年月吗?P. 39	Anyone who stood guard over a boatload of **rice** was asking for trouble. Didn't he realize how dark and dangerous the times were? P. 45
6. 他扭过脸去看大舱里的**米**,……。P. 40	Five Dragons gazed down at the **rice** in the hold, … P. 45
7. 为了一船米,他又目睹一次死亡。P. 41	Death had made another appearance in Five Dragons's life, this time over a boatload of **rice**. P. 47
8. 没有人在乎一条人命。五龙将**米**箩放在肩头朝后院走,他想其实我自己也不在乎。一条人命。P. 42	A human life meant nothing to them. Well, I guess I don't care either. He continued carrying baskets of **rice** out back. What's one life? P. 48
9. ……,五龙想我可以像一只老鼠穿过去,吃光墙那边的每一颗米粒。P. 49	I can do it, he told himself, if that's what it takes to get to the **rice** on the other side. P. 56
10. ……比如米店困为缺米而半掩店门,……。P. 57	…; such as the time they nearly had to close down over a shortage of **rice**;… P. 65
11. ……,嘴里还尚存着织云脂粉的香味,那股香味与坚硬的**米**搅拌在一起,使五龙产生了一种古怪的感觉,……。P. 67	The lingering taste of Cloud Weave's face powder mixed with the hard raw **rice** produced an odd sensation;… P. 78
12. 奇怪的是他不想离开仓房,依靠着**米**就像依靠着一只巨形摇篮,……。P. 68	Oddly, he didn't feel like leaving the storeroom. Resting against the mound of **rice** was like lying in a big cradle. P. 78
13. 后来五龙把**米**盖在身上,就像盖着一条梦幻的锦被,……。P. 68	Before long, Five Dragons was sound asleep under a blanket of **rice**,… P. 79
14. 他看见细碎晶莹的**米**粒正从她白皙的皮肤上弹落下来。P. 94	…, crumbly **rice** cascading from her milky skin to the floor. P. 107
15. 只要把**米**店留下,只要把雪白的堆成小山的米垛给我留下。P. 108	…, as long as she leaves the shop and all those mounds of snowy white **rice**. P. 125
16. 他觉得身下的**米**以及整个米店都在有节律地晃动,……。P. 114	His surroundings—the **rice** and the emporium— began to move rhythmically,… P. 131
17. 起初新生的**米**堆还在不停地松动坍陷,……。P. 129	For a moment the surface of the **rice** shifted and created little sink-holes… P. 149

续表

18. ……,等什么时候有钱了要好好吃一顿,一顿吃一头猪,半头牛,再加十碗白米饭。P. 152	When I make my fortune I'll treat myself to the meal of a lifetime: a whole pig, half a cow, and ten bowls of fluffy **rice**. P. 178
19. 后来他们看见警察依次走出米店,每人肩上都扛着一袋米。P. 163	They were surprised to see the police come out loaded down with sack of **rice**,… P. 197
20. 我找到了一座雪白的经久不衰的大米垛,但是我不知道这条路有多长,我不知道这条路将把我带到哪里栖息并且埋葬。P. 181	Me, I found one, an endless supply of snowy **rice**, but with such a long road ahead, I wonder when and where I'll find rest in the grave. P. 212
21. 为了一把米,为了一文钱,为了一次欢情,人们从铁道和江边码头涌向这里,那些可怜的人努力寻找人间天堂,他们不知道天堂是不存在的。P. 185	For a handful of **rice**, or a few coins, or a moment of pleasure, pitiful people poured into the city by train and by boat, all bending their efforts toward finding paradise on earth. If only they knew it didn't exist. P. 217
22. ……,宁馨而清凉的米发出悦耳的流动的声音,慢慢覆盖了他的身体,他的每一处伤疤,每一块溃烂流脓的皮肤。P. 206	The soft flowing sound was soothing; the **rice** cooled him as it brushed his skin; it was burying him, covering his scars and every inch of rotting, suppurating flesh. P. 242
23. ……他们将在新修的祠堂外摆上九十桌酒席,他们将在九十桌酒席上摆好九十坛家酿米酒。P. 207	…, and ninety tables would be set up around the newly rebuilt ancestral hall for a welcoming banquet that would include ninety vats of homemade **rice** wine. P. 243
24. 病入膏肓的五龙真的像一只沉重的米袋,……。P. 215	A sack of **rice** describes the disease-ridden Five Dragons. P. 252
25. 他需要一车皮雪白的、清香的大米,他需要这份实在的能够抗拒天灾人祸的寄托。P. 222	He needed a carload of snow-white, fragrant **rice**, since that was the only thing that stood between him and calamities, natural and man-made. P. 259
26. 柴生看见父亲萎缩的身体随着火车的摇晃而摇晃着,他的脸像一张白纸在黑沉沉的车厢里浮动,他的四肢像一些枯树枝摆放在米堆上。P. 226	Kindling Boy watched his father's wasted frame rock from side to side with the train, his face floating like a sheet of paper in the darkness, arms and legs spread out over the **rice** like twigs. P. 264

在以上各例中,译者都保留了原文中的米意象,传达了这个意象对人物五龙至关重要的意义和价值。有时候译者也会省略部分的米意象。这主要是考虑到两种语言表达习惯之间的差异而倾向于英语习惯表达的翻译选择。例如:

⑩ 不。我看米。米店果然有这么多的米。(苏童,2005:10)

第 4 章 《米》中叙事化修辞格的翻译

Neither. I'm looking at **the rice.** You have a lot. (Su, 1997:10)

五龙在米店门口徘徊,久久不肯离去。织云便以为五龙是在看她。但是五龙说他是在看米,而且强调米店果然有这么多的米。这里重复出现了两个"米",作用是不太一样的。第一个"米"强调五龙在看的对象是米,而并非米店姐妹,这是对织云询问的回答。第二个"米"是说米店果然像他料想的那样有那么多的米,这正是他梦想中在城市的容身之所。在他生命垂危之际,对米的抚爱和眷恋更加强烈,家人以为他那只隐秘的盒子里私藏着金子,其实那只不过是一把大米,最后他也死在了米堆之中。这一切都说明了五龙对米的喜爱已经上升为一种类似图腾崇拜的情结。但是译文只保留了第一个"米"的翻译。第二句中的"米店果然有这么多的米"翻译为"You have a lot.",省略了"of rice",是符合英语简洁的行文风格的。所以,译者在翻译米意象时以直接翻译为主,有时也采用省译法,删除了部分的米意象。

洪水是促成五龙第一次逃离枫杨树家乡的原因,也多次出现在他的梦中。而且他每次梦回枫杨树村看见的也是大水。"大水在苏童眼里超出了表层的指涉功能,而是一个意味深长的文化符码。这是一条生死河。这条河的出现正式宣告了突围的无意义。在生命的河床中,任凭他怎么挣扎,都无法摆脱孤单的困惑。"(孔范今、施战军,2006:341)下面是一例表示大水意象的句子:

⑪ 他总是在昏昏沉沉的状态中睡去。依然在路上,离乡背井的路又黑又长。摇晃着。人、房屋、牲畜和无边无际的稻子在**大水**中漂流。他还梦见过那个饿毙街头的男人,他的脑袋枕在麻袋上,头发上结了一层白色的霜粒。五龙看见自己在漆黑的街道上狂奔,听见自己恐怖的叫声回荡在夜空中,那么凄凉,那么绝望。(苏童,2005:35)

He drifted in and out of sleep; he swayed from side to side. Then he was traveling down a long, dark road that was taking him away from home. People, huts, livestock, and vast rice paddies floated atop **floodwaters.** He dreamed about the man who had died of starvation in the street, his head pillowed on a gunnysack, hoarfrost in his hair. Five Dragons saw himself running madly down a pitch-black street and heard his own screams of terror swirling in the sky, desperate. (Su, 1997:39 - 40)

这里作者结合了视觉、听觉和心理三种视角来描写和表达五龙的心境。五龙在梦境中看见了自己在黑暗的街道上狂奔,这是一种逃离的姿态,想要摆脱那将他拉入罪恶深渊的种种城市的黑暗力量。这是五龙梦中的大水。译者将其直接翻译为"floodwaters"。文中保留大水意象的例子还有以下几处(见表 4.6):

表 4.6 保留大水意象的翻译

1. 茫茫的**大水**淹没了五百里稻田和村庄,水流从各方涌来,摧毁每一所灰泥房舍和树木。P.6	**Floodwaters** converging from all directions swamped five hundred acres of paddy land and scores of hamlets, destroying every mud hut and tree in their path. P.6
2. **大水**过后是大片空旷荒芜的原野以及东斜西歪的房屋,狗在树林里狂吠,地里到处是烂掉的稻茬和棉花的枯枝败叶,……。P.24	**The floodwaters** would have receded by then, leaving behind ruined crops, fallen buildings, and homeless dogs barking frantically; the ground would be covered with rotted rice plants and dead twigs and the leaves of cotton plants. P.27
3. 他闭上眼睛就看见一片白茫茫的汪洋**大水**,……。P.120	But when he closed his eyes, a vast yet hazy panorama of **floodwaters** spread out before him,… P.139

译者主要将大水意象都译了出来,保持了译文和读者之间的审美距离,并将水意象所传达的那种变幻不定的流动感都表达和传递了出来。而且在西方文化中,水作为"原型性的象征"是具有深刻的人类学意义的。"原型批评家一致认为,水作为原型性的象征具有两方面的含义,作为生命的活水,具有再生或复活的力量;作为洗涤的物质,它具有净化人的灵魂的力量。"(张德明,2009:70)五龙对自我的认识、他的勇气和力量、性别角色和身份焦虑、对善恶的判断和识别等都在一次次象征性的水中的死亡和再生中得到确认。此外,译者有时也会改译部分的大水意象。例如:

⑫……,恍惚又看见**水中**的枫杨树家园,那些可怜的垂萎的水稻和棉花,那些可怜的丰收无望的乡亲,他们在**大水**的边缘奔走呼号,……。(苏童,2005:138)

… dimly aware of his Maple-Poplar Village home, which was engulfed in **water**. Puny rice shoots and withered cotton plants were swept by as pitiful, desperate villagers ran along the **water**'s edge, their hopes for a bountiful harvest shattered. (Su, 1997:161)

这是五龙在拔牙时所想到的他在水中逃难的情境。他总是在倍感痛苦和焦虑之时想起自己因为水灾逃离家乡的场景,他无法忘记那种孤独和无奈的心情。译文将"大水"都改译为"water"(水),采用的是调整性改译法。因为译文"water"不是特指洪水,所以对原文所表达的主题有一点削弱。译者改译了原文中大水意象的译例如表 4.7 所示:

表 4.7 改变大水意象的翻译

1. ……他又看见了枫杨树乡村的漫漫**大水**,……。P.68	... all being slowly devoured by an endless panorama of flowering **water**,... P.79
2. 五龙满嘴血沫,他的整个身心在极度的痛楚中轻盈地漂浮。他漂浮在一片**大水**之上,恍惚又看见水中的枫杨树家园,……。P.138	Blood filled Five Dragons's mouth as he floated in a sea of exquisite pain, dimly aware of his Maple-Poplar Village home, which was engulfed in **water**. P.161
3. 五龙最后看见了那片浩瀚的苍茫**大水**,他看见他漂浮在水波之上,渐渐远去,就像一株稻穗,或者就像棉花。P.228	The last image he ever saw was of himself floating on the surface of a boundless expanse of **water** moving farther and farther away, like an uprooted rice plant, or a solitary puff of raw cotton. P.266

译者在翻译南方意象群时,主要将米和大水的意象都翻译了出来,保持了译文和读者之间的审美距离。译者也因考虑到英语读者的语法习惯省略了某些米意象。而有时对大水意象的改译则弱化了大水这个导致五龙从乡村出逃的根本原因。

2) 女性意象群的翻译

"米"与"女人"构成了《米》的双重叙事线索。女性意象群也被称为红粉意象群。这与红颜多薄命的古谚保持同一价值取向,也就是以男人和女人的对立冲突来表现女性命运的飘零和悲凉。但是在文学创作中,"苏童似乎消解了传统的冲突形式,以女人和女人的对立来结构小说,使得符号能指和所指发生了变异,开始超越具象本身,有了一种抽象的不定弹性的意义域。红粉不再是红颜风尘女子的别名,有了一种类的意义,它可以是一个团体、一个宗教乃至一种文化的象征,也可以是一种人格的化身"(孔范今、施战军,2006:194)。女性角色作为苏童作品中典型人物中的一种,一方面具有强劲的生命力和敢做敢当的个性;另一方面又无法摆脱封建思想对其的束缚,始终守着对男性权威依附的古训。因此,《妻妾成群》中陈家的五个姨太太为了争宠而互相明争暗斗。可见,这种自私和嫉妒是女性悲剧的主要根源。

"苏童关于女性的想象和比喻跟波德莱尔非常相似。后者总是把女性比喻为猫,猫往往具有神秘感和欲望性,带有神秘和幽灵般的意味。猫被认为是世界上最孤独、最冷漠、最无情的动物,它的频繁出现给主体的精神世界添加了荒凉孤独的气氛。在苏童的小说中,多次出现猫的影子。"(林铭,2006:63)《米》中人性扭曲、婚姻不幸的绮云晚年也寄意于猫。米店的两姐妹织云和绮云在五龙眼中更像是两只互相充满了敌意,随时会发生争斗的猫。例如:

⑬ 对于米店姐妹俩的关系,五龙同样难以把握,**他知道织云和绮云是一母所生的亲姐妹,但她们更像两只充满敌意的猫,在任何时候都摆出对峙的姿势,亮出各自尖利的爪子**,米店沉寂的空气往往被姐妹俩的斗嘴所打破。五龙想怎么没有人来打她们的臭嘴?(苏童,2005:49)

Relations between the emporium sisters puzzled Five Dragons: **They fought like alley cats.** The numbing silence of the shop was often shattered by their arguments, and Five Dragons wondered why no one ever stepped up and shut their stinking mouth for them. (Su, 1997:56)

原文中五龙把织云和绮云看作"两只充满敌意的猫",译文为"They fought like alley cats."。"充满敌意"直接翻译为英文应是"virulent",而译文是"alley cats",即是指"野猫,无家可归的猫",意义与原文不同,因此采用了调整性改译法。译文没有表达出"充满敌意"这层重要的意思,也就无法反映出原文中两姐妹之间互相仇视的现实状况。此外,译文也省译了原文中的一些语句,因此对两姐妹之间的关系没有原文描述得那么详尽。原文中指出五龙不理解两人之间的争斗的主要原因是两人是一母所生的亲姐妹却如此互相敌视。"他知道织云和绮云是一母所生的亲姐妹"这句话在译文中省略了。原文还特别描写了她们是如何像两只猫那样互相争斗的,即她们"在任何时候都摆出对峙的姿势,亮出各自尖利的爪子",这一句在译文中也略去了。应该说,这种省略弱化了米店姐妹俩之间的敌对关系,也没有突出女性之间的战争给女性自身带来的不幸这一主题。再如:

⑭ **老黄猫**是绮云的宠物。第二天绮云用一只篮子装着死猫去了护城河边。她将死猫藏进了墨绿色的泛着腥味的护城河中,看着河面上漂浮的垃圾夹带着死猫远去,……。(苏童,2005:183)

The old yellow tabby had been Cloud Silk's favorite, so the next morning she laid it in a basket and carried it over to the city moat. She flung it into the green-tinged black water, with its fishy smell, she then watched it float off in a pile of garbage. (Su, 1997:214)

绮云最喜爱的老黄猫被五龙打死了,她非常伤心,感觉比死了亲人还要难过。

第4章 《米》中叙事化修辞格的翻译

显然,绮云已经将黄猫看作自己,黄猫的死也预示了她不会有好的下场。她为猫的死而伤心,其实更是为自己悲苦的命运和未知的未来感到绝望。译者将"老黄猫"翻译为"The old yellow tabby",将其中重要的事物意象"猫"翻译为"tabby"。"tabby"除了有"斑猫"的意思之外,还喻指"长舌妇",这也在暗指绮云在家庭遭受种种变故,和五龙生活多年之后,已经变成了一个爱抱怨的妇人。事实上,她确实是对米店之家的每一个人都抱有深深的不满和怨恨,因此译者选择了更富有深意的"tabby",采用的是调整性语义变化法。

译者有时通过词语的改变和语体的细微变化来强化某个女性人物的形象,但是对女性意象的少部分删节则一定程度上弱化了故事的主题——女性之间的斗争是造成女性悲剧的更深层次的原因。

3) 逃亡意象群的翻译

《米》是一个逃亡者出逃又归乡的故事。逃亡意象群主要是由铁路、火车和梦想三个意象构成。五龙依靠铁路坐上装煤的火车离开了受灾的故乡,踏上了去往城市的罪恶和富足之路。最后他又是躺在装满了上好白米的火车里,逃亡在离开城市、返回故乡的路上。和铁路息息相关的意象是火车,而在译者看来,"火车"和"铁路"这两个意象的意思基本同构,都引领着五龙踏上返乡的路。"梦(想)"意象揭示了逃亡者对生存境况和精神追求的态度,同时也说明了逃亡者不能克服环境局限而迷失和陷落的悲哀。梦想、铁路和火车三者在《米》中常常交织在一起,比如下面这个例子:

⑮ 五龙简单地回顾了流浪的过程,他觉得冥冥中向往的也许就是这个地方。雪白的堆积如山的粮食,美貌丰腴骚劲十足的女人,靠近铁路和轮船,靠近城市和工业,也靠近人群和金银财宝,它体现了每一个枫杨树男人的**梦想**,它已经接近五龙在脑子里虚拟的天堂。(苏童,2005:18)

Five Dragons couldn't help but wonder if he had finally found the haven that would bring an end to his wanderings. Mounds of snow-white rice; beautiful and desirable women; trains on one side, steam ships on the other; surrounded by people and wealth. The **dream** of every man from Maple-Poplar Village was within this grasp. A private utopia was taking shape in his head. (Su, 1997:19)

在五龙反复的自我追问中可以看出他更希望自己是真的来到了城市。在虚拟的天堂中,他一点也不想重回故乡,因为枫杨树乡村的冬景是凄凉肃杀的。本段出现的事物意象是五龙的城市梦和梦中的铁路以及火车,它靠近堆积如山的粮食。这也是小说中一个不断浮现的重要情境,带有很强的象征色彩,表现了人物逃亡在运煤火车上时产生的某种幻觉。这两种情绪体验连同家乡那场大水也总是出现在五龙人生的关键时刻。每一次生活的重大转折都让五龙有逃亡之初的感觉。译者将"梦想"译为"dreams",采用的是直接翻译法。直接翻译"梦"意象的译文如表4.8所示:

表4.8 保留梦意象的翻译

1. 五龙大**梦**初醒地跨进米店,……。P. 15	Like a man waking from a **dream**, Five Dragons stepped inside. P. 16
2. 五龙有一种恍然若**梦**的感觉,现在我是否真正远离了贫困的屡遭天灾的枫杨树乡村呢?现在我真的到达城市了吗? P. 17	It was like a **dream.** Have I really escaped the poverty and destruction of Maple-Poplar Village? Have I really made it to the city? P. 18
3. ……但她还是听见米生的一声惨叫和胫骨断裂的声音,咯嚓一声,它后来一直频繁地出现在绮云的噩梦中。P. 130	… she still heard Rice Boy's agonizing screams and the crack when his leg snapped, sounds that would later haunt her in her **dreams**. P. 151

在以上各例中,译者都将梦意象直接译作"dream"。不仅五龙在米店和城市的种种遭遇是一场梦,而且绮云和五龙在一起这么多年也是生活在噩梦当中。故乡的那场水灾夺去了五龙的家园,他只好逃上了一辆运煤火车。从此,他就被这辆火车载向了莫测的逃亡之路,载向那永不可知的神秘命运。"在路上"的幻觉时常侵袭他的精神领地,直到生命垂危,"五龙最后听见的是车轮滚过铁轨的哐当哐当的响声,他知道自己又躺在火车上了。他知道自己仍然沿着铁路跋涉在逃亡途中"(苏童,2005:228)。五龙总是身在城市,心在遥远的故乡。于是,他在城市和乡村之间摇摆着,而连接着两者的就是铁路。铁路虽然在城市,但是靠近粮食,又通往家乡,因此五龙在顷刻间同时拥有了城市和乡村。译者主要是直接翻译了原文中的"铁路"。例如:

⑯ 五龙打着寒噤拾起他的被包卷,他最后看了看身边的**铁路**:它在暮色中无穷无尽地向前延伸,在很远的地方信号灯变幻着红光与蓝光。(苏童,2005:1)

He shivers as he picks up his bedroll and takes one last look at the

tracks, stretching far into the murky distance, where a signal light changes from red to green. (Su, 1997:1)

五龙刚到城市的时候从车厢上下来,回头看看来时路,不仅感叹也很茫然,不知道自己会在城市的哪个角落里落脚。这里将"铁路"直接翻译为"tracks",保持了译文和读者之间的审美距离,也比较恰当地表现了五龙当时看到铁路时那种渴望回归家园的心境。类似的例子还可见译文如下两处(见表4.9):

表4.9 保留铁路意象的翻译

1. 极目远眺,五龙在东西两侧分别看见了**铁路**的铁轨和蒸腾着白霭的滔滔江水。P. 185	He looked off toward the horizons: The east and the west were marked, one by a gleaming railroad **track**, the other by a mist-shrouded river. P. 217
2. 南方**铁路**在雨雾蒙蒙的天空下向前无穷的伸展,两侧的路基上长满了萧萧飘舞的灌木丛。P. 225	**Tracks** of the southern railway stretched as far as the eye could see, sandwiched between luxuriant growths of bushes that rustled wetly. P. 263

例1叙述了五龙在被暗病折磨了一个夏天后爬上自家屋顶看到的情景,他眼中的自然景观(铁路和江水)其实都是城市罪恶的表现。例2是在故事的尾声部分,五龙带着一车皮的米踏上了返乡之路。此时的铁路、雨雾蒙蒙的天空和灌木其实是一种死亡的象征。以上两例中铁路总是和南方自然的景物融合在一起,来表现一种衰败凋敝的景象和现实。译者都保留了原文中的铁路意象。

《米》中的"火车"是一个可释性的意象。"'火车'总是出现在五龙心灵受到触动的刹那,这固然是五龙将要脱离梦境的真实感觉,但何尝不可以认为'火车'就是五龙的化身,他虽然庞大有力,但他的人生方向、节奏、快慢都是不由自主的。"(刘培延,2005:56)译文主要也是直接翻译火车意象的(见表4.10):

表4.10 保留火车意象的翻译

1. 傍晚时分,从北方驶来的运煤**火车**摇摇晃晃地停靠在老货站。P. 1	Sundown. A Freight **train** from the north comes to a rocking halt at the old depot. P. 1
2. 他听见远远的地方铁轨在震动,**火车**的汽笛萦绕于夜空中;……。P. 77	In the distance he heard the rumble of railroad tracks, then the wail of **train** whistle;… P. 89
3. 这里也是一节**火车**,它在原野上缓缓行驶,……。P. 77	This, too, was a **train**, rocking him to sleep as it crept through the wilderness. P. 89

例1是五龙坐着火车刚来到城市的情景。例2和例3是五龙在新婚之夜受到六爷的侮辱之后听到了远方传来的火车汽笛声,并且思考着火车会将他带向哪里,

可见他对未来自己在城市的命运是多么的不确定。火车是五龙寻根的载体。开篇那个饥饿而哀伤的青年五龙,踏上了寻根的火车。城市中的每一步都只是火车的一节,无论是米店的伙计还是米店女婿,无论是米店的主人还是码头老大,都只是火车上演出的一出出戏剧中的角色。五龙在浑身腐烂、行将就木时,乘上了北去返乡的火车。译者都保留了原文中的火车意象。

译者总体上保留了"梦(想)""铁路"和"火车"等逃亡意象。米和逃亡意象群是这个故事叙述的动力源,因此一切的叙事技巧和修辞手法其实都服务于逃亡的主题和宿命的结局。在这个故事中逃亡是没有意义的,人终归还是会落入命运的圈套之中。译者有时在翻译铁路意象时也会对原意象进行一些调整,比如⑮中译者将"铁路"翻译为承载梦想的实体"train"(火车),更为形象地反映出人物当时动荡不安的心态。《米》中最典型的逃亡方式是飞翔,因此《米》中也有飞翔的意象群。

4)飞翔意象群的翻译

苏童选择了飞翔的意象,通过跨越时空的逃亡,表达了五龙对故乡难以忘怀的情愫,展现了五龙的生命与故乡无法割舍的联系。"苏童偏重于依托想象、情感来结构小说,制造叙事氛围和诗性意蕴,这些是依靠'飞'的意象来实现的。"(张丽,2006:5)《米》文本中出现的"鸟""风筝""风铃"等都是飞翔意象的表现形态。例如:

⑰ 五龙抬头望了望米店的天空,天空是一片业已熟悉的灰蓝色,早晨的阳光被阻隔在云层的后面,被刺透的部分呈现出几缕暗红,就像风中干结的血痕,有人在西北方向牵引**风筝**,风筝的白点在高空毫无规则地游弋,就像**迷途的鸟**。(苏童,2005:70-71)

Five Dragons looked into the sky above the rice shop. It was the same steel gray he had gotten used to seeing, the morning sun hidden behind clouds that were turning dark red around the edges, like scabs drying in the wind. Someone was flying a **kite** off to the northwest, a series of white dots gliding in the sky like a flock of **lost birds.** (Su, 1997:81)

这是冯老板告知五龙希望他能娶织云之后,五龙抬头看了看天,所看到的景象:灰蓝色的天空、暗红色的阳光、在高空毫无规则地游弋着的风筝。这里的风筝是一个飞翔的意象,但是此时渴望飞翔的五龙却像是一只迷途的鸟儿。译文再现了原文中飞翔的意象,把"风筝"译为"kite",把"迷途的鸟"译为"lost birds"。因此,

第4章 《米》中叙事化修辞格的翻译

对飞翔意象的再现表达了主人公五龙渴望自由的强烈愿望,但是这种飞翔却永远逃不出命运的圈套。在宿命的轮回中,五龙总是在城市和乡村之间摇摆着,漂泊无依,就好像那砖塔上的风铃般游走在城市和乡村的边缘。所以"风铃"也可以看作一种飞翔的意象。例如:

⑱他听见窗外的雨声渐渐微弱,冷寂的夜空中隐隐回旋着**风铃清脆的声音**。那是瓦匠街古老的砖塔,只要有风,**塔上的风铃**就会向瓦匠街倾诉它的孤单和落寞。(苏童,2005:77)

The sound of rain outside lessened, giving way to the crisp but infrequent tinkle of **wind chimes** swirling in the lonely night air. It was the ancient brick pagoda on Brick Mason Avenue. With each gust of wind **the chimes** announced to all of Brick Mason Avenue the pagoda's loneliness and desolation. (Su, 1997:88 - 89)

五龙在结婚当天的晚上,再次听到了远处传来的风铃声。译文将两个风铃的意象准确地翻译成了"wind chimes"和"the chimes",喻指了五龙一直漂泊在路上的生存状态,就如同随风摇摆的风铃。这也暗示了他想逃离城市的心理,但是无奈不能逃脱这命运的安排而娶了织云。译者把原文中的风铃意象翻译为"wind chimes"的例子还有以下几处(见表4.11):

表4.11 保留风铃意象的翻译

1.砖塔高出地面大约五丈的样子,微微发蓝,有鸟群在塔上飞来飞去,**风铃清脆的响声**传入五龙的耳中。P.8	Rising fifty feet in the air, it, too, had a light blue cast, birds circled, **wind chimes** resounded crisply; ... P.8
2.……,在车水马龙的市声中可以分辨出一种细碎而清脆的丁东声响,那是古塔上的**风铃**。P.50	And above the noise of city traffic he heard the crisp tinkle of **wind chimes** from the ancient pagoda. P.57
3.……他听见砖塔上的**风铃**在大风中丁东作响,风铃声异常清脆。P.100	..., where he heard the crisp tinkling of **wind chimes** from the pagoda. P.115

以上三个例子描写的是主人公五龙在不同的情况下听到的风铃声,反映了人物不同的心境和内心世界。例1是五龙在刚到瓦匠街时听到的风铃声。此时刚到城市的五龙对一切都茫然无知,对自己的未来更是一片茫然,风铃是当时五龙孤独无依的处境的真实反映。例2为五龙在了解了瓦匠街的种种罪恶之后再次听到的风铃声。此时的他已经慢慢地陷入了城市黑暗的旋涡中,无法自拔。所以,他听见

的风铃声也好像是对他的生命敲响了警钟。例3描写的是五龙在埋葬了那个被生米撑死了的孩子之后听见的风铃声。五龙在埋葬这个孩子的时候,也好像是将曾经的自己埋葬了一样。那传入他耳中的清脆的风铃声好似为他而鸣的丧钟,预示着五龙必将灭亡的命运。译者都保留了风铃的意象,代表了五龙在人生的各个阶段都不变的漂泊无依的心情,犹如那风中摇摆着的风铃一般。译者有时也采用修改-词语转换法来翻译逃亡意象,如下面这个例子:

⑲ 瓦匠街的石板路上洒着冬日斑驳的阳光,不断有穿着臃肿的人从米店走过。在车水马龙的市声中可以分辨出一种细碎而清脆的丁东声响,那是**古塔上的风铃**。在城市的各种杂乱的声音中,五龙最喜欢听的就是**古塔上的风铃声**。(苏童,2005:50)

Mottled wintry sunlight blanketed the cobble stones of Brick Mason Avenue on which their bundled customers trod. And above the noise of city traffic he heard the crisp tinkle of **wind chimes from the ancient pagoda**. Of all the many and varied sounds of the city, Five Dragons like **that one** best. (Su, 1997:57)

这里描写的是故事发生的地点——瓦匠街的冬日景象,以及瓦匠街上古塔上的风铃声。这是五龙最喜欢听的声音之一。古塔上的风铃也是一个重要的意象,具有结构全文的作用,表明了五龙自己的人生和命运好像是风中摇摆不定的风铃,摇来摇去,无依无靠。五龙精神颓顿之时,风铃清脆孤寂的声音总是弥漫于耳际。风铃声消失之后,五龙黯然神伤。就像有学者指出的那样,"风铃预示着五龙孤苦无依的人生。喧嚣浮华、趾高气扬的城市生活只是五龙人生的表象,而孤独无依如风中摇曳的风铃,则是五龙精神生活的实质"(汪云霞,2001:11)。译文把最后一个"古塔上的风铃声"省略了,改用代词"that one",采用的是代词而不是名词的重复,符合英语的语法规则和表达习惯。

译者翻译飞翔意象群时,主要保留了原文中的意象,保持了译文和读者之间的审美距离,传递了原文中五龙不断逃离,又不断回归的生命本质。但是有时译者也根据英语的语法规范和特点用代词取代了某些名词意象。

4.1.4 色彩意象

苏童一般会选择比较凝重的色彩,他还偏爱阴冷的色调,所以蓝、黑、紫三色是苏童小说中出现频率最高的色调词。词汇的灰暗色调给读者一种强烈的压迫感，而且"色彩在苏童文本中已成为一种有机的叙事成分，成功地参与了小说叙事，在苏童冷酷的叙事语调操纵下，无一例外地指向一种暗淡的情调与意绪，指向一种衰亡的结局"（吴智斌，2007：78-79）。所以，这种鲜艳的色彩多和腐败的事物放置在一处，形成一种强烈的反差和"参差的对照"（张爱玲语）。

苏童的"红色"包蕴了乡村生活的灾难，弥漫着浓重的悲剧气氛，散布着一种腐朽的美丽。红色在苏童的叙事中是一种腐朽与灾难的预示色，一切红色的事物都是处在从高潮处向衰败坠落的状态中。"艳丽的颜色与暗淡的本质形成一种鲜明的对比，最热烈的颜色与最糜烂的具象结合而成的红色意象使苏童的叙事呈现出强烈的反讽特质。"（吴智斌，2007：81）正如他自己所说，红色是一种"灾难红"和灾难到来的先声。

蓝色在苏童的文本中是一种较为固定和有明确所指的色彩。它是一种幽暗、阴冷、诡异的色彩，充满了垂死和死亡的气息。如果说红色所指涉的"衰败"主题更多是一种暗示的话，那么蓝色在苏童文本中则直接指向了垂死或死亡。死亡正是衰败的一种更本质和更彻底的形式。蓝色是最冷的色彩，红色是最暖的颜色，在这种冷暖两色的巨大差别和对照中可见作者的用心。

黑色意象，如《米》中的黑衣鞋以及黑手等都是"混乱、神秘、未知、死亡、邪恶、忧郁"的南方神秘世界和死亡本能之象征，黑色在中国传统文化中则充满了死亡和神秘的气息。白色也为苏童喜用的色彩意象之一，具有多种价值含义，其中"表示肯定的有：光明、纯洁、天真、永恒；表示否定的有：死亡、恐惧、超自然"（李永涛，2007：23）。

苏童作品中的色彩常常和实物意象联系在一起，如苏童经常选用血作为和色彩的搭配，另外还比较多地和醋（米的"同素异形体"）、伤疤、人眼里的光、人的脸色、嘴唇的颜色等同时出现在行文当中。《米》中的主要色彩意象，无论是暖色红还是冷色蓝，无论是黑还是白，都无一例外地指向衰亡。其他色彩，如黄色、绿色和紫色等都和具体修饰的实物一起共同指向一种衰败和没落的景象。下面是《米》中色彩意象的译例分析。

1）保留意象

从形式上看，译者一般都偏向于保留原文中的意象。例如：

⑳ 绮云望着夏季**暗红色的**天空，自言自语地说，还没有大伏天就这么热了，今年奇怪，我觉得天灾人祸就要降临了。（苏童，2005：177）

She looked into the **dark red** summer sky. We're not into the dark days, and the heat is already unbearable. This year is different somehow. I see calamities ahead—heavenly or human. (Su, 1997:208)

夏季暗红色的天空代表了灾难的降临。这是绮云很有预言味道的一番话,可以说是一种"预叙"。首先是雪巧在他们的稀饭里面放了砒霜,想要毒死米店一家人,然后五龙叫柴生去码头帮会收钱,却被帮会的人打了一顿,于是五龙设计害死了他们,再到抱玉的再度出现,都预示着灾难将要降临米店之家。在这个燥热的夏天,天空是暗红色的,灰暗与明亮的色彩的参差对比更显出一种阴郁的色调。

译者将"暗红色的"翻译为"dark red"。其中"dark"除了有"暗的"的意思之外,还包含"黑暗的""黑色的""隐秘的""隐晦的""模糊的"等意义,而"deep"的含义一般则是"深的""纵深的""深奥的""难懂的""低沉的"等。显然"dark"比"deep"更多了一种黑暗、神秘和隐晦难懂的色彩,更适合用以表达和预示天灾人祸的降临。再如:

㉑ 五龙在**浓绿的**浮有油污的河面上恣意畅游,他想了会儿战争的内容以及战争对他本人的利害。(苏童,2005:166)

Five Dragons floated willfully in the **dark green** water, which was coated with an oily scum, thinking about war and the effects it would have on his life. (Su, 1997:195)

这个例子中"浓绿"的意象并非其本意绿色之解,而是承载了特定的文化内涵,既有了言外之意、弦外之音,暗指一种病态的颜色,因为"据说妒忌、不悦或疾病会导致人体的黄色胆汁分泌过多,其症状之一便是脸色或眼睛发青绿色"(仇蓓玲,2006:66)。这里用这种近乎病态的浓绿色来渲染一种战争带来的末世情调。译文"dark green"中的"dark"是黑暗之意,更加表现出了当时整个时代的黑暗氛围。再比如:

㉒ ……**暗紫色**的伤疤清晰可辨,……。(苏童,2005:186)

… **the dark purple** tooth marks as ugly as ever. (Su, 1997:218)

这个伤疤是织云咬伤五龙之后留下的,让他的身心都受到了又一次的伤害。对他而言,不仅仅伤疤是暗紫色的,他的心情也是暗淡无光,处在黑暗之中。这三个例子中涉及的色彩意象虽然是不同的颜色,但是它们有着共同的特点,即都为深色词。译者都将"深"翻译成了"dark"而不是"deep",因为前者更能让人感同身受人物某种黑暗阴郁的情绪。译者选择了"dark"这个带有强烈感情色彩的形容词,使得译文增加了译者的评价和态度。那么译者是如何翻译《米》中浅色词的含义呢?例如:

㉓ 那个男人仍然睡着,他的脸在路灯下发出一种**淡蓝色**的光。(苏童,2005:2)

The other man sleeps on, his face absorbing the **pale blue** cast of the streetlamp. (Su, 1997:2)

"淡蓝色"的光是从五龙本以为睡着的那个男人脸上发出来的,但是其实这个人已经死了。"pale"不仅是指"暗淡的、无力的",更重要的是有苍白之意。苍白说明了人的脸上没有血色,某种程度上已经暗示了这个男人生命迹象的消失,因此这个译法是有深刻寓意的。当然"淡"也可以翻译为"light",但是其中所蕴含的感情色彩就无法表达出来了。再如:

㉔ 她所看到的天空是**淡黄色**的令人不安的,……。(苏童,2005:171)

… she viewed a discomfiting **pale yellow** sky. (Su, 1997:201)

雪巧在自己的丑事即将败露之前怀着绝望的心情看着天空。天空的颜色是"淡黄的",本应该译为"light yellow",但是"pale"这个词更增加了某种荒凉的感受,其实是人物当时衰败的心境在天空中的投射。而且"light"除了表示颜色浅之外,其他的主要意思还有"轻的""发光的""明亮的""点燃""照亮"。这些显然都是明亮和光明的意思,与故事的情境和人物的心境不是很相符。

译者虽然保留了色彩意象,但是在翻译时还加入了自己的主观评价和理解。这具体表现在对原文中表示颜色深和浅的词语进行翻译的时候都没有直接译为"deep"和"light",而是分别选择了带有更多人物感情色彩的词语,即将"深色的"都译为"dark",将"浅色的"译为"pale",从而对人物的心理进行观照,回应故事的主题。所以译者在翻译表示颜色深浅的词语时,在保留原文色彩意象的前提下进行了一定的变通和改写。

2) 意象事实化

有时候译者将色彩意象转化为具体可感的事物。例如:

㉕ 他们的眼睛里闪烁着模糊的**红光**,这种红光令人恐惧。(苏童,2005:5)

Their **bloodshot glares** made Five Dragons's skin crawl. (Su, 1997:5)

译者将"红光"译作"bloodshot glares",从而将这种红光的状态甚至是样子都具体描述了出来,就好像是眼睛在充血一般,给人一种更为直观的视觉感受,也就是将相对抽象的事物译为比较具体的事物,即采取了一种调整性具体化法。这是五龙刚到城市,在码头上被阿保那帮人羞辱时在他们的眼中看到的凶光,这种红光是凶残、暴戾和贪婪的。虽然翻译为"bloodshot"更加形象一些,但是原文所暗含的贬义和对人物之本性的揭露没有红色意象本身那么强烈。再如:

㉖ 入夜他在地铺上辗转反侧,情欲像一根绳索勒紧他的整个身体,他的脸潮热而痛苦,**黑暗**掩盖了狂乱的内容。(苏童,2005:28)

That night he tossed and turned on the mat, his body tied up in knots of sexual desire, face burning with anguish; **the darkness of night** concealed unrestrained thoughts;… (Su, 1997:32)

译者将笼罩着城市的一切"黑暗"翻译为"the darkness of night",是对黑暗的色彩进行了具体说明,译文因此强调的是黑夜而不是黑色意象本身。五龙的情欲在黑夜的遮掩之下完全爆发出来了。事实上,五龙是被整个城市的黑暗和罪恶包围着,他不能突围,只能在其中沉沦和堕入深渊。这个"黑暗"不仅仅是黑夜,还象征着整个城市的恶毒势力,因此译文"the darkness of night"无法涵盖黑色意象所包含的所有意义。下面一例也是类似的情况。

㉗ 绮云想了会儿心事,看看天色已经**浓黑**一片了。(苏童,2005:177)

Immersed in her private thoughts, she noticed **dark clouds** filling half the sky. (Su, 1997:208)

这是夏天的一个夜晚,绮云在想着心事,她感觉到好像要大祸临头了。这里"浓黑"表示的不仅仅是夏天入夜后云层的黑暗,更是因为人物绮云心事重重,内心压抑,觉得好像被黑暗重重包围着一样。译文将"浓黑"翻译为"dark clouds",把这种深深的浓黑具体化为黑色的云层,方便了读者的阅读,但也缩小了黑色意象的内涵。再如:

㉘ 他的面色很快由**蜡黄**变成健康的**黑红色**。(苏童,2005:138)

Once **sallow** cheeks glowed with **renewed vigor.** (Su,1997:162)

五龙在敲掉了自己的牙齿,换上了一口金牙之后没有几天便恢复了健康的气色,他的脸色从蜡黄变成了黑红色。译文没有直接翻译描写五龙脸色的词语,而是将"蜡黄"具体翻译为"sallow"。"sallow"是指"面如菜色般的发黄",能引发读者对五龙真实面孔的联想。同时,读者也可以从"renewed vigor"看出五龙已经"恢复了活力"。另一例是刻画人物绮云的场景。

㉙ 绮云一边哭着一边走到铜镜前,她看见自己**枯黄干瘦**的脸沉浸在悲苦之中,颊上的那抹血痕就像一缕不合时宜的胭脂,她掏出手绢拼命擦着脸上已经干结的血痕,擦下一些细小的红色的碎片,它们无声地飘落在空气中,飘落到地上。(苏童,2005:110)

She walked to the bronze mirror and looked at the reflection of her **gaunt, tear-streaked** face: It was a mask of grief. The smeared blood looked like carelessly applied rouge. She tried to remove it with a handkerchief, but only a few dried flakes glided weightlessly and noiselessly to the floor. (Su, 1997:127)

绮云在五龙的要挟让她嫁给他时进行了反抗,这是她反抗无果后绝望的情形。她看着镜中自己的那张脸是"枯黄干瘦的",译者翻译为"gaunt",意思有"消瘦的""憔悴的""瘦弱的""瘦的""凄凉的"等,但没有"枯黄"的含义。"枯黄"用来形容女人的脸色,就好像是秋天掉落的树叶一般垂死和毫无生气,突出了绮云在五龙的威逼之下产生的一种绝望无奈的心境。而且事实上,虽然她还很年轻,但是心已经被折磨得行将死去。因此译文中"gaunt"一词无法涵盖"枯黄干瘦"的所有意思。

译者有时也会将某些色彩意象转化为具体可见可感的实物,这样做有利于英语读者的理解和接受。但是由于实物有时无法涵盖色彩意象的丰富意蕴,所以一定程度上缩小了原文的内涵和主题含义。

3) 增译意象

译者有时候也会增加故事中的色彩意象,这一定程度上更加突现了译者的主体介入和译者对故事人物情节等的评价。例如:

㉚ 他看见那盆醋液在摇晃后急遽的波动,他的脸映现其中,微微发黑,随**醋液**的波动而扭曲变形。(苏童,2005:184)

Looking down at the spreading ripples, he saw his face, darker than usual, reflected in **the deep red liquid**, distorted by shifting waves. (Su, 1997:215)

五龙在柴生讨钱被打之后,心中充满了仇恨和怨气,因此感觉连醋液都是烫的,以致灼伤了他的皮肤。他被这种感觉吓到了,赶紧跳出了浸泡了一个夏天的醋缸,等他回过头来再看醋缸时,发现自己的脸在醋液中扭曲变形,这也是他内心急剧扭曲变形在外界的投射。

译文中增加了醋液的颜色"deep red",再次强调了醋液是深红色的,让人感觉到深深的恐惧,好像所有的罪恶都浸泡在其中,从这个侧面反映出五龙的罪恶和仇恨进一步加剧。此时,译者"增加了除源语意象之外的实物意象,没有造成意的变更,相反,这种在目的语中添加新的表象之意的做法无疑让译文更具生动形象感,同时也是汉语本身尚象,注重言象互动的真实写照"(仇蓓玲,2006:113)。再如:

㉛ 早晨起来院子里积了一层很薄的雪,人走过的地方雪就消失了,留下**黑色的**脚印。这里的雪无法与枫杨树相比拟,与其说是雪不如说是冬天的霜。五龙看看天,雪后的天空**蓝得发亮**。附近工厂的**黑烟**像小蘑菇一样在空中长大,然后渐渐萎缩,淡化,最后消失不见了。(苏童,2005:63)

Black outlines of footsteps dotted the wafer-thin layers of snow covering the yard the next morning. Snowfalls here were a far cry from those in Maple-Poplar Village; they were actually more like winter frost. Five Dragons looked into the sky, **deep blue and very bright** following the brief flurry. **Black factory smoke** swelled into airy mushrooms, then shriveled, broke up, and disappeared. (Su, 1997:72)

五龙将回忆中的家乡和现实中身处的城市进行了对比。他处在人生的转折阶段时总会这样做。原文是"蓝得发亮",译文"deep blue and very bright"增加了"deep"这个形容词,从而加深了蓝颜色的深度,让这种对比更加鲜明。蓝色本来就是一种不祥之兆,预示着某种灾难的降临,再搭配着黑色的脚印和黑烟就更显得阴郁。最后还有一例黑色和白色意象对比的例子。

㉜ 他扭过脸去看大舱里的米,在**夜色**中大米闪烁着温和的白色光芒。他喜欢这种宁馨的粮食的光。(苏童,2005:39-40)

Five Dragons gazed down at the rice in the hold, glistening a gentle white in the **inky darkness**. He loved the subtle fragrance and soft glare. (Su, 1997:45)

这句话中存在着大米的"白色"光芒和夜色的"漆黑"颜色之间强烈的对照。译文增加了"inky"这个表示漆黑色泽的色彩形容词,来进一步突显夜色的黑暗,突出了五龙眼中的大米的白色光芒,强化了五龙对米的依恋和喜爱之情,所以译文增加的色彩意象和叙事主题相关,可以深化故事的主题和表现力。

4.1.5　小结

叙事化意象是《米》对中国传统叙事手法的继承在叙事语言和修辞层面上的体现,对于主题的传达和整个叙事氛围的营造有着重要作用。译者在翻译时综合运用了直接翻译、调整翻译、修改翻译三种翻译策略。

这具体表现在:在翻译时间意象时,译者主要是采用直接翻译法,尽可能直接地传达出具有主题意义的时间意象。但是,译者有时也会根据自己对主题的理解来改译某些时间意象(如用调整性语义变化法来翻译春天和秋天意象),或者根据英语行文简洁的特点省略掉某些时间意象(如用调整性省译法翻译夏天意象,用修改-词语转换法翻译冬天意象)。

译者在翻译事物意象中的南方意象群和女性意象群时采用了直接翻译的方法,比较好地传达了故事的主题思想。有时译者考虑到中英文的语言习惯不同,采取了更符合英语表达习惯的译法,如南方意象的翻译(用调整性省译法翻译米意象;用调整性改译法翻译水意象);有的则是译者根据自己对故事主题的理解对某些词语的表达进行的改译,如翻译女性意象所采用的调整性改译法、调整性语义变化法和调整性省译法。

译者在翻译色彩意象时具体运用了调整性语义变化法来保留意象;他使用了调整性具体化法来使得意象事实化;他采用了调整性增译法,增加了一些原文中没有的意象。这些调整译法都体现了译者自己对故事主题的理解和阐释。译文较为成功地再现了原文中的色彩意象所营造的氛围和传达的主题,但是由于中英两种文化差异所造成的意象形式和意义的部分缺失也是无可奈何的事情。就像瑞典汉学家马悦然(2004:105)指出的那样:"英国人、德国人、瑞典人和中国人脑子里的黄色都是他们各自的语言过滤出来的。于是,语言也许成了我们唯一的现实。但是翻译家常常别无选择:他所能翻译的是语言的符号,而不是隐藏其后的现实。"

4.2 比喻的翻译

4.2.1 比喻的叙事意义

《米》中大量地使用明喻,还使用了部分的借喻和暗喻。比喻的修辞方法往往和全篇的意象紧密联系在一起,你中有我,我中有你,可以说是将意象连缀成篇的内在线索,而且比喻中的喻体往往含有比较丰富的意象。

比喻的传统解释是强调表达功能——使话语形象、生动,以及能塑造话语风格。亚理士多德在他的《诗学》中提到的辞格都以"比喻"为代表。他认为"比喻不但能使语言生动化,而且比喻的妙用是天才的表现"(亚理士多德,1982:11)。但是无论是说写者的喻化过程,还是听读者对喻化的解析过程,都存在认知领域和信息属性的转换问题。正是这种认知领域和信息转换,使得比喻具有思维属性和认知功能。所以,"把比喻看作一种认知方式和思维方式,较之于纯粹的修辞方法,更接近比喻的本质特征"(陈汝东,2001:479-481)。

比喻可以具体分成明喻、暗喻、借喻等。借喻中只有喻体出现,所以表达更为直观。但是读者必须具备这样的认知图式才能够对译文中的喻体进行完全的解码,了解其真实的寓意,否则就可能带来文化认知上的空缺。暗喻因为省略了喻词"像",所以本体和喻体的认知距离较明喻更近一些。暗喻的翻译同样也存在一种文化认知图式是否对应的问题。如果不对应,那么这个暗喻中深刻的文学内涵就无法完全为读者所了解。下面将分别探讨《米》中明喻、借喻和暗喻的翻译。

4.2.2 明喻

明喻中的"本体""喻体""喻词"都出现,且多用"像""如""似""宛如""仿佛""犹如"等喻词。陈晓明认为:"苏童酷爱而且擅长用'像……'的比喻。'像'并不仅仅引进另一时空中的情境,使叙事话语在这里突然敞开,而且'像'所引导的比喻从句经常表示了一种反常规的经验。'像'从句产生的反讽效果不断瓦解主句的存在情态和确定意义。"(刘俊 等,2004:379)下面将具体研究译者葛浩文是如何翻译《米》中的明喻的。

1) 保留本体和喻体

明喻中的本体和喻体是情节或者描述的主要部分,具有传情达意和突出主题

第 4 章 《米》中叙事化修辞格的翻译

的作用。本体和喻体之间的巧妙搭配正是作者良苦用心之体现,而且本体和喻体之间的距离越大,体现出来的文字试验性和语言先锋性越强。一般情况下,译者会比较忠实地保留原文的本体和喻体(见表 4.12):

表 4.12　保留明喻的翻译

1. 那只手很大很潮湿,沿着她的肩部自然下滑,最后在腰际停了几秒钟。它就像一排牙齿轻轻地咬了织云一口,留下疼痛和回味。P. 21	Large and damp, it slid over her shoulder and down to her waist, stopped for a moment, then **pinched gently like two rows of teeth**. A tender pain to take home with her. P. 23
2. 五龙意识到织云在想什么,她的目光像水一样变幻不定。P. 62	Five Dragons sensed what was on her mind. The look in her eyes shifted, **like water**,… P. 71
3. 五龙看见一块新鲜的紫红色瘀痕,它像虫卵似的爬在她的脖子上。P. 64	Five Dragons noticed the purple hickey on her fair skin, **like a caterpillar crawling up her neck**. P. 73
4. 五龙难以把握他的情欲和种种黑夜的妄想,它们像带刺的葛藤紧紧地攀附在五龙年轻健壮的四肢上,任何时候都可能阻挠他的艰难跋涉。P. 96	Five Dragons was struggling to come to grips with nighttime fantasies that wound tightly around his strong, youthful limbs **like thorny vines**, until they all but immobilized him. P. 111
5. 五龙看见织云蓬头垢面地躺着,从窗棂间透进的光线横在她苍白的脸上,很像一柄小巧的水果刀,……。P. 103	Five Dragons looked down at Cloud Weave as she lay disheveled in bed, the sunlight streaming in through the window falling on her wan face **like a spectral knife**. P. 119
6. 杠棒敲击身体的沉闷的声音像流沙,在他残存的听觉里渐渐散失。P. 128	The dull thud of the pole against his body, **like shifting sand**, fading until he could no longer sense it. P. 147 - 148
7. 那么多的人在嘈杂而拥挤的街道上出现,就像一滴水珠出现然后被太阳晒干了,他们就像一滴水珠那样悄悄消失了。P. 206	Throngs of people materialize among crowded, noisy streets, **only to disappear, like drops of water evaporating in the sun's rays**. P. 241

从以上各例中可以看出,苏童在比喻相似点的选择上有意求异、求奇、求新。"他在比喻的运用上更为重视作家主体功能的发挥,设喻更多的是为了表达一种主观感受和体验,不追求本喻体之间的形似而注重其精神、氛围、情调上的一致。"(翟红,2004:87)所以,他的整个比喻呈现出奇异、怪诞、空灵的特点。

《米》中明喻的喻体奇异而怪诞。如例 1 中将六爷摸着织云腰部的感受比作"像一排牙齿轻轻地咬了织云一口",这种让人极不舒服的感觉却使她的虚荣心得到了极大的满足。例 3 是五龙觉得织云脖子上那块"新鲜的紫红色瘀痕",好像"虫

135

卵似的爬在她的脖子上",让人体会到五龙初次和织云偷情后心中的顾忌和不安。例4把五龙的情欲比喻为"像带刺的葛藤",形象地表现出五龙被情欲折磨的痛苦体验和心情。例5描述的是五龙看见阳光照在织云脸上的情状,感觉那"很像一柄小巧的水果刀",预示着一种死亡的阴影笼罩着织云。这个喻体没有任何令人喜悦的成分,而是带着某种不祥之兆。以上各例可以称作"描写性比喻",主要的作用是"描绘事物的外部特征,突出事物的某一部分形态"(李贵如,1995:139)。而且这些比喻中的本体和喻体之间的差别很大,仅仅因为喻词"像"将本体和喻体联系在了一起,喻体因此获得了很大的独立性,用来描写人物的心理感受和情感体验,让人印象深刻。译文都保留了原句中的喻体,分别翻作"pinched gently like two rows of teeth""like a caterpillar crawling up her neck""like thorny vines"和"like a spectral knife"。

此外,《米》中明喻的喻体还具有空灵的特点,主要表现为水或者流沙一般流动的事物。"平静如水"是苏童的创作特点,他常常在静静缓缓的叙述中表现人物的性格,推动故事情节的发展。水是南方的特色和代表,它在苏童的叙述里频繁出现。如例2把五龙观察到的织云的目光比喻为"像水一样"变幻不定,说明了织云如流水般多变的性格特点。例7是五龙在静夜中想到了城市的芸芸众生(他自己也不例外),不过"就像一滴水珠出现然后被太阳晒干了,他们就像一滴水珠那样悄悄消失了"。可见生命多么短暂和低贱,随时都会消失。例6叙述的是米生被五龙打时,在失去知觉的瞬间所听到的棍棒落在他身上的声音,就好"像流沙"一般。以上三例中的水和流沙都具有流动和变化不定的特征,因而带着某种空灵和捉摸不定的色彩,也为故事的叙述增添了一种神秘未知的氛围。译文都直接翻译了各句中的水和流沙的喻体,即"like water""like drops of water evaporating in the sun's rays""like shifting sand",从而保持了原文中的审美距离,比较好地传递了这些喻体所具有的叙事功能和主题意义。

译者在翻译《米》中的明喻时,一般情况下都会比较忠实地保留原文的本体和喻体,但是在处理的方法上存在一些细微的差别。例如:

㉝ 奇怪的是他不想离开仓房,依靠着米**就像依靠着一只巨形摇篮**,……。(苏童,2005:68)

Oddly, he didn't feel like leaving the storeroom. Resting against the mound of rice was **like lying in a big cradle.** (Su, 1997:78)

第 4 章 《米》中叙事化修辞格的翻译

米仓和摇篮本来没有什么相似之处,但是因为米对主人公五龙的特殊意义而将两者自然地联系在了一起。米是一个巨大的隐喻,也是这个故事的叙事动力。米的作用类似于子宫,是一个与世隔绝的安全处所。在困顿的时候,五龙喜欢靠着米,就像靠着一只巨大的摇篮,他觉得唯有米是世界上最具催眠作用的东西。米的清香与雪白给了五龙精神上的慰藉,让他涣散的精神为之一振。在异乡异地唯一能让五龙感到亲近和温暖的只有米的清香。表面上看来,五龙没有爱,没有情,头脑中充斥的只有恨与仇,但是从内心深处来说,他深爱着米,他把所有的感情都给了米。这里的比喻说明了依靠着米的五龙觉得心中踏实,就好像回到了摇篮中和母亲的怀抱。

译文中把"就像依靠着一只巨形摇篮"翻译为"like lying in a big cradle",保留了原文的本体和喻体。但是如果将译文直译过来则是"就像睡在一个巨大的摇篮里一样",这里译文与原文有点出入,因为人物的感觉发生了位移,从"旁边"转移到了"里面"(in)。但是改译后的译文似乎更贴近五龙的心情,即是一种渴望回到母亲的子宫里得到保护的感觉。这更加深了一种反讽的意味,因为到最后他赖以生存的所有仇恨其实都是一个梦和一场空。下一个例子的翻译体现了更强的主体感知和体验。

㉞ ……,现在他的每一丝肌肤都在炎热中往下剥落,**像阴潮的墙角上的泥灰,或者就像那些被烈日烧焦的柳树叶,一点一点地卷起来**。(苏童,2005:180)

… ; he felt as if it were being torn from his body, **like mud peeling off a damp wall, or willow leaves curling up as they baked in the sun.** (Su, 1997:215)

原文生动形象地描写了身染恶疾的五龙在炎热的夏季更加痛苦的感受。这是从五龙的感觉视角来描写的,把他"每一丝肌肤都在炎热中往下剥落"的感受比喻为像"阴潮的墙角上的泥灰"或者是"被烈日烧焦的柳树叶,一点一点地卷起来",可以看到喻体是很新奇而阴郁的。

译文虽然再现了原文的本体和喻体,但是在具体的表达过程中还是进行了一些调整性的翻译处理。这具体表现为:译者在对本体——五龙皮肤的描写中增加了一个被动语态,即"he felt as if **it were being torn from his body**",明确了感受的发出者是五龙,明晰地表现了他极为痛苦的感受。译者还进一步通过"like mud peeling off a damp wall"这样的句式结构来翻译"阴潮的墙角上的泥灰",表达了一种动态的感受和审美效果。对于读者来说,译文的画面感增强,而且和后面的"willow leaves curling up"形成形式上的对称和音韵上的和谐,更能引起读者情感上的共鸣。译者以上所采用的调整性改译法表现出了他对译文叙事的主观干预,译者也借此发出了自己的声音。有时候在保留本体和喻体的基础上,译者还会对情景进行具体的描述。例如:

㉟ 他觉得自己更像一条危在旦夕的老牛,……。(苏童,2005:216)
He **felt like an ox being led to slaughter**:…(Su,1997:253)

这是五龙在被抱玉带去审问的途中,感觉到的一种深深的恐惧,感到自己的末日即将来临。就像他自己预言的那样,最终会死在抱玉的手上。原文是他觉得自己更"像一条危在旦夕的老牛"。"危在旦夕"这个成语极力描写出五龙身处的险境。

译文"felt like an ox being led to slaughter"的意思是"感觉像被送入屠宰场的牛"。译文通过增加行动的路线和目的地"being led to slaughter",对五龙的心理感受做出进一步具体的描述。这种将当时的场景具体描述出来的方法也可以看作一种调整性释译,即通过具体的情境来解释原文中含有的中国文化意象和背景知识,从而方便了西方读者的阅读和接受。译者在翻译成语"衣锦还乡"(苏童,2005:207)时也采取了类似的方法。这个成语在中国文化中是有着历史典故的,因此如果进行详细解释,势必造成行文不畅。译文"returned home a conquering hero…"(Su,1997:242)同样是用具体的情境来置换原文中文化意味较浓的内容,达到了比较好的叙述效果。

2)明喻翻译为借喻

《米》中的明喻有时也被翻译为借喻。"借喻因为缺少了喻词'像',是比喻的一种变体,较明喻的表达更为直接。与明喻和暗喻相比,借喻的形式更简短,喻体和本体的关系更密切——因为本体和喻词都不出现,直接由喻体来代替本体。这种最隐蔽的比喻形式使得喻体更引人注目,突出了它所取代的本体的意义和特征。"(冯庆华,2006:395)例如:

㊱ 他们站起来,看着五龙像一只惊慌的兔子朝码头奔来。(苏童,2005:3)
…, but now they were on their feet watching **the sacred rabbit.**(Su,1997:3)

第4章 《米》中叙事化修辞格的翻译

这里描述的是五龙刚到城市时第一次看见死人后的反应：他害怕的就像是一只惊慌的兔子，可见当时恐惧的程度。刚到城市便见到了死人，这给五龙的城市生活一开始就蒙上了一层阴影，再加上紧随其后受到阿保等人的胯下之辱，更是从此埋下了仇恨的种子。在接近故事的尾声时，他教育另一个刚到城市来的年轻人，告诉他是仇恨成就了自己的今天。五龙的巨大转变是拜城市所赐，城市不是农村人的天堂，而是地狱。

葛浩文把明喻翻译为借喻，省略了本体和喻词"像"，即是采取了调整性省译法。这种转化更加直接地描绘出人物五龙的形象，因此更具有现场感和真实性。这里不存在理解和接受的困难，因为读者能够从上下文中了解到这是在描写五龙的惊慌失措，与后来人物的性情大变形成鲜明的对照并埋下了伏笔。译文采用了借喻，也就是直接出现喻体"the scared rabbit"，五龙那副抱头鼠窜的样子因而清晰地呈现在读者面前。因为喻体直接出现在译文中，所以译文的虚拟程度较原文弱了一些，从而可以更为直观地表现典型人物的形象。

那么城市的人物又是怎么样的呢？这个故事发生的主要地点是城市的一条街道——瓦匠街，五龙从发家到没落都是在这条街上演绎出来的。这是展示人物性格的一个舞台，而这个舞台又是怎样的一番景象呢？《米》中是这样描述的：

㊲ ……，瓦匠街的人**像毒蛇**一样分泌着致命的毒液。（苏童，2005：42）

... **snakes poisoning** the world with their lethal venom. （Su，1997：48）

原文将在这条街上生活的城市人比喻为毒蛇。译者翻译为"snakes poisoning the world with their lethal venom"，借助喻体"snakes poisoning"突出了本体——生活在瓦匠街的人们的罪恶本性，因此更进一步明晰了这种毒害者和被毒害者之间的利害关系，突出了故事的主题之———城市的罪恶和人的腐败与堕落。这也是五龙后来再次向农村逃亡的原因。可以说，五龙和冯家的没落与这条街以及整个城市也是息息相关的。或者说，整条街就是一个巨大的隐喻，它影射了整个城市对人的毒害就像是毒蛇分泌出的致命毒液一般，导致了主人公一步步走向堕落和灭亡。

3）省译明喻

译者有时也将明喻略去，而直接采用一种类似于解释的译法，将事件通过描述清晰地展现出来。例如：

㊳病入膏肓的五龙真**的像一只沉重的米袋**，……。（苏童，2005：215）

A sack of rice describes the disease-ridden Five Dragons.（Su，1997：252）

这是瓦匠街的住户看见抱玉带着日本宪兵队的人来到米店抓五龙时的情景，即从旁观者的视角所呈现出的事件和景象：被暗病折磨的只剩下半条命的五龙在还没有完全清醒的状态下便被他们拖走了。这时候的五龙同样是和米紧密联系在一起的。原文用"一只沉重的米袋"来比喻病得很重的五龙是很恰切的，这让人联想到他行动迟缓、吃力，好像装满了米的沉重的米袋。而且在述位上的"沉重的米袋"作为新的信息可以突出强调比喻中"米"这个中心意象里所含有的强烈的象征意味，隐喻了五龙和米纠结在一起的一生。

译文"A sack of rice describes the disease-ridden Five Dragons."将米袋放在前面，把喻体作为主位，本体作为述位，那么突出的信息就是病中的五龙了。因此，译文所强调的重点和原文相比发生了一些变化。译文增加了动词"describe"，也增加了其"动态性"和"活跃性"（刘华文，2009：182），对当时的情况做出更为细致的解释，因而采用的是调整性释译法。《米》中除了经常出现的米意象之外，水作为南方的地理特点，也萦绕着整个故事，营造出南方所特有的氛围。下例是一个和水意象相关的成语翻译，其中也包含了明喻。

㊴绮云注视着那些空白的纸，心情**悲凉如水**，……。（苏童，2005：134）

The empty pages at the end of the book immersed her in **a chilling sadness.**（Su，1997：155）

这是绮云在清扫父亲曾经住过的房间时心中产生的悲哀之情。原文使用一个带有明喻的成语"悲凉如水"，将这种悲伤的感觉比喻为水那样的冰凉，给予读者一定的想象空间，使他们感同身受绮云的悲哀。译文"immersed her in a chilling sadness"（沉浸在寒冷的悲伤之中）做出了类似阐释性的解释，喻体"水"没有了，对人物的感受和心境的描述趋于平面化。

4）增译明喻

有时，对于一些原文中并不存在比喻的句子，译者翻译为明喻也是有意图的。

第4章 《米》中叙事化修辞格的翻译

增加的喻体和原文中已有的本体相比,从形象和内容上来看都具有某种相似性。通过这种相似性的传译来达到类似于"通感意象"所产生的叙事审美效果。有学者指出,"苏童语言的先锋性就是大量运用了通感意象,把单调乏味的词汇,通过通感女神点石成金的魔指,把各种语言元素化为绕指柔,形成了新鲜活泼、飘逸落拓、错综迷离的美学风格"(逯春胜,2007:59)。例如:

㊵ 风从城市的最北端迎面吹打五龙的脸,**含有冰和水深深的寒意**。(苏童,2005:59)

A strong northern wind hit him in the face **like a bucket of ice water.** (Su,1997:67-68)

本例中把风吹打在脸上的感觉描写为"含有冰和水深深的寒意"。显然寒冷是二者在内容上的相似之处,而且运用的是人的感觉器官的相同感受来实现审美效果的传达。葛浩文的译文中出现了类似于通感的喻体,把身体(具体来说是脸上)的感觉比喻为视觉上看到的一桶冰水,因此是用视觉置换了感觉,对译者产生了不同的审美效果,译文更为直接和形象一些。译文"like a bucket of ice water"回译过来是"像一桶冰水",和原文意思不完全一样,所以采取的是调整性改译法。下面这个例子中出现的喻体也是和家园有关的意象:

㊶ 男人和女人,在衣饰繁杂的冬夜他们的脸上仍然**留有淫荡的痕迹**。(苏童,2005:59)

The faces of the people, dressed in their finery on that winter night, **were like windows to their immortality.** (Su,1997:67-68)

从男人和女人的脸上可以看出城市的颓废生活和都市里无所不在的欲望。卡林内斯库(2002:160)在《现代性的五幅面孔:现代主义、先锋派、颓废、媚俗艺术、后现代主义》中将"颓废"作为现代性的表征之一。苏童的颓败美学叙事刚好触及西方语境中颓废观念的两种核心要素:想象力和对细节的关注。

原文没有比喻,但是译文加入了"windows"这个喻体。这个窗户是双向性的:五龙透过它向外凝视整个城市,其中充满了欲望和罪恶,而读者也通过这扇窗瞥见了五龙本身的欲望。这种双重指向性的凝视为塑造五龙这个人物形象奠定了叙事的基本模式。这个喻体使人联想到的是家中的窗户,也就是把城市看成是一个家,但是五龙知道这并非他自己的家。他透过这扇窗看到的更多的是城市中的欲望和两性之间糜烂的生活。这里的视角是来自主人公五龙的,聚焦者显然是五龙,因此，五龙所见的景象也是他自己内心欲望的表现，强化了五龙这个充满了欲望和生命力的人物形象。所以，译者在翻译中增加明喻并不是随意而为之，主要还是为了强调和原文主题相关的重要意象，并进一步深化了文章的主题，突出了人物的形象。再如：

㊷ 米店和整条瓦匠街就像一节巨大的车厢，**拖拽着他，摇撼着他**。（苏童，2005:35）

In his mind the rice emporium and all of Brick Mason Avenue turned into a gigantic train that **rocked like a cradle as it carried him along.** (Su，1997:39)

原文中的明喻是把米店和整条瓦匠街以及整个城市比喻为一个大车厢，说明城市的生活好比摇晃着的车厢，一直处在动荡不安之中。米店和整条瓦匠街"拖拽着他，摇撼着他"，同时也不断改变着他：将五龙从一个单纯为谋生干活的农村青年逐渐变成了在仇恨的欲望驱使下无恶不作的恶人。

译文"a gigantic train that rocked like a cradle as it carried him along"增加了一个明喻：like a cradle。这个喻体让人联想到婴儿在其中安然入睡的场景，是一个生命诞生之初的家。但是，对于抱着对城市生活的种种美好愿望来到城市的农村人来说，尤其对于主人公五龙来说，整个城市，整条瓦匠街和瓦匠街上的米店也是一个摇篮，却成了孕育了所有邪恶和欲望的温床。同时，摇篮的摇晃也寄予了一种张力和矛盾的形象。也就是说，五龙的变化并非一蹴而就，而是在城市和农村的对峙之中，在农村情结和城市欲望的相互拉扯过程中慢慢转变过来的。所以，译文中增加的摇篮这个喻体，点明故事的主题，表明主人公五龙转变的真实原因。

4.2.3 借喻

借喻是指"只出现喻体的比喻，通常认为借喻是比喻的一种变体形式，借喻不说出主体，直接使用喻体，依靠语境并利用听者的联想，使喻体和本体建立一种比喻关系"（陈汝东，2001:456）。而且由于"借喻的本体和喻体融合在一起，不出现本体，省去了许多直白的文字，结构紧凑、形象含蓄且简明洗练，可给读者留下丰富的想象余地。借喻的喻体十分广泛，能借人为喻、借物为喻、借事理为喻"（李贵如，1995:150-151）。在《米》中，借喻还有一种语体色彩的含义，就是让行文更加口语化。但是,因为借喻的喻体在文本中直接出现,所以对文化认知语境的依赖性很大,译入语读者的文化认知图式中如有空缺或不足都可能给翻译带来困难。这就是Eoyang(欧阳桢)所谓的"文化空白点"。

另一类则是"文本空白点",它在文本中的运用和分布是为了引起读者的想象和联想。Eoyang认为,在翻译中,"译者必须清楚地消除文化空白点,即使动用注释也在所不惜,但他必须小心不要去消除'文本空白点'"(朱纯深,2008:221-222)。那么葛浩文是如何翻译《米》中的借喻的呢?译者进行了直接翻译,保留了原文中的大部分借喻(见表4.13):

1) 保留借喻

表4.13 保留借喻的翻译

1. 孩子们耳濡目染,也学会冲着织云的背影骂,**小破鞋**,小贱货。P.23	... their talk reached the ears of children, who then mimicked what they heard behind Cloud Weave's back: **Worn-out old shoe!** Cheap trash! P.26
2. 阿保打翻了六爷的醋坛,结果把命丢了。P.46	**Upsetting Sixth Master's vinegar bottle** had cost him his life. P53
3. 六爷,你的小妍头又来了,这回怎么还拖着**两条尾巴**? P.53	Sixth Master, your little bedmate's here again, but she seems to have grown **a couple of tails**. P.62
4. 女孩就是这样,说变丑就变丑了,眼睛一眨**鲜花就变成狗屎**。P.89	That's a girl for you, turning ugly at the slightest provocation, **from lovely flower to dog shit** in the blink of an eye. P.102
5. 在静夜中五龙依稀看见了这只**黑手**,……。P.206	In the quiet of the night Five Dragons dimly perceived that outstretched **black hand**. P.241

以上各例属于"借物为喻",译文保留和再现了原文中的借喻。例1是瓦匠街的人们骂织云的话。"小破鞋"说明了织云被六爷甩掉之后受到众人奚落的惨状。译文保留了借喻,译为"Worn-out old shoe!"。在例2中,众人推测阿保丧命的原因是因为"打翻了六爷的醋坛",译文也是直接译为"Upsetting Sixth Master's vinegar bottle"。例3叙述的是六爷的情人对米店一家人的嘲讽,把冯老板和绮云看作织云的"两条尾巴"。译文保留了原文中的喻体,译作"a couple of tails"。例4是六爷对织云的辱骂,说她怎么这么快"鲜花就变成狗屎",译者也是直接译作"from lovely flower to dog shit"。最后一例描述了五龙多次在静夜中看到的那

只"黑手",译为"black hand"也保留了原文中的借喻。下面我们重点分析两个例子。

在例2中,瓦匠街的人们传播着阿保被抛尸河里的原因,有人知道这和米店的织云有关系,因为阿保"打翻了六爷的醋坛"。这是中国式的喻说方式,也就是说,阿保和织云的私情败露,让六爷戴了绿帽子,很没有面子,六爷一气之下把阿保给杀了。这对于中国读者来说都是很容易理解的,因为他们的脑海中存在着这样的文化图式。在中国文化中,"'吃醋'比喻的是产生嫉妒的情绪。这个词虽然已经脱离了原始的比喻语境,但是我们完全可以把它们直接或间接地还原成为完整的比喻格式"(陈汝东,2001:468)。但是,英语中并没有将醋和人的嫉妒这种情绪相联系的说法,因此英语读者的脑海中没有这样的文化图式,他们单凭译文"Upsetting Sixth Master's vinegar bottle"很难理解原文的意思。

葛浩文进行直接翻译,是因为前文已经出现了类似的借喻,即织云骂绮云是一个"小醋坛子"。译者对这个借喻做了明晰化的处理,翻译为"she's jealous"(Su,1997:34)。译者在此已经消除了这个"文化空白点",所以英文读者可以以此推之下面类似的表达中作者要讲的意思。何况,前面五龙和铁匠们的对话也给读者提供了解这个借喻足够多的文化语境,因此译为"Upsetting Sixth Master's vinegar bottle"保持了读者和文本中人物之间的认知审美距离和修辞特色,也没有给读者的理解带来太大的困难。这个例子因为在前面的译文中已经消除了原文中的"文化空白点",所以借喻才能够保留下来。

例5中的借喻更有着"文本空白点"的作用。原文中的"黑手"借喻的是这个城市的一切罪恶。"黑手"在故事中经常出现,就像死亡的阴影一般笼罩着主人公,这也隐喻了五龙身上存在着一种根深蒂固的死亡冲动。译者直接翻译为"black hand",保留了原文的喻体,也没有做任何的解释。这种直接翻译是否会给读者的接受造成障碍呢?不会。因为在前面一段中,五龙的内心独白已经将这个借喻所在的语境讲得很清楚。在五龙看来,"这个城市是一个巨大的装饰过的坟墓。而且它长出一只无形然而充满腕力的手,将那些沿街徘徊的人拉进它冰凉的深不可测的怀抱"(苏童,2005:205-206)。所以英语读者可以从上下文中推导出"black hand"所指代的本体是这个城市黑暗恶毒的势力。

2) 增译借喻

有时候译文在原文没有借喻的地方增加了喻体。例如:

㊸ 五龙慢慢走了进去,坐在麻袋包上注视着**黑夜中的米垛**。(苏童,

第4章 《米》中叙事化修辞格的翻译

2005:67)

So he strolled in and sat on a pile of burlap bags to look at **the snowy mountain poking through the darkness.** (Su,1997:78)

五龙在冬天的夜晚被情欲折磨得睡不着觉,于是就到米仓去坐着,寻求片刻的安宁。原文是"米垛",而译文进行了调整性改译,改为一个借喻"the snowy mountain"(雪白的山)。这个借喻不仅描写了米垛的颜色——雪白色,而且描述了米垛的形状——像山一样。

本身"雪白的"(snowy)这个色彩借喻就代表了一个认知性比喻的过程。人们对白颜色的认知是通过雪的颜色来实现的,所以白颜色是本体,雪的颜色是喻体,突出了五龙眼中米垛的色彩是如雪一般的白和纯净。雪白不仅在视觉上与黑夜的"黑色"形成强烈的对比,而且给人以宁静的感觉,可以安抚五龙那颗燥热不安的心。这样既与黑暗形成一种鲜明的视觉反差,又把米垛的具体形状呈现于眼前。译文因此产生了和原文不同的视觉审美效果,引发读者的联想。而且译文中描述了山的朝向是"poking through the darkness"(穿透了黑夜),在借喻中添加了一个山的"朝向路径"(Talmy,2000:108),让叙事具有动态感,也是一种调整性改译。

再如:

㊹ 才下过雨,麻石路面的罅缝里积聚着碎银般的雨水。稀疏的路灯突然一齐亮了,昏黄的灯光剪出某些房屋和树木的轮廓。**城市的北端是贫穷而肮脏的地方**,空气中莫名地混有粪便和腐肉的臭味,除了从纺织厂传来的沉闷的机器声,街上人迹稀少,一片死寂。(苏童,2005:2)

Runnels of water in the cobblestone street from a recent rain glisten like quick silver. Streetlamps snap on, immediately carving out silhouettes of an occasional home or tree; the air in the squalid northern district, **home to the city's poor**, stinks of excrement and decay. Apart from the hum of spinning wheels in nearby textile mills, the deserted streets are silent as death. (Su,1997:2)

原文中"城市的北端是贫穷而肮脏的地方"这句话是一个直接的描述,说明了城市北端混乱肮脏的现实环境,也说明了城市并非穷人们的天堂。虽然他们怀着对城市的美好幻想,逃离了自己的家乡,但是现实打碎了梦想,这里并没有他们的家园。译文"home to the city's poor"(城市的穷人之家)中增加了"home"(家)这个喻体,突出强调了农村人试图在城市建立自己家园的努力,从而更有利于展示故事的主题。城市与农村的对抗在此时获得了某种妥协和平衡,因为农村人可以在瓦匠街这样的城乡结合部生存下来,并建立自己在城市的家园。

3)省译借喻

有时候译文也会省略掉一些借喻。例如:

㊺ 我背上这口**黑锅**就惨了,就没脸做人了。(苏童,2005:176)

But **a black mark or two** can make a woman's life miserable. (Su, 1997:207)

"黑锅"这个借喻是指女人不检点的行为对她的名誉造成的极大损害。这一点对雪巧来说是致命的,所以雪巧会让柴生替自己背了"黑锅"。"黑锅"是具有浓厚中国色彩的词语。新中国成立以前,中国女性历来受到封建传统制度的束缚,在家庭中几乎没有地位和尊严可言。在中国古代,妇女婚后必须遵从丈夫,否则的话就要受到惩罚。历史上的"七出之条"就是对女性的种种道德约束。"七出"一词最早出自《孔子家语·本命》,是古代丈夫遗弃妻子的七种理由,在此之前叫"七去""七弃"。所谓"七出"包括:一是不顺父母;二是无子;三是淫僻;四是妒嫉;五是恶疾;六是多口舌;七是窃盗(张国臣、张天定,1991:237)。丈夫可以根据其中任何一条将妻子遗弃。正因为存在着这样严酷的封建礼教制度,中国古代女性从小就背负着沉重的枷锁。

如果直接翻译为"a black pot",英语读者可能会因为没有这方面的知识而很难理解,所以译者删除了喻体,直接解释为"a black mark or two",让译文明晰化。下面这个例子也和中国历史上对女性的比喻有着紧密的联系。冯老板在六爷认织云做干女儿之后,感到他是另有企图,却也无可奈何,只好说出了下面的话:

㊻ 冯老板叹了口气,又说,这小妖精也是天生的**祸水**。(苏童,2005:22)

Proprietor Feng sighed. She was born to **come to grief**, he said. (Su, 1997:24-25)

中国文化中将美丽的女子看作红颜"祸水"是古来有之的。皇帝荒废朝政是因为贪恋后宫的女色,又说英雄难过美人关,好像男性的无所作为都是因为贪恋女子的美貌。于是,在国之将亡时,众人要求唐明皇赐死杨贵妃,把所有历史的悲剧和国家的灾难都归咎于一个美丽的女子。而所有罪恶的根源就是因为她是"红颜",

是"红粉"。

英语读者如果不具备这些中国文化知识,就会产生理解和认知上的困难。如果解释的话需要大量的篇幅,于是译者省译了借喻,代之以简洁明了的意义阐释,翻译为"come to grief",进行了释译,增加了一个感知路径"come to"(Talmy,2000:115),代表着人物的命运有一个发展变化的过程。

4) 借喻翻译为明喻

有时候译者还将借喻翻译为明喻。例如:

㊼五龙站起来,他觉得他们组成了**一片庞大的阴影**正朝他这边游移,……。(苏童,2005:78)

Five Dragons stood up, suddenly troubled by a premonition that they were descending upon him **like a massive specter.** (Su,1997:90)

五龙看见冯老板和他的女儿春节走亲戚回来时,感觉到他们好像是"一片庞大的阴影"正不断地向自己靠近。原文中出现的借喻把米店一家给他带来的压迫感真实地表现出来。其实何止是米店,这个米店所在的街道,以及整个城市都是一个巨大的阴影,将五龙笼罩在其中,没有出路,只能随之堕落。译文将"一片庞大的阴影"翻译为"like a massive specter",因为增加了喻词"like",是一种增译,将本体和喻体的紧张对峙直接呈现在读者面前。

4.2.4 暗喻

暗喻也是《米》中使用的重要修辞手法。从认知语言学的角度来说,"要是比喻就一定会有语义距离的存在,因为其中必定有介体。暗喻中的本、介体之间的同一度要高于明喻"(刘大为,2001:161)。暗喻常用"是""为""成""叫""做""等于"等词充当喻词(也有不用喻词的,本体和喻体之间用逗号或破折号连接),在语言形式上最常见的格式是:本体、喻词、喻体依次充当句子的主语、谓语和宾语。"暗喻的本体和喻体的关系比明喻更接近,语气更肯定,结构也更紧凑。"(冯庆华,2006:391)暗喻具有模糊性和更为强大的包容性,所以能够引起读者更多的联想和想象,调动身体的各个器官,感知觉、嗅觉等共同体味和了解某个意象的深层含义。但是,暗喻的理解需要依靠相应的文化背景图式。

1) 保留暗喻

有时候译者将原文的暗喻保留了下来(见表4.14):

表 4.14　保留暗喻的翻译

1. 阿保跟六爷多年了,他是六爷最忠心的看门狗。P. 44	Abao's been with Sixth Master for a long time. **He's his most loyal watchdog.** P. 51
2. 他突然想起织云隐匿在黑夜和绸被下的肉体,那是一朵硕大饱满的花,允许掐摘但是不准观看。P. 68	…; his thoughts returned to her body lying hidden beneath the satin comforter: **She was a flower in full, luxurious bloom**, one he could pluck but was never permitted to see. P. 78
3. 冬天对于织云是一个漫长而痛苦的梦。P. 88	For Cloud Weave the winter **was one long, torturous nightmare.** P. 101
4. 他是一颗**灾星**。P. 98	He's an **evil star.** P. 113
5. 城市是一个巨大的被装饰过的墓地。在静夜里五龙多次想到过这个问题。P. 205	The idea that **the city was an immense, ornamental graveyard** occurred often to Five Dragons at night. P. 241
6. **城市对于他们是一口无边无际的巨大的棺材**,它打开了棺盖,冒着工业的黑色烟雾,散发着女人脂粉的香气和下体隐秘的气息,堆满了金银财宝和锦衣玉食,它长出一只无形而充满腕力的手,将那些沿街徘徊的人拉进它冰凉的深不可测的怀抱。P. 206	**For them the city is a gigantic coffin that emits thick black industrial smoke**, scented powder, and the hidden odor of women's sex as soon as the lid is raised. An arm, shapeless yet limber and powerful, grows out of the coffin, which contains gold and silver, fancy clothes and delicacies. The arm reaches into the streets and alleys to drag wanderers into the cold depths. P. 241

以上各例都是"判断式的暗喻",即"认定本体就是喻体,把本体和喻体说成是一件事"(李贵如,1995:147)。译者都保留了原文中的暗喻。他把"他是六爷最忠心的看门狗"译为"He's his most loyal watchdog.";把织云"是一朵硕大饱满的花"译为"She was a flower in full, luxurious bloom";把"冬天对于织云是一个漫长而痛苦的梦"译为"For Cloud Weave the winter was one long, torturous nightmare.";把"他是一颗灾星"译为"He's an evil star.";把"城市是一个巨大的被装饰过的墓地"译为"the city was an immense, ornamental graveyard";把"城市对于他们是一口无边无际的巨大的棺材"译为"For them the city is a gigantic coffin…"。因此,译文维持了原文中的审美距离,也较好地传达了暗喻的叙事功能和意义。

但直译有时也会失去原文中的一些文化内涵。在例 1 中,瓦匠街的铁匠称阿保是六爷忠实的看门狗,虽然说明了阿保已经跟随六爷多年,而且对他很忠心的事实,但是其中不乏对他的贬抑和嘲讽。译文"his most loyal watchdog"表达了"忠心"这层意思,因为"watchdog"在英文中的对应意思是"看家狗,监督者",但是却无

第 4 章 《米》中叙事化修辞格的翻译

法传达出把阿保称为狗的那种讽刺的语气,因为英语读者的文化认知图式中没有对等的信息。

在汉语中,狗不是被作为可爱的事物的喻体,而是常常用来喻指摇尾乞怜者和帮凶,是一个贬义的喻体,如"走狗""狗腿子""狗奴才""落水狗""哈巴狗"等都含有明显的贬义。"在汉语中,含有比喻意义的狗,不论是明喻还是暗喻,一般都是贬义的。《现代汉语词典》(2005)中在狗字下收录了 18 个词条,其中 14 个是含有贬义的。《中华成语大辞典》收录以狗为首字的成语 16 条,全部含有贬义。"(冯庆华,2008:85-86)而在英语中,"dog"是比喻讨人喜欢的人或物,较少贬义,如"He is a lucky dog.""Help a lame dog over a stile.""Love me love my dog."。这些谚俗语都说明了说话人的褒扬态度。好在通过上下文语境,读者也许可以推知其中的一些言外之意,而且直接翻译也不影响读者的阅读理解。译文也尽可能缩短了读者和文本人物阿保之间的距离,说明了瓦匠街的铁匠们对阿保的评价。

再如例 4 中,冯老板骂五龙是"一颗灾星"。"灾星"在中国文化中是代表着不好运气的暗喻,意思类似于"扫把星"。与之截然相反的说法是"幸运星"。五龙竟然在织云怀孕时动起了妹妹绮云的脑筋。这也印证了冯老板曾经的预言:"你就好像一只大老鼠。我的米会被你偷光的。"也正像绮云最后才幡然醒悟并意识到的那样,五龙就是他们家里真正的活鬼。

译文保留了原文中的暗喻,译为"evil star"。也许读者可以从上下文推知故事中使用的这个暗喻的意义,但是中国读者可以由此获得的丰富的文化联想在译文中也多少失去了。正像夏志清所说的那样:"人心的真相,最好放在社会风俗的框子里来描写;因为人表达情感的方式,总会受到社会习俗的决定。"(夏志清,1982:342)因此,如果增加一些文化背景知识作为注释,可能更有益于英语读者的理解。张爱玲在创作 *The Rice-Sprout Song*(《秧歌》)时对中国文化特色词的"翻译"[①]就是采用了这样的方法。她将"灾星"翻译为"a broom-star",并加脚注进行解释:"A broom-star is a meteor which is regarded as a bringer of ill-luck and has come to stand for a woman who ruins her husband."(Chang,1955:16),因此比较充分地还原了当时的文化语境。

---

① 张爱玲是用英文创作的 *The Rice-Sprout Song*,然后她还将这个故事自译为中文《秧歌》(张爱玲,1991)出版。因为这是一个中国故事,所以张爱玲在用英文创作时也是一个在将中国文化元素"翻译"为英文的过程。在这两个过程中她所面对的读者是完全不同的。

2) 增译暗喻

有时候译文也会增译某些暗喻。例如：

㊽ 现在他靠**一只眼睛**辨别所有事物，另一只眼睛已经看不清东西了。（苏童，2005：103）

He was now **a one-eyed dragon.**（Su，1997：119）

原文"他靠一只眼睛辨别所有事物，另一只眼睛已经看不清东西了"，描述了五龙的眼睛被冯老板刺瞎之后的情状，不包含任何比喻的成分。译文则加入了一个喻体"one-eyed dragon"。这是一个暗喻，相当于"独眼龙"的意思，是五龙现状的真实描绘，同时还有一语双关的作用。

"龙"在中国文化中既是权力的象征，也有虫的意味，因此可以说是高大和渺小形象的混合体。译文增译了"one-eyed dragon"这个暗喻，将中国文化携带到了西方文化当中去。五龙的名字中"龙"的意象代表了中华民族的图腾。五龙梦境中多次出现的"洪水"也一定程度暗示了五龙最后将成为无水之龙，客死异乡的结局。译文中增加的暗喻暗含了重要的文化意象，增添了原文中没有的审美效果和主题意义，表述也更为简洁，进行了改译。同时，这也可能带来一定程度上的文化误读，因为西方读者所理解的"dragon"和中国龙的文化内涵完全不同：前者是邪恶势力的象征，后者是尊贵和权力的表现。

3) 省译暗喻

译文中也有省译原文中暗喻的情况。例如：

㊾ 织云说着回头对五龙说，我们走，别去理她！她是个小**醋坛子**。（苏童，2005：30）

She turned to Five Dragons. Let's go. Don't mind her. She's **jealous.**（Su，1997：34）

织云叫妹妹绮云"小醋坛子"，是因为她觉得绮云在嫉妒她不仅做了六爷的情人，还要和店里的伙计五龙掺和在一起。这是她用欲望化的眼光去观察和思考得出的结果。在本例中，"小醋坛子"的意思和英文的"酸葡萄"的意义相近，但是也不完全相同，因为文化语境是无法完全还原的。所以译者忠实地表达了这个暗喻的词语意义，就是嫉妒的意思，从而让读者清楚地了解了两姐妹之间的关系和对对方的评价。

但是，同原文相比，"jealous"不仅涵盖了原文中对应词的语义，而且又大于对应词的语义。因为"jealous"不仅指的是男女之间关系上的嫉妒,也可以指其他方面嫉妒情绪的表现,具有很大的语义覆盖面。而对应词"醋意""醋坛子"等仅表示男女关系上的嫉妒心理,具有特指性和特殊的文化色彩。从这个意义上来说,译文"同时存在超额翻译和欠额翻译的现象:译文超出原文的是男女关系上的嫉妒心理之外的语义,流失的是原文所蕴含的文化内涵和特指性语义(specific meaning)"(周方珠,2004:29)。译文省略了文化内涵丰富的暗喻,将其具体的含义直接翻译出来,进行了释译,方便了读者的阅读和理解。但是原文中暗含的语气和讽刺意味在翻译中一定程度地失去了。

4.2.5 小结

对于明喻的翻译,译者主要采用保留了原文的本体和喻体的直接翻译策略。但是在具体情况下,他也采取了不同的调整译法,如:通过改变连词使人物的感受更加明晰化;通过将原文中的主动语态改为被动语态使喻体更具动态性和画面感;通过对具体场景的描述来解释成语的内涵,强化了故事的主题和原文所要传达的讽刺意味,采用的是调整性改译法、调整性释译法、调整性省译法。

将明喻翻译为借喻,采用的是一种调整性省译法,但是虚拟程度较明喻的直接翻译要弱一些。因为喻体直接出现在文中,减少了本体和喻词在人物和读者之间的障碍,因此缩小了审美的距离,让译文和读者之间的关联更为紧密,使读者获得更为直接的审美效果和体验。但是原文中本体和喻体之间强烈的对比以及对审美效果和故事主题的凸显作用会相对地弱化一些。译文中省略明喻的方法是一种调整性释译法的表现,主要是通过一种阐释性的翻译,将明喻的内涵明晰化。译文中增译明喻,势必会拉大文本和读者之间的审美距离。但是,增加的喻体可以强化其中携带的和主题相关的意象,更有利于读者理解故事的主题。总之,无论是为了形式上让人更易于理解,还是有助于主题的传达和人物形象的塑造,增加的明喻总体上让译文产生了自己的叙事审美效果,因此深化了故事的主题,使得整个故事中的叙事意象更加清晰和系统。

在翻译借喻时,译者主要采用直接翻译法保留了原文中的借喻。译者在不影响读者阅读理解的前提下保留借喻,从而在译文中再现了原文和读者之间的审美距离,达到了传达原文的审美效果和叙事主题的目的。译者采用调整性改译法时,增译的借喻让译文更加明晰,也一定程度上拉开了文本和读者之间的审美距离。他删除了某些借喻,是因为喻体含有丰富的中国文化内涵,如果解释的话需要大量的篇幅,于是省略之,代之以简洁明了的意义阐释,采用的是调整性释译法。把借喻翻译为明喻,就让本体和喻体同时出现,并增加了喻词。这虽然让读者和文本之间的距离有所增加,但是表述更为清晰。调整性增译法增加了原文中没有的借喻,拉大了读者和文本中人物之间的距离,是一种调整的翻译策略。因此,译者综合运用了直接翻译和调整翻译的策略,有助于读者的阅读理解和接受,强化了故事的主题。但是原文中所表达的比较隐晦含蓄的审美效果在译文中会一定程度上有所丧失。

对于暗喻的翻译,葛浩文首先保留了原文中大部分的暗喻,从而传达了暗喻的微言大义,而且文内语境或者上下文可以一定程度上帮助读者理解暗喻的内涵。保留了暗喻就维持了文本中人物和读者之间的审美关系。直接翻译法将富有文化特色的内容通过翻译传达给译入语读者,但是丰富的文化意味还是在译文中有所丧失。译者采用调整性改译法,增加的暗喻同时暗含了重要的文化意象,表述更为简洁和精练,但是文化的意味还是无法完全传达过来。他采用调整性释译法,省略了文化内涵丰富的暗喻,将其具体的含义直接翻译出来,方便了读者的理解,但是主题意义都在后两种情况下所采取的调整翻译法中有所丧失。

第 5 章
结　论

5.1　研究发现

20世纪80年代末90年代初,中国当代文学思潮出现了集体向内转的情况。中国先锋文学也从单纯向西方学习注重形式上的实验,开始回归传统,注重人物情节和故事所要表达的意义。这与其说是先锋的没落,不如说是先锋的再生或者本土化。苏童是其中很有代表性、很成功的一位中国当代小说家。他的《米》就是先锋本土化文学思潮中的典型个案,因为《米》作为他的首部长篇小说,不仅有完整的故事情节、相对简单的叙事结构和近乎白描的写作手法,而且还运用了传统的第三人称叙事视角和叙事化意象等叙事技巧。这些都使得这个故事成为一个现代和传统相结合的产物。

《米》的译者葛浩文被著名汉学家夏志清称为"中国现代、当代文学的首席翻译家",其翻译水平在西方是受到普遍认可的。他所翻译的 Rice 非常成功,不仅在西方国家多次再版,而且获得了不少主流书报的高度评价,得到了西方读者的普遍接受。

本书以修辞叙事学为理论框架,从叙事视角、叙事时间和叙事化修辞格这三个大方面切入,对小说《米》的翻译进行全面观照和细致深入的研究,在研究文本时还结合了文体学、功能语言学、修辞学等相关学科的研究方法,分析并阐述了译者在小说《米》的翻译过程中在叙事视角、叙事时间和叙事化修辞格等方面所做的保留或改变,以及改变的原因和改变带来的效果等。通过研究,笔者发现:

第一,译者在翻译叙事视角时主要采取了直接翻译和调整翻译相结合的策略,体现出一种叙事者干预的趋向。这里所说的叙事者干预是指译者作为译文的叙事者对译文叙事的一种干预。具体地说,在翻译主人公五龙的视角时,译者主要删除了表示五龙内视角的汇报分句,拉近了叙事者和读者之间的距离,强化了叙事者的在场和干预。这样的视角变化突出了叙事者的声音,强调了叙事的主题——历史其实是叙事者所勾兑的历史,人物在其中都是相对被动的。有时候,译者也保留了表示五龙内视角的汇报分句,但是会根据自己对人物性格变化和情节发展的理解来选择不同的译法,从而体现出译者的介入、情感、态度和评价,所以,此时体现出来的是一种译者作为译文的叙事者对于叙事的干预。译者在翻译"卫星"人物的视角时,主要采取了直接翻译法,保留了表示人物有限叙事的汇报分句,有利于从其他人物的角度更为全面地描写主人公五龙的外在形象和内心世界。译者有时也会删除表示"卫星"人物叙事的视角,突出了叙事者冷静的叙事态度,这也体现出译者对译文叙事的一种干预趋向。

译者对叙事的干预还表现在翻译叙事者视角的时候。叙事者视角体现在分布于文本各处的各种评价资源中,包括形容词、副词、小句、语气、情态。译者翻译这些叙事者评价资源时主要使用了三种方法:调整性增译法、调整性改译法和调整性省译法。译者所增加的表示其立场、观点和态度的形容词和副词评价资源可以拉近读者和文本中的人物之间的距离,更好地再现《米》的叙事主题;译者改译原文中的一些语气和情态评价资源是为了更好地突出人物的形象;译者删除和简化的原文中某些形容词、副词和小句评价资源则会对故事主题的传达有一些影响。

第二,译者在翻译叙事时间时,采用的是以直接翻译为主、调整译法为辅的策略。他保留了原文的叙事话语方式、叙事节奏和叙事结构。而且,译者在处理《米》中相对模糊的历史时间时,也是以模糊的译文来对译之,从而比较好地再现了这些时间机制所传达的历史语境和氛围。译者有时采取调整译法主要有两个方面的原因:一是他根据自己对原文主题的理解进行的阐释;二是他考虑到英语读者的阅读习惯做出的改写,从而产生了更为地道通顺的译文。

具体来说,译者在翻译反复叙事和单一叙事时以直接翻译为主。具体表现在:比较准确地翻译了反复叙事的时间机制;准确翻译了单一叙事中的模糊时间和具体时间。他在翻译场景、停顿和预叙时,在总体上采取直接翻译的前提下,对原文进行了一些调整性的改译、增译、省译、释译,并改变了某些单词的语义和词性。在翻译《米》中整个语篇的大场景时,译者保留了叙事的常用时态——过去时。同时,他还根据叙述主题的需要将原文第一页到第三页的叙事时态翻译为现在时。在翻译分布在语篇中的小场景(人物的话语表达方式)时,译者保留了原文中的几种主要的叙事话语方式场景,即自由直接引语、间接引语和"两可"的句式结构。此外,译者在词汇层面上进行了一些调整,如采用调整性省译法,删除了某些评价词语。

第 5 章 结论

在翻译概要和插叙时,译文基本再现了概要中对人物的描写和景物的描绘,保留了原文中的插叙结构,同时,还采取了调整性释译法、增译法、改译法、省译法、语序变化法对原文中的某些词汇和小句进行调整,从而突出了人物的形象,强调了叙事的主题;在翻译停顿时,译者采取直接翻译的方法,保持了原文的叙事节奏,而且,在词汇层面上,他根据对主题的理解采用了调整性的省译法、抽象法、换位法、增译法和释译法来改写一些对人物和景物的描写;在翻译预叙时,译者再现了原文的叙事节奏和结构,传达了原文中的预言意味,但也在词汇和小句层面上做出了调整,进行了一些省译、释译和语义转化。总之,译者对原文在词汇和小句层面上的调整和改变主要是为了照顾读者的理解和接受,同时也是为了更好地烘托故事的主题和突出人物形象。因此,译者从整体上把握住了《米》中的各种叙事时间的主题意义和审美意义。他抓住了《米》的叙事风格,比较好地再现了故事的主题,并进一步实现了人物的前景化。

第三,在翻译叙事化意象时,译者综合运用了直接翻译为主,兼用调整翻译和修改翻译的策略。在翻译时间意象、事物意象和色彩意象时,译者主要采取了直接翻译的方法,维持了原文的审美距离,再现了叙事的主题。有时译者也采取调整性语义变化法、调整性省译法、调整性改译法、调整性具体化法、修改-词语转换法的翻译方法。这主要是他根据对原文叙事主题的理解或者考虑到英语的表达习惯进行的改译。在翻译比喻时,他采取了直接翻译和调整译法相结合的策略。译者采用直接翻译的方法保留了原文中的明喻、借喻和暗喻,比较好地再现了原文的审美距离和故事主题。同时,他在翻译喻体中含有的意象时也采取了调整译法,对其中的意象做出了一定的改动。这主要表现在三个方面:一是采用调整性释译法对意象中的成语进行解释性的翻译;二是为了让译文更加形象而删除了某些比喻词,这是一种调整性省译法;三是译者根据自己对叙事主题的理解,通过调整性改译法和调整性增译法增加了描述性喻体,目的都是为了更好地再现原文的主题并兼顾英语读者的接受。译者在翻译叙事化修辞格时更看重的是"神似",让译作具有可读性和流畅性,就像是用英文进行的创作。因此,他的译文总体上顺应英语为母语的读者的阅读和思维习惯,并注重译文的可读性和可接受性。

综合以上发现,笔者特将译者在翻译《米》的叙事元素时所采用的具体翻译策略和方法以及产生的叙事审美效果列表如下(见表 5.1):

表 5.1 《米》的叙事元素翻译策略和方法及其叙事审美效果

序号	叙事元素	翻译策略和方法	叙事审美效果
一	叙事视角	直接翻译和调整翻译相结合的策略	直接译法保留了原文的叙事审美效果和主题意义;调整翻译拉近了叙事者和读者之间的距离,突出了叙事者相对客观冷静的叙事态度
1	主人公视角	调整性省译法为主,直接翻译法为辅	调整译法拉近了叙事者和读者之间的距离,但是人物五龙和读者的距离则相应被拉远了
2	"卫星"人物视角	直接翻译为主,调整性省译为辅	直接翻译保留了人物视角,再现了人物的性格特点;调整性省译删除了某些表示人物视角的汇报分句,由人物视角变为全知叙事者的视角,保持一种客观冷静的叙事距离和语式
3	叙事者视角	调整性增译、调整性改译和调整性省译	增译评价资源拉近了人物和读者之间的距离;改译的语气和情态体现了译者的干预,深化了主题;改译和省译形容词、副词和小句评价资源在细节上对原文的审美效果的传达产生了一定影响
二	叙事时间	直接翻译为主,兼用调整翻译	直接翻译保留了原文的叙事话语方式和结构;调整翻译突出了叙事主题和人物形象
1	场景	直接翻译为主,兼用调整性改译、调整性增译、调整性省译	直接翻译保留了话语表达方式,维持了叙事时距,并传达了原文哀伤的情调。改译突出了事件的即时性和生动性。增译和省译在细节上对审美效果的传达有些影响。
2	停顿	直接翻译为主,兼用调整性省译、调整性抽象、调整性换位、调整性增译、调整性释译	直接翻译传译了原文的东方特色和情调;调整译法拉近了人物和读者之间的距离,较准确地传达了原文意境和人物心境
3	概要	直接翻译为主,兼用调整性释译、调整性增译	直接翻译再现了原文时间机制,留给读者想象空间。增译和释译拉近了文本中的人物和读者之间的距离,突出人物的形象
4	插叙	直接翻译为主,兼用调整性改译、调整性省译、调整性语序变化	直接翻译保持了原文中的叙事结构和叙事节奏;改译和语序调整突出了讽刺意味;省译对表现人物形象有一些影响
5	预叙	直接翻译为主,兼用调整性省译、调整性释译、调整性语义变化	直接翻译传达了原文中具有预言味道的叙事主题,但省译对表现叙事的美学效果有些影响

第5章 结论

续表

序号	叙事元素	翻译策略和方法	叙事审美效果
6	反复叙事	直接翻译	直接翻译再现了反复叙事的时间,维持了人物和读者之间的审美距离,体现了故事的主题
7	单一叙事	直接翻译	直接翻译以模糊时间翻译模糊时间,以准确时间翻译准确时间,传递出人物主体的体验和感受,也给读者留下了较为广阔的想象空间
三	叙事化修辞格	直接翻译为主,兼用调整翻译和修改翻译	直接翻译保留了具有主题意义的意象和比喻;调整和修改译法更好地传达了原文的叙事效果和主题意味
(一)	叙事化意象	直接翻译为主,兼用调整翻译和修改翻译	直接翻译再现了具有主题意义的意象;调整和修改译法强化了意象所营造的氛围和传达的主题
1	时间意象	直接翻译为主,兼用调整性语义变化、调整性省译、修改-词语转换法	直接翻译再现了原文中的时间意象;而各种调整译法突出了时间意象在传达叙事主题中的重要作用
2	事物意象	直接翻译为主,兼用调整性省译、调整性改译、调整性语义变化、修改-词语转换法	直接翻译保留了大部分的事物意象,传达了意象的审美效果;调整和修改的译法突出了意象的叙事主题意义
3	色彩意象	直接翻译为主,兼用调整性语义变化、调整性具体化、调整性增译	直接翻译在保留了意象的基础上对其进行了部分改写,体现了译者主体的介入。色彩意象的事实化,让色彩描述更为形象。增加的意象可以深化叙事的主题和表现力
(二)	比喻	直接翻译为主,兼用调整翻译	直接翻译保留了比喻的叙事审美效果。调整翻译对喻体意象增删改动,更好地表现出叙事的主题。
1	明喻	直接翻译为主,兼用调整性改译、调整性释译、调整性省译	直接翻译保留了明喻,传递了喻体所具有的叙事功能和主题意义;调整译法强化了原文的讽刺意味
2	借喻	直接翻译为主,兼用调整性改译、调整性释译、调整性增译	直接翻译再现了原文和读者间的审美距离,传达了原文的审美效果。调整译法有助于读者的阅读理解和接受,强化了故事主题
3	暗喻	直接翻译为主,兼用调整性改译、调整性释译	直接翻译维持了文本和读者间审美距离,将文化特色的表达输入译语;调整译法强化意象的叙事意义,方便读者的理解和接受

总之,葛浩文的英文翻译整体上保留了原文的叙事结构和叙事节奏,同时因照顾到西方读者的阅读感受也对一些细节进行了调整和修改,但产出的译文仍然像是用英语创作的一样自然。因为他关注文学作品的叙事审美效果,真正地将当代小说作为文学作品来看待,所以他的翻译并不是对原文亦步亦趋的。这体现了译者作为叙事者对译文叙事的干预。总而言之,葛浩文翻译时更多关注的是如何用好的英语传达原文的叙事特点。在他看来,中国当代小说英译的关键还在于如何保留和再现原文的审美效果和叙事主题。

5.2 研究启示

那么研究葛浩文翻译苏童的小说《米》又给了我们怎样的启示呢?

启示之一就是由谁来翻译的问题。英译中国文学需要译者对中国文学作品的作者和文本的叙事传统、叙事结构、叙事模式和叙事语言等有深入的了解,同时,译者还必须精通并能熟练应用现代英语,对英语的句式节奏和语域都有自然的语感。目前在翻译界想找到精通中国文学的专家尚易,但想找同时能够达到熟练应用并有很强的英语语感的专家却很难。因此,在英语世界翻译和传播中国文学还主要是英语为母语的人做的事情。许钧教授也认为:"真正的翻译是应该由母语者来进行的。在法国,比较有影响的一些中文小说译本,都是以法国人为主进行翻译的。如翻译苏童的居里安、翻译余华的杜特雷等。"[①]当然,随着中国与英语世界的交流的不断加强,相信也会出现更多的精通双语的专家。

而且,在今天对外交流加强的历史语境下,我们更应该邀请中外译者合作来翻译中国的当代小说。正如谢天振教授指出的那样:"国际上一般提倡外语翻母语。母语翻外语,尽管可以做到不出差错,但对国外读者而言,阅读起来还是有隔膜。毕竟本国的译者更了解本国读者的阅读习惯和文化趣味。不过对中国而言,国外精通中文的人才实在有限,任其自然是不行的。所以目前的策略上,我们不妨积极鼓励国外学者、国外出版社多翻译点中国名著,甚至可以给他们配备中方的顾问,或者中外合作翻译等,在国外的流通渠道出版,如此才能事半功倍。"[②]就像宇文所安夫妇合作翻译的中国唐诗等,这样的翻译模式更有利于两种语言文化之间的交

---

① 王研.中国作家写东西太猥琐? 遗忘了传达美好和崇高[EB/OL].(2010-03-18)[2019-03-18]. http://www.chinanews.com.cn/cul/news/2010/03-18/2177120.shtml.
② 谢天振,龚丹韵.杨宪益身后的思考:中国文化如何全球传播[EB/OL].(2009-12-04). http://views.ce.cn/view/ent/200912/04/t20091204_20555602.shtml.

流和融合,互相取长补短。

其次是如何翻译的问题。或者说译者的任务是什么呢?译者最重要的任务应该是如葛浩文和当代作家毕飞宇在讨论"华文文学走向世界过程中所遭遇的瓶颈"时指出的那样,关键是如何译出作家的风格来。葛浩文把中国文学走向世界的过程比喻为一个凳子,光有文本、有读者这两条腿还不稳,还要有第三条腿——由一个中间人用另外一种语言介绍给读者。葛浩文认为:"翻译不仅仅是语言的问题,每个国家的文化有差异,如何找到一个恰当的词来表达很不容易。"①

葛浩文曾在对他的访谈中指出:"把中国文学翻译为英文会面对各种挑战,包括语法、语义和文化等各个方面。因为两种语言之间的差别太大,所以译者更应该考虑的是如何传达作者的意思,而不仅仅是词语或者词组的意思。也就是说,翻译的关键在于意义的对等,而不是字字对译。"他还给译者提出了以下几点忠告:"多读母语创作的文学作品;尊重原文而不畏惧原文;把自己当作是第一次阅读译文的读者重新检查译文;避免使用陈词滥调,就算原文中本身就存在着;找一个母语是英语的读者检查你的译文;对待其他译者的建议应该谨慎。"②具体来说,译者的任务应有以下三点:

第一,译者必须意识到文学翻译是需要学习的,并非每一个既懂中文又会英语的人就可以成为翻译。正确了解原文的意思是至关重要的第一步。这一点北美的翻译工作坊学派的做法值得借鉴。"文学翻译在美国往往被看作一种文本细读的形式。因为在他们看来,对原文意义的理解和阐释是文学翻译的根本。"(郭建中,1999:41)此外,在对原文意义充分理解和领会之后,合格的译者还需要的是培养和提高语感。葛浩文呼吁:"译者应该读一些别的,培养多一些正确的英语语感。我自己的经验是平时大量阅读英文小说,从不同流派不同作者的叙述笔调中探索英文写作的技巧,从而让苏童、莫言等说的英文各不相同。"③也就是说,译者应该注

---

① 葛浩文,毕飞宇. 翻译:要保留作家的文字气质[EB/OL]. (2009-07-27)[2019-11-26]. http://www.chinanews.com.cn/cul/news/2009/07-27/1792270.shtml.
② 此处为笔者所译。英文原文如下:1. Read more literature in your native tongue. 2. Be respectful of, but not intimidated by a text. 3. Go over your translation as if you were a reader coming to it for the first time. 4. Avoid using clichés, even when they appear in the original. 5. Get a native speaker to check your work. 6. Be wary of advice from other translators. Beijing Bookworm International Literary Festival—Howard Goldblatt and Wolf Totem[EB/OL]. (2008-03-13)[2019-12-26]. http://www.thebeijinger.com/blog/2008/03/13/Beijing-Bookworm-International-Literary-Festival-Howard-Goldblatt-and-Wolf-Totem.
③ 刘俊. 美国翻译家葛浩文:我译故我在[EB/OL]. (2008-03-12)[2019-11-26]. http://www.chinadaily.com.cn/zgzx/2008-03/12/content_7438363.htm.

重的是英译文的文体风格,将中国作品译成好读、易懂、可以找到销路的英文书。

第二,必须打破滥用直译的误区,鼓励译者努力抓住原文的气氛和整体的风格。尤其是翻译文学作品时,抓住原文的精神比全译更加重要。成功的小说翻译必然需要相对自由地处理原文中的某些内容,以减少整个译文的损失。中国当代小说翻译的目标应该是让读者感觉到他们读的不是翻译,而是英语创作的中国故事。这就需要译者充分运用英语的资源来弥补翻译中的损失,如灵活地运用时态、复合动词、英语的节奏或者结构,使得整个句子、段落甚至整篇文章文字流畅,而不是把好的中文结构翻译成了不自然,甚至是拗口的英语。所以,译者应该有意识地选择合适的节奏和语域。从文化交流的角度上来讲,葛浩文也不否认翻译在一定程度上就是一种创作,目的是让中国的文学作品更好地融入西方文化当中去。

第三,译者需要更多积极有效的修改来增进和提高译文的质量。对葛浩文来说,"翻译永远意味着'未完成'",没有一部译作不是修改了四五遍以上才定稿的。一旦交付出版社,他就不敢重看自己的翻译,生怕忍不住动手修改。他甚至拒绝在新书发布会、读者见面会之类的公众场合朗读自己的译作,免得读了一两句就不满意而卡在那里①。译文应该一直改到不再觉得是翻译为止,就好像"明镜"一般。编辑工作也是一种翻译,有效的编辑可以让译文更加完美。如果是要经常这么做,或者改动的内容很大,译者应该在前言和后序中加以说明。葛浩文称自己不愿越俎代庖,替原文润色,改变作者的表达,他只想老老实实地尽一个译者的本分(Lingenfelter,2007:36)。这是一种对读者负责的态度,也是译者的职责和职业道德。

英文跟中文总有区别,用葛浩文的话来说,就是"中国姑娘跟美国姑娘不一样。中文漂亮,译成外文好像不是乏味,但是没有了这种潜在的力量。"②所以,翻译总是得失兼而有之的,关键是译者如何权衡这个得失之间的关系。当代中国文学作品,尤其是小说的翻译,首先应该注重的是原文中叙事特点的保留和传达,一切的文字操控应该围绕这个主题展开,为这个中心服务。此外,中国当代小说的英译,也应该尽可能地贴近英语读者的思维和阅读习惯,多为读者的接受考虑,为中国小说在国际上的传播做贡献。

以上就是本研究给我们带来的启示。

---

① 顾湘.《狼图腾》英译者:中国文学普遍欠缺个人化[EB/OL].(2008-03-25)[2019-09-10]. https://news.sina.com.cn/c/cul/2008-03-25/174015222465.shtml.
② 木叶,谢秋.《狼图腾》行销110个国家,中国书正在走出国门;访《狼图腾》译者葛浩文[N/OL].北京青年报,2008-04-01[2019-11-26].zpb.cyol.com/content/2008-04/01/content_2125921.htm.

参考文献

一、苏童作品中文本

苏童，1992. 大红灯笼高高挂[M]. 2版. 广州：花城出版社.

苏童，1993. 米[M]. 2版. 南京：江苏文艺出版社.

苏童，1996. 我的帝王生涯[M]. 南京：江苏文艺出版社.（收录《罂粟之家》232～294页）

苏童，2002. 妻妾成群：苏童代表作[M]. 沈阳：春风文艺出版社.

苏童，2005. 米[M]. 上海：上海文艺出版社.

苏童，2006. 碧奴：孟姜女哭长城的传说[M]. 重庆：重庆出版社.

苏童，2009. 河岸[M]. 北京：人民文学出版社.

二、苏童作品英译本

Su T，1993. Raise the red lantern：Three novellas[M]. Translated by Duke M. New York：William Morrow and Company，Inc.（英文精装版）

Su T，1996. Raise the red lantern：Three novellas[M]. Translated by Duke M. New York：Penguin Books.（英文平装版）

Su T，1995. Rice[M]. Translated by Goldblatt H. New York：William Morrow and Company，Inc.（英文精装版）

Su T，1995. Rice[M]. Translated by Goldblatt H. New York：Penguin Books.（英文平装版）

Su T，1997. Rice[M]. Translated by Goldblatt H. London：Simon and Schuster Ltd.

Su T，2005. My life as emperor[M]. Translated by Goldblatt H. New York：Hyperion East.

Su T，2008. Binu and the Great Wall：The myth of Meng[M]. Translated by Goldblatt H. London：Canongate.

Su T, 2010. The boat to redemption[M]. Translated by Goldblatt H. New York: Doubleday & Company Inc.

三、其他参考文献

（一）中文文献

巴尔,2003. 叙述学:叙事理论导论[M]. 2版. 谭君强,译. 北京:中国社会科学出版社.

布斯,1987. 小说修辞学[M]. 华明,等译. 北京:北京大学出版社.

车馨茹,2019. 关联翻译理论视阈下苏童小说《米》中汉语本源概念的英译研究[D]. 衡阳:南华大学.

陈党,2007.《米》：关于存在的哲思[J]. 科技信息(13):143.

陈汝东,2001. 认知修辞学[M]. 广州:广东教育出版社.

湛振兴,2020. 小说翻译中叙事模式的传递:基于《呐喊》两个英译本的对比研究[D]. 广州:广东外语外贸大学.

程镇球,1980. 翻译问题探索:毛选英译研究[M]. 北京:商务印书馆.

戴连云,2004. 从人物话语的翻译看文学文体意识[J]. 齐齐哈尔大学学报(哲学社会科学版)(6):71-73.

戴清,2002. 历史与叙事:二十世纪中国文学与文化批评[M]. 北京:学苑出版社.

丁婧,2011. 宿命的恶之花:论苏童《米》中"米"的主题意蕴[J]. 新乡学院学报(社会科学版),25(4):81-82.

段斌,胡红梅,2007. 艰难的救赎:《米》的新历史主义意蕴[J]. 重庆社会科学(10):57-60.

厄普代克,2006. 苦竹:两部中国小说[M]. 季进,译//林建法,乔阳. 中国当代作家面面观:汉语写作与世界文学. 沈阳:春风文艺出版社.

鄂晓萍,2007. 越过存在与苦难边界的精神逃离:苏童小说的文化心理解读[D]. 大连:辽宁师范大学.

范雅楠,2016. 苏童作品的颓废性解读[J]. 名作欣赏(32):134-135.

方开瑞,2003. 论小说翻译中的人物视角问题[J]. 中国翻译,24(6):28-34.

方开瑞,2007. 叙述学和文体学在小说翻译研究中的应用[J]. 中国翻译,28(4):58-61.

冯庆华,2006. 红译艺坛:《红楼梦》翻译艺术研究[M]. 上海:上海外语教育出版社.

冯庆华,2008. 母语文化下的译者风格:《红楼梦》霍克斯闵福德英译本特色研究[M]. 上海:上海外语教育出版社.

高承新,2006. "熟悉的陌生人":苏童小说人物析论[D]. 南昌:南昌大学.

高淑珍,2005. 游荡在乡村与城市之间的灵魂:试论苏童的小说《米》[J]. 山东省农业管理干部学院学报,22(4):107-108.

葛浩文,1998. 漫谈中国新文学[M]. 香港:香港文学研究社.

葛浩文,史国强,2014. 我行我素:葛浩文与浩文葛[J]. 中国比较文学(1):37-49.

葛浩文,1985. 萧红评传[M]. 哈尔滨:北方文艺出版社.

葛红兵,2003. 苏童的意象主义写作[J]. 社会科学(2):107-113.

龚施燕,2003. 试论苏童历史题材小说的突破与创新[D]. 苏州:苏州大学.

顾毅,李丽,2016.《尘埃落定》英译本中第一人称叙述视角的再现研究[J]. 牡丹江大学学报,25(7):118-120.

郭建中,2000. 当代美国翻译理论[M]. 武汉:湖北教育出版社.

杭零,2008. 中国当代文学在法国的翻译与接受[D]. 南京:南京大学.

洪治纲,2005. 守望先锋:兼论中国当代先锋文学的发展[M]. 桂林:广西师范大学出版社.

洪子诚,1999. 中国当代文学史[M]. 北京:北京大学出版社.

呼文娟,2006. 从文学文体学和叙事学角度谈《边城》英译本的翻译[D]. 天津:天津师范大学.

胡登全,2005. 不知所终的旅程:苏童小说"逃离"现象研究[D]. 重庆:西南师范大学.

胡金龙,2006. 意象审美与文化批判:苏童的"枫杨树系列"研究之一[J]. 西南交通大学学报(社会科学版),7(2):20-23.

胡亚敏,2004. 比较文学教程[M]. 武汉:华中师范大学出版社.

胡壮麟,刘世生,2004. 西方文体学辞典[M]. 北京:清华大学出版社.

胡壮麟,朱永生,张德禄,等,2008. 系统功能语言学概论[M]. 2版. 北京:北京大学出版社.

黄海军,2008. 叙事视角下的翻译研究[J]. 外语与外语教学(7):56-59.

黄毓璜,2003.也说苏童[J].时代文学(1):65-69.

黄忠廉,2007.小说全译的宏观探索:《叙事类型视角下的小说翻译研究》读后[J].西安外国语大学学报,15(4):96-97.

霍巧莲,2004.心灵与历史的高度契合:苏童《米》中的人与世界[J].文山师范高等专科学校学报,17(2):131-134.

霍跃红,王璐,2015.叙事学视角下《阿Q正传》的英译本研究[J].大连大学学报,36(2):76-81.

季羡林,2007.季羡林谈翻译[M].北京:当代中国出版社.

贾广惠,2000.先锋体验与创作迷失:论苏童"新历史主义"小说[J].中国矿业大学学报(社会科学版),2(1):83-86.

姜智芹,2005.西方读者视野中的莫言[J].当代文坛(5):67-70.

蒋原伦,潘凯雄,1994.历史描述与逻辑演绎:文学批评文体论[M].昆明:云南人民出版社.

焦雨虹,2004.苏童小说:唯美主义的当代叙述[J].小说评论(3):69-72.

金介甫,查明建,2006.中国文学(一九四九——一九九九)的英译本出版情况述评(续)[J].当代作家评论(4):137-152.

景银辉,2004.苏童小说主题论[D].南京:南京师范大学.

卡林内斯库,2002.现代性的五副面孔:现代主义、先锋派、颓废、媚俗艺术、后现代主义[M].顾爱彬,李瑞华,译.北京:商务印书馆.

孔范今,施战军,2006.苏童研究资料[M].济南:山东文艺出版社.

乐黛云,2002.跨文化之桥[M].北京:北京大学出版社.

李贵如,1995.现代修辞学[M].北京:经济科学出版社.

李娟,2002.对历史的又一种言说:苏童"新历史小说"探析[D].延吉:延边大学.

李珂玮,2008.寻根者的寓言:解读苏童的《米》[J].通化师范学院学报,29(5):55-57.

李丽,2016.叙事学视角下《尘埃落定》的英译本研究[D].天津:天津科技大学.

李宁,2005.魅影"南方":苏童小说世界的构造[D].开封:河南大学.

李慎,2020.杨宪益与莱尔英译鲁迅小说叙事重构策略对比研究[D].长沙:湖南大学.

李伟,2015.《天堂蒜薹之歌》英译本的叙事学解读[D].西安:西北大学.

李文静,2012. 中国文学英译的合作、协商与文化传播:汉英翻译家葛浩文与林丽君访谈录[J].中国翻译,33(1):57-60.

李曦,2008. 苏童小说的诗性叙事研究[D]. 福州:福建师范大学.

李星宇,强云,2022. 封闭的空间,交织的声音:《封锁》英译的叙事学解读[J]. 合肥工业大学学报(社会科学版),36(2):81-87.

李永涛,2007. 南方的神话写作:以苏童及其创作为例[D]. 大连:辽宁师范大学.

李战子,2005. 从语气、情态到评价[J]. 外语研究(6):14-19.

李战子,2002. 话语的人际意义研究[M]. 上海:上海外语教育出版社.

李梓铭,2015. 苏童《米》译文中的意象流变与审美价值重构[J]. 辽宁师范大学学报(社会科学版),38(5):671-676.

连淑能,1993. 英汉对比研究[M]. 北京:高等教育出版社.

梁丹妮,2017.《米》中流动性意象蕴含的身份符号阐释[J]. 佳木斯职业学院学报(7):97.

林铭,2006. 穿越历史时空的苏童[J]. 三明学院学报,23(1):62-66.

刘大为,2001. 比喻、近喻与自喻:辞格的认知性研究[M]. 上海:上海教育出版社.

刘禾,1999. 语际书写:现代思想史写作批判纲要[M]. 上海:上海三联书店.

刘华文,2005. 汉诗英译的主体审美论[M]. 上海:上海译文出版社.

刘华文.2006a."首席翻译家"笔下的《米》[J]. 文景(2).

刘华文.2006b. 翻译能把虚构延伸多长[J]. 文景(4).

刘华文,2009. 汉英翻译与跨语认知[M]. 南京:南京大学出版社.

刘进军,2005. 还原历史的语境:论新历史主义小说《米》[J]. 山东省青年管理干部学院学报,21(1):134-137.

刘俊,等,2006. 中国现当代文学研究导引[M]. 南京:南京大学出版社.

刘宓庆,2006. 新编汉英对比与翻译[M]. 北京:中国对外翻译出版公司.

刘培延,2005. 梦:一次精神游走的人生历险:另眼看《米》[J]. 钦州师范高等专科学校学报,20(2):54-58.

刘绍铭,1999. 文字岂是东西[M]. 沈阳:辽宁教育出版社.

刘婉泠,2007. 叙事学视野下的翻译实践：析小说 *The Da Vinci Code* 中译本[D]. 武汉：华中师范大学.

刘小蓉,2016. 苏童长篇小说《米》中的概念隐喻翻译策略研究[J]. 语文建设(11X)：97-98.

鲁玉玲,2002. 先锋作家的迷惘：《米》的解读[J]. 中华女子学院山东分院学报(2)：17-20.

陆克寒,2006. 苏童乡愁美学的艺术建构与意义表达："枫杨树系列"读解[J]. 翠苑(6)：74-76.

逯春胜,2007. 诗性语言：苏童小说语言论[J]. 山东电大学报(3)：58-59.

吕敏宏,2010. 手中放飞的风筝：葛浩文小说翻译叙事研究[D]. 天津：南开大学.

罗钢,1994. 叙事学导论[M]. 昆明：云南人民出版社.

洛奇,1998. 小说的艺术[M]. 王峻岩,等译. 北京：作家出版社.

马丁,1990. 当代叙事学[M]. 伍晓明,译. 北京：北京大学出版社.

马悦然,2004. 另一种乡愁[M]. 北京：生活·读书·新知三联书店.

孟祥春,2015. Glocal Chimerican 葛浩文英译研究[J]. 外国语(上海外国语大学学报),38(4)：77-87.

孟祥春,2014. "我只能是我自己"：葛浩文访谈[J]. 东方翻译(3)：46-49.

孟悦,2006. 人·历史·家园：文化批评三调[M]. 北京：人民文学出版社.

缪倩,2006. 论苏童小说的意象世界[D]. 泉州：华侨大学.

浦安迪,1996. 中国叙事学[M]. 北京：北京大学出版社.

秦华,2001.《红楼梦》及其英译本的叙事语式初探[D]. 西安：陕西师范大学.

仇蓓玲,2006. 美的变迁：论莎士比亚戏剧文本中意象的汉译[M]. 上海：上海译文出版社.

热奈特,1990. 叙事话语新叙事话语[M]. 王文融,译. 北京：中国社会科学出版社.

塞米利安,1987. 现代小说美学[M]. 宋协立,译. 西安：陕西人民出版社.

申丹,王丽亚,2010. 西方叙事学：经典与后经典[M]. 北京：北京大学出版社.

申丹,2001. 叙述学与小说文体学研究[M]. 2版. 北京：北京大学出版社.

申迎丽,孙致礼,2004. 由《尤利西斯》中译本看小说翻译中叙事视角的传译[J]. 解放军外国语学院学报,27(5):51-57.

史晓丽,2004. 论苏童小说的逃逸意象系统[D]. 石家庄:河北师范大学.

苏童,王宏图,2003. 苏童王宏图对话录[M]. 苏州:苏州大学出版社.

苏童,张学昕,2005. 回忆·想象·叙述·写作的发生[J]. 当代作家评论(6):46-58.

苏婉馨,2019. 都市的精神漂泊者:论苏童小说《米》[J]. 文化学刊(8):103-105.

孙绍振,2006. 文学性讲演录[M]. 桂林:广西师范大学出版社.

谭君强,2008. 叙事学导论:从经典叙事学到后经典叙事学[M]. 北京:高等教育出版社.

唐伟胜,2003. 从《阿Q正传》看引语形式的汉英转换策略[J]. 天津外国语学院学报,10(5):1-6.

唐小红,杨建国,2011. 叙事学视野下的《老残游记》及其英译本初探[J]. 外国语文,27(S1):71-73.

唐晓敏,2008. 从性别政治看苏童的《米》[J]. 语文教学与研究(2):111-112.

陶东风,2000. 文化与美学的视野交融:陶东风学术自选集[M]. 福州:福建教育出版社.

汪桂芬,2002. 谈小说翻译者关注叙述视角的必要性:兼评海明威的叙述艺术及翻译[J]. 重庆三峡学院学报,18(5):41-43.

汪培,2014. 从叙事学角度研究鲁迅小说的两个英译本[D]. 上海:上海外国语大学.

汪云霞,2001. 永远在路上:苏童小说《米》的象征意蕴[J]. 小说评论(5):60-63.

汪政,何平,2007. 苏童研究资料[M]. 天津:天津人民出版社.

王德威,2001. 南方的堕落与诱惑[M]//中国当代作家选集丛书·苏童卷. 北京:人民文学出版社.

王虹,2016. 论苏童小说《米》的意象叙事[J]. 淮阴工学院学报,25(4):33-35.

王金城,2015. 宿命轮回、生存困境与历史颓废:苏童长篇小说《米》重读[J]. 闽江学院学报,36(6):39-45.

王林,2005. 思想或话语表现方式变更对原作风格的扭曲[J]. 华南师范大学学报(社会科学版)(1):110-116.

王欣,2008.纵横:翻译与文化之间[M].北京:外文出版社.

王义军,2003.审美现代性的追求:论中国现代写意小说与小说中的写意性[M].上海:上海文艺出版社.

王玉,2004.论苏童小说的弑父主题[D].乌鲁木齐:新疆大学.

魏春梅,2015.汉语文化负载词翻译研究:以苏童小说《米》英译本为例[J].语文学刊(外语教育教学)(6):66-68.

文军,王小川,赖甜,2007.葛浩文翻译观探究[J].外语教学,28(6):78-80.

吴富安,2003.谁的声音?怎么译?:小说中人物话语的表达方式及其翻译[J].西南农业大学学报(社会科学版)(3):72-74.

吴义勤,1997.中国当代新潮小说论[M].南京:江苏文艺出版社.

吴智斌,2007.苏童小说的色彩意象与主题话语[J].理论与创作(4):77-82.

伍尔夫,2009.论小说与小说家[M].瞿世镜,译.上海:上海译文出版社.

夏云,2001.叙事虚构小说视角的文体学研究[D].曲阜:曲阜师范大学.

夏志清,1982.中国现代小说史[M].刘绍铭,编译.香港:友联出版有限公司.

夏志清,2005.中国现代小说史[M].刘绍铭,译.上海:复旦大学出版社.

徐岱,1992.小说形态学[M].杭州:杭州大学出版社.

徐莉娜,2008.翻译视点转移的语义分析[J].中国翻译,29(1):51-56.

徐娜,2014.葛浩文的文化身份与《米》的翻译研究[J].英语广场(学术研究)(2):42-43.

亚理士多德,1982.诗学[M].罗念生,译.北京:人民文学出版社.

闫怡恂,葛浩文,2014.文学翻译:过程与标准:葛浩文访谈录[J].当代作家评论(1):193-203.

杨斌,2005.英语小说自由间接引语的翻译[J].解放军外国语学院学报,28(2):71-75.

杨星映,2005.中西小说文体形态[M].北京:中国社会科学出版社.

尹敏丽,2017.弗洛姆异化理论视角下《呼啸山庄》和《米》之对比研究[D].郑州:郑州大学.

宇文所安,2003.他山的石头记[M].田晓菲,译.南京:江苏人民出版社.

翟红,2004.论80年代中国先锋小说的语言实验[D].苏州:苏州大学.

张爱玲,1991.秧歌[M].香港:皇冠出版社(香港)有限公司.

张丛皞,韩文淑,2005. 孤独的言说与无望的救赎:对苏童小说的一种解读[J]. 渤海大学学报(哲学社会科学版),27(4):12-15.

张德明,2009. 西方文学与现代性的展开[M]. 北京:中国社会科学出版社.

张国臣,张天定,1991. 中国文化之最[M]. 北京:中国旅游出版社.

张继光,2016. 中国文学走出去的重要推手:葛浩文[J]. 西安外国语大学学报,24(4):105-108.

张佳佳,2021.《碧奴》英译本中的叙事调适研究[D]. 北京:北京第二外国语学院.

张景华,2007. 叙事学对小说翻译批评的适用性及其拓展[J]. 天津外国语学院学报,14(6):57-62.

张丽,2006. 论苏童小说的逃亡主题[D]. 武汉:华中师范大学.

张璐,2006. 苏童《米》法译本的风格再现[J]. 法国研究(4):94-100.

张琪,2019. 论苏童《米》对人性边界的探索[J]. 当代文坛(5):57-63.

张倩,2006.《红楼梦》杨戴译本中叙事类型的重建[D]. 武汉:华中师范大学.

张清华,2001. 天堂的哀歌:苏童论[J]. 当代作家评论(2):93-94.

张清华,1997. 中国当代先锋文学思潮论[M]. 南京:江苏文艺出版社.

张学昕,1999. 灵魂的还乡:论苏童的小说《米》[J]. 辽宁师范大学学报,22(3):61-63.

张学昕,2006. 论苏童小说的叙述语言[J]. 吉林大学社会科学学报,46(5):99-105.

张学昕,2007. 南方想象的诗学:论苏童的当代唯美写作[D]. 长春:吉林大学.

张耀平,2005. 拿汉语读,用英文写:说说葛浩文的翻译[J]. 中国翻译,26(2):75-77.

张寅德,1989. 叙述学研究[M]. 北京:中国社会科学出版社.

赵海燕,2007. 五龙身上的伤疤、印记对叙述主题的言说意义[J]. 韶关学院学报,28(7):23-25.

赵新林,2005. IMAGE 与"象":中西诗学象论溯源[M]. 北京:中国社会科学出版社.

赵一凡,张中载,李德恩,2006. 西方文论关键词[M]. 北京:外语教学与研究出版社.

赵毅衡,1998. 当说者被说的时候:比较叙述学导论[M]. 北京:中国人民大学出版社.

赵毓,2020. 苏童小说《米》中文化负载词的英译策略分析[D]. 上海:上海交通大学.

郑敏宇,2007. 叙事类型视角下的小说翻译研究[M]. 上海:上海外语教育出版社.

郑敏宇,2003. 准作者叙述话语及其翻译[J]. 外语研究(2):36-42.

郑敏宇,2005. 作者主观叙述及其翻译[J]. 外语学刊(6):66-71.

郑元会,2009. 翻译中人际意义的跨文化建构[M]. 北京:中国社会科学出版社.

周方珠,2004. 翻译多元论[M]. 北京:中国对外翻译出版公司.

周晓梅,吕俊,2009. 译者:与隐含作者心灵契合的隐含读者[J]. 外国语,32(5):60-67.

朱纯深,2008. 翻译探微,语言·文本·诗学[M]. 增订版. 南京:译林出版社.

朱刚,2006. 二十世纪西方文论[M]. 北京:北京大学出版社.

祖国颂,2003. 叙事的诗学[M]. 合肥:安徽大学出版社.

(二) 外文文献

Abbott H P, 2002. The Cambridge introduction to narrative [M]. Cambridge: Cambridge University Press.

Baker M, 2006. Translation and conflict: A narrative account[M]. London: Routledge.

Berman A, 2000. Translation and the trials of the foreign[C]//Venuti L. The translation studies reader. London: Routledge: 284-297.

Booth W C, 1983. The rhetoric of fiction[M]. 2nd ed. Chicago: The University of Chicago Press.

Chang E, 1955. The rice-sprout song[M]. New York: Charles Scribner's Sons.

Chatman S, 1978. Story and discourse: Narrative structure in fiction and film[M]. Ithaca: Cornell University Press.

参考文献

Chatman S, 1990. Coming to terms[M]. Ithaca: Cornell University Press.

Duke M, 1993. Raise the red lantern: Three novella[M]. New York: William Morrow and Company.

Duke M, 1991. Walking toward the world: A turning point in contemporary Chinese fiction[J]. World Literature Today, 65(3): 389-394.

Fawcett P, 1997. Translation and language[M]. Manchester: St. Jerome Publishing.

Genette G, 1980. Narrative discourse[M]. Ithaca: Cornell University Press.

Goldblatt H, 1999. Why I hate Arthur Waley: Translating Chinese in a Post-Victorian Era[J]. Translation Quarterly(13&14): 33-47.

Herman D, Jahn M, Ryan M-L, 2005. Routledge encyclopedia of narrative theory[M]. London: Routledge.

Huters T, Hung H, Goldblatt H, et al, 1981. The field of life and death and tales of Hulan River[J]. Chinese Literature: Essays, Articles, Reviews (CLEAR), 3(1): 188.

Kearns M, 1999. Rhetorical narratology[M]. Lincoln, NE: University of Nebraska Press.

Lau S M, Goldblatt H, 1995. The Columbia anthology of modern Chinese literature[C]. New York: Columbia University Press.

Leech G N, 1969. A linguistic guide to English poetry[M]. London: Longman Group Ltd.

Leech G N, 1981. A linguistic guide to English poetry[M]. London: Longman Group Ltd.

Leech G N, Short M H, 1981. Style in fiction: A linguistic introduction to English fictional prose[M]. London: Longman Group Ltd.

Lingenfelter A, 2007. Howard Goldblatt on how the navy saved his life and why literary translation matters[J]. Full Tilt(2): 35-37.

Lubbock P, 1921. The craft of fiction[M]. London: Jonathan Cape.

Mu A, Chiu J, 2006. Loud sparrows: Contemporary Chinese short-shorts [M]. New York: Columbia University Press.

Munday J, 2001. Introducing translation studies[M]. London: Routledge.

Phelan J, 1996. Narrative as rhetoric[M]. Columbus: Ohio State University Press.

Rimmon-Kenan S, 1983. Narrative fiction[M]. London: Routledge.

Shen D, 1995. Literary stylistics and fictional translation[M]. Beijing: Peking University Press.

Simpson P, 1993. Language, ideology and point of view[M]. Abingdon, UK: Taylor & Francis.

Talmy L, 2000. Towards a cognitive semantics: Volume I: Concept structuring system[M]. Cambridge: The MIT Press.

Zhang J Y, Hua G, Goldblatt H, 1997. Virgin widows[J]. Chinese Literature: Essays, Articles, Reviews (CLEAR), 19: 176.

附录 A：翻译为现在时的"场景"的原文和译文

原　文

　　傍晚时分，从北方驶来的运煤火车摇摇晃晃地停靠在老货站。五龙在伴睡中感到了火车的颤动和反坐力，哐当一声巨响，身下的煤块也随之发出坍陷的声音。五龙从煤堆上爬起来，货站月台上的白炽灯刺得他睁不开眼睛，有许多人在铁道周围跑来跑去的，蒸汽和暮色融合在一起，货站的景色显得影影绰绰，有的静止，有的却在飘动。

　　现在该跳下去了。五龙抓过了他的被包卷，拍了拍上面的煤粉和灰尘，小心地把它扔到路基上，然后他弯下腰从车上跳了下去。五龙觉得他的身体像一捆干草般的轻盈无力，他的双脚就这样茫然地落在异乡异地，他甚至还不知道这是什么地方。风从旷野上吹来，夹杂着油烟味的晚风已经变得很冷，五龙打着寒噤拾起他的被包卷，他最后看了看身边的铁路：它在暮色中无穷无尽地向前延伸，在很远的地方信号灯变幻着红光与蓝光，五龙听见老货站的天棚和轨道一齐咯噔咯噔地响起来，又有一辆火车驶来了，它的方向是由南至北。五龙站着想了想火车和铁道的事，虽然他已经在运煤货车上颠簸了两天两夜，但对于这些事情他仍然感到陌生和冷漠。

　　五龙穿过月台上杂乱的货包和人群，朝外面房子密集的街区走。多日积聚的饥饿感现在到达了极顶，他觉得腹中空得要流出血来，他已经三天没吃饭了。五龙一边走着一边将手伸进被包卷里掏着，手指触到一些颗粒状的坚硬的东西，他把它们一颗颗掏出来塞进嘴里嚼咽着，发出很脆的声音。

　　那是一把米。是五龙的家乡枫杨树出产的糙米。五龙嚼着最后的一把生米，慢慢地进入城市的北端。

　　才下过雨，麻石路面的罅缝里积聚着碎银般的雨水。稀疏的路灯突然一齐亮了，昏黄的灯光剪出某些房屋和树木的轮廓。城市的北端是贫穷而肮脏的地方，空气中莫名地混有粪便和腐肉的臭味,除了从纺织厂传来的沉闷的机器声,街上人迹稀少,一片死寂。五龙走到一个岔路口站住了,他看见路灯下侧卧着一个男人。这个男人四十多岁的样子,头枕着麻袋包睡着了。五龙朝他走过去,他想也许这是个歇脚的好地方,他快疲乏得走不动了。五龙倚着墙坐下来,那个男人仍然睡着,他的脸在路灯下发出一种淡蓝色的光。

喂,快醒醒吧。五龙对男人说,这么睡会着凉的。

睡着的男人一动不动,五龙想他大概太累了,所有离乡远行的人都像一条狗走到哪里睡到哪里,他们的表情也都像一条狗,倦怠、嗜睡或者凶相毕露。五龙转过脸去看墙上花花绿绿的广告画,肥皂、卷烟、仁丹和大力丸的广告上都画有一个嘴唇血红搔首弄姿的女人。挤在女人中间的还有各种告示和专治花柳病的私人门诊地址。五龙不由得笑了笑,这就是乱七八糟千奇百怪的城市,所以人们像苍蝇一样汇集在这里,下蛆筑巢,没有谁赞美城市,但他们最终都向这里迁徙而来。天空已经很黑了,五龙从低垂的夜色中辨认出那种传奇化的烟雾,即使在夜里烟雾也在不断蒸腾,这印证了五龙从前对城市的想象,从前有人从城市回到枫杨树乡村,他们告诉五龙,城市就是一只巨大的烟囱。

五龙离开街角的时候看了看路灯下的男人,男人以不变的姿势侧卧在那里,他的蓬乱的头发上结了一层白色的霜粒。五龙走过去推了推他的肩膀,别睡了,该上路啦。那个男人的身体像石头一样冰冷僵硬,一动不动,五龙将手伸到他的鼻孔下面,已经没有鼻息了。死人——五龙惊叫了一声,拔腿就跑,五龙没想到那是个死人。后来五龙一直在陌生的街道上奔跑,死者发蓝的脸跟随着像一只马蜂在他后面飞翔,五龙惊魂未定,甚至不敢回头张望一下。许多黑漆漆的店铺、工厂和瓦砾堆闪了过去,麻石路面的尽头是一片开阔地和浩浩荡荡的江水。五龙看见了林立的船桅和桅灯,黑压压的船只泊在江岸码头上,有人坐在货包上抽烟,大声地说话,一股辛辣的酒气在码头上弥漫着。这时候五龙停止了奔跑,他站在那里喘着粗气,一边冷静地打量着夜晚的码头和那些夜不归宿的人。直到现在,五龙仍然惊魂未定,他需要喘一口气再决定行走的方向。(苏童,2005:1-3)

译 文

Sundown. A freight train from the north comes to a rocking halt at the old depot. A young man, jolted awake, feels the train shudder to a screeching stop;

附录 A:翻译为现在时的"场景"的原文和译文

lumps of coal shift noisily under him as he squints into the blinding depot lights; people are running up and down the platform, which is blurred by steam and the settling darkness; there are shadows all around, some stilled, others restive.

Time to jump. Five Dragons grabs his bedroll, dusts it off, and carefully tosses it to the roadbed, then leans over and jumps, effortlessly as a bundle of straw, landing feet first and uncertain on alien territory, not knowing where he is. Cold winds from nearby fields carry the smell of lampblack. He shivers as he picks up his bedroll and takes one last look at the tracks, stretching far into the murky distance, where a signal light changes from red to green. A rumbling noise pounds off the depot ceiling above and the tracks below; another train is approaching, this one from the south. He ponders trains and railroad tracks; even after two days and nights of being tossed around atop a lumpy coal car, he feels oddly detached from the whole experience.

After threading his way through a maze of cargo and passengers, Five Dragons heads for town. He has gone three days without food, until his intestines seem to be oozing blood. Taking a small handful of hard kernels out of his bedroll, he tosses them into his mouth one at a time. They crunch between his teeth.

It is rice. Coarse, raw rice from his home in Maple-Poplar Village. The last few kernels disappear into his mouth as he enters town from the north.

Runnels of water in the cobblestone street from a recent rain glisten like quicksilver. Streetlamps snap on, immediately carving out silhouettes of an occasional home or tree; the air in the squalid northern district, home to the city's poor, stinks of excrement and decay. Apart from the hum of spinning wheels in nearby textile mills, the deserted streets are silent as death. Five Dragons stops at an intersection, near a middle-aged man sleeping under a streetlamp, his head pillowed on a gunnysack. To Five Dragons, who is dead on his feet, it seems as good a place to rest as any, so he sits down at the base of a wall. The other man sleeps on, his face absorbing the pale blue cast of the streetlamp.

Hey you, wake up! Five Dragons says. You'll get a cold that way.

The sleeping man doesn't stir. Dead tired, Five Dragons assumes. Travelers from home are like stray dogs; they sleep when they're tired, wherever they are, and their expressions—lethargic and groggy at times, ferocious at others—are more doglike than human. Five Dragons turns and looks at the gaudy painted advertisements on the wall behind him: soap, cigarettes, and a variety of herbal tonics in the hands of pouty, pretty young women with lips the color of blood. Tucked in among the sexy women are the names and addresses of VD clinics. Five Dragons grins. This is the city: chaotic and filled with weird things that draw people like flies, to lay their maggoty eggs and move on. Everyone damns the city, but sooner or later they come anyhow. In the dying light Five Dragons see the legendary city smoke rising into the air, confirming his image of what a city is: one gigantic smoke-stack, just as Maple-Poplar villagers had told him.

As he gets up to leave, Five Dragons glances over at the man lying under the streetlamp. He hasn't moved, but now his tangled hair is covered by hoarfrost. Five Dragons walks up and shakes him. Wake up, time to get moving. Cold and hard as a stone. Nothing. A dead man! He screams as he turns and runs. How could he know the man was dead? Up one unfamiliar street and down the other he runs, but the bluish face of the dead man follows him like a hornet. He is too shaken to look back, too scared; dark, shadowy shops, factories, and piles of rubble streak past until the cobblestone street ends at a wide and mighty river. Lanterns fore and aft cast their light on the dark hulks tied up at piers; some men around a pile of cargo are smoking cigarettes and talking loudly; the smell of alcohol hangs in the air. Stopping to catch his breath, Five Dragons sizes up the waterfront, with its late-night occupants. Still shaken, he must calm down before deciding where to go next. (Su, 1997: 1-3)

附录 B：第二章中"插叙"的原文和译文

原　文

　　瓦匠街上最引人注目的女孩就是米店的织云。

　　织云天真无邪的少女时光恍如一夜细雨，无声地消逝。织云像一朵妩媚的野花被六爷玩于股掌之间已经多年，这也是瓦匠街众所周知的事实。

　　传说织云十五岁就结识了六爷，那时候米店老板娘还活着。冯老板天天去泡大烟馆，把米店门面撂给老板娘朱氏。朱氏则天天坐在柜台上骂丈夫，骂完了叫织云去把他拉回家。织云就去了。织云记得有天下雨，她打着油纸伞走过雨中泥泞的街道，从瓦匠街到竹笠巷一路寻过去，心中充满对父亲的怨恨。那家烟馆套在一家澡堂内部，进烟馆需要从池子那里过。织云看见一些赤条条的男人从蒸汽中走来走去，她不敢过去，就尖着嗓子喊，爹，你出来。许多男人从门后闪出来看。织云扭过头说，谁叫你们？我叫我爹。澡堂的工人说，烟馆在里面呢，听不见的。你就进去叫你爹吧，小姑娘没关系的。织云咬咬牙，用双手捂着眼睛急急地奔过了男澡堂，又拐了几条黑漆漆的夹弄，她才看见烟馆的两盏黄灯笼，这时委屈的泪就扑簌簌地掉下来了。

　　大烟馆里烟雾缭绕，奇香扑鼻，看不清人的脸，织云抓着雨伞沿着那些床铺挨个寻过去，终于看见了父亲。冯老板正和一个中年男人聊天，冯老板脸上堆满了谄媚和崇敬的表情。那个人衣冠楚楚，绅士打扮，他坐在沙发上看报纸，嘴里叼着的是一支雪茄，手腕上拴着一条链子，长长地拖在地上，链子的另一端拴着一条高大的德国狼狗。织云委屈地厉害，也顾不上害怕，冲过去就把冯老板往床下拖，带着哭腔说，你在这儿舒服，大家找得你好苦。织云的脚恰好踩在拴狗的链子上，狼狗猛地吠起来。她惊恐地跳到一边，看见那个男人喝住了狗，回头用一种欣赏的目光直视她的脸。

　　织云，别在这里瞎嚷。冯老板放下烟枪，轻声对织云说，这是六爷，你跪下给六爷请个安。

干吗给他跪？织云瞟了六爷一眼，没好气地说，难道他是皇帝吗？

不准贫嘴。冯老板说，六爷比皇帝还有钱有势。

织云迷惑地看看六爷的脸。六爷并不恼，狭长锐利的眼睛里有一种意想不到的温柔。织云脸上泛起一朵红晕，身子柔软地拧过去，绞着辫梢说，我给六爷跪下请安，六爷给我什么好处呢？

六爷抖了抖手腕，狗链子朗朗地响着。他发出一声短促而喑哑的笑，端详着织云的侧影，好乖巧的女孩子，你要什么六爷给什么。说吧，你要什么？

织云毫无怯意。她对父亲眨眨眼睛，不假思索地说，我要一件水貂皮的大衣，六爷舍得买吗？说着就要跪，这时六爷伸过来一只手，拉住她的胳膊。她觉得那手很有劲。

免了。六爷在她胳膊上卡了一下，他说，不就是水貂皮大衣吗？我送你了。

织云忘不了六爷的手。那只手很大很潮湿，沿着她的肩部自然下滑，最后在腰际停了几秒钟。它就像一排牙齿轻轻地咬了织云一口，留下疼痛和回味。

第二天阿保抱着一只百货公司的大纸盒来到米店。冯老板知道阿保是六爷手下的人，他招呼伙计给量米，说，阿保你怎么拿纸盒来装米？阿保走到冯老板面前，把纸盒朝他怀里一塞，说，你装什么傻？这是六爷给你家小姐的礼物。他认织云做干女儿啦。冯老板当时脸就有点变色，捧纸盒的手簌簌发抖。阿保嬉笑着说，怎么不敢接？又不是死人脑袋，是一件貂皮大衣，就是死人脑袋你也得收下，这是六爷的礼物呀。冯老板强作笑脸，本来是逢场作戏，谁想六爷当真了，这可怎么办呢？阿保倚着柜台，表情很暧昧地说，怎么办？你也是买卖人，就当是做一笔小生意吧，没什么大不了的事。

冯老板把织云从里间叫出来，指着织云的鼻子骂，都是你惹的事，这下让我怎么办？这干爹是我们家认得的吗？织云把纸盒抢过来，打开一看惊喜地尖叫一声，马上拎起貂皮大衣往身上套。冯老板一把扯住织云，别穿，不准穿。织云瞪大眼睛说，人家是送给我的，我为什么不穿？冯老板换了平缓的语气说，织云，你太不懂事，那干女儿不是好当的，爹一时也对你说不清楚，反正这衣服你不能收。织云抓紧了貂皮大衣不肯放，跺着脚说，我不管，我就要穿，我想要件大衣都快要想疯了。

冯老板叫了朱氏来劝，织云一句也听不进去，抓着衣服跑进房间，把门插上，谁敲门也不开。过了一会织云出来，身上已经穿着六爷送的貂皮大衣。她站在门口，以一种挑战的姿态面对着父母，冯老板直直地盯着织云看，最后咬着牙说，随你去

附录 B：第二章中"插叙"的原文和译文

吧，小妖精，你哭的日子在后面呢。

也是深秋清冷的天气，织云穿上那件貂皮大衣在瓦匠街一带招摇而过。事情果然像冯老板所预料的那样逐渐发展，有一天六爷又差人送来了帖子，请织云去赴他的生日宴会。米店夫妻站在门口，看着黄包车把织云接走，心情极其沮丧，冯老板对朱氏说，织云还小呀，她才十五岁，那畜生到底安的什么心？朱氏只是扶着门嘤嘤地啜泣。冯老板叹了口气，又说，这小妖精也是天生的祸水，随她去了，就当没养这个女儿吧。

更加令人迷惑的是织云，她后来天天盼着六爷喊她去。她喜欢六爷代表的另一个世界。纸醉金迷的气氛使她深深陶醉。织云的容貌和体形在这个秋天发生了奇异的变化，街上其他女孩一时不敢认她。织云突然变得丰腴饱满起来，穿着银灰色貂皮大衣娉婷玉立，俨然一个大户小姐。有一天织云跟着六爷去打麻将，六爷让她摸牌，嘴里不停地叫着，好牌，好牌，一边就把她拖到了膝盖上去，织云也不推拒，她恍恍惚惚地坐在六爷的腿上，觉得自己就像一只小猫，一只不满现状的小猫，从狭窄沉闷的米店里跳出来，一跳就跳到六爷的膝上，这是瓦匠街别的女孩想都不敢想的事，而织云把它视为荣誉和骄傲。

你知道六爷吗？有一天她对杂货店的女孩说，你要再朝我吐唾沫，我就让六爷放了你，你知道什么叫放吗？就是杀了你，看你还敢不敢吐唾沫？

米店夫妻已经无力管教织云。有一天冯老板把大门锁死，决计不让织云回家。半夜时分就听见织云在外面大喊大叫，你们开不开门？我只是在外面玩玩，又没去妓院当婊子，为什么不让我回家？米店夫妻在床上唉声叹气，对女儿置之不理，后来就听见织云爬到了柴堆上窸窸窣窣地抽着干柴，织云喊着爹娘的姓名说，你们再不开门，我就放火烧了这破米店，顺便把这条破街也一起烧啦！

织云作为一个女孩在瓦匠街可以说是臭名昭著，街上的妇女在茶余饭后常常把她作为闲聊的材料，孩子们耳濡目染，也学会冲着织云的背影骂，小破鞋，小贱货。人们猜测米店夫妻对女儿放任自流的原因，一半出于对织云的绝望和无奈，另一半则是迫于地头蛇六爷的威慑力。瓦匠街的店铺互相了如指掌，织云与六爷的暧昧关系使米店蒙上了某种神秘的色彩，有人甚至传言大鸿记是一片黑店。

米店的老板娘朱氏是在这年冬天过世的。之前她终日呆坐于店堂，用一块花手帕捂住嘴，不停地咳嗽，到了冬至节喝过米酒后，朱氏想咳嗽却发不出任何声音了。冯老板找了副铺板把她抬到教会医院去，有人看见朱氏的脸苍白如纸，眼睛里噙满泪水。朱氏一去不返，医生说她死于肺痨。街上的人联系米店的家事，坚持说老板娘是被织云气死的。这种观点在瓦匠街流行一时,甚至绮云也这样说,朱氏死时绮云十三岁了,绮云从小就鄙视姐姐,每次和织云发生口角,就指着织云骂,你当你是个什么东西?你就知道跟臭男人鬼混,臭不要脸的贱货。织云扑上去打妹妹的耳光,绮云捂着脸蛋呜呜地哭,嘴里仍然骂,贱货,你气死了娘,我长大饶不了你。

五龙后来从别人嘴里听说了那些事情,……(苏童,2005:19-24)

译 文

  No girl on Brick Mason Avenue attracted more attention than Cloud Weave. Her days of innocence ended without a trace, as if washed away by a night rain. She was like a lovely wildflower, plucked by Sixth Master, who had taken his pleasure from her for years, as everyone on Brick Mason Avenue knew only too well.

  They had met when she was only fifteen, the story went, when the rice-emporium mistress was still alive, and Proprietor Feng spent all his time in opium dens. Madam Feng, formerly Zhu, ran the business. Day in and day out she sat behind the counter cursing her husband, then sending Cloud Weave to go bring him home. Like a good daughter, she always did as she was told. One rainy day, she would recall, she sloshed down Brick Mason Avenue and turned into Coolie Hat Lane, trying to stay dry under an umbrella as resentment toward her father grew. This particular opium den, located in a bathhouse, could only be reached by walking around the indoor pool, where Cloud Weave saw several men walking naked amid the steam. Not daring to go any farther, she yelled: Come out here, Father. Her shout drew looks from the men inside. I'm not calling you, she complained as she looked away. I'm looking for my father. The opium den's inside, a bathhouse worker told her, he can't hear you. Go in there and call him. You're young enough, nobody cares. So she gritted her teeth, covered her eyes with her hands, and ran past the men's pool into a series of dark, narrow corridors, at the end of which two yellow lanterns framed the entrance to the den. Tears of humiliation ran down her cheeks.

  Dense smoke inside the den carried the distinctive smell of opium. Umbrella in hand, Cloud Weave moved from bench to bench to find her father among the blurry faces. Finally she spotted him in conversation with a middle-aged man. Proprietor Feng had an obsequious, even reverent expression on his face. The other man, looking like a well-dressed member of the landed gentry, was sitting on a sofa, newspaper in hand and a big cigar in his mouth. A long chain was looped around his wrist, the other end attached to an enormous German shepherd. Cloud Weave, too upset to be scared, rushed up and dragged her father off the opium bench. Aren't you having a wonderful time, she complained, sobbing. Do you know what it's taken me to find you? Accidentally stepping on the chain, she drew snarls from the dog and leaped back in fright. She watched the man quiet the dog, then look up and leer at her.

Don't shout like that in here, Cloud Weave, Proprietor Feng said as he laid down his pipe. This is Sixth Master, he added in a soft voice. Kneel down and wish his health.

Why should I? Cloud Weave said, glancing at Sixth Master. Is he the emperor or something?

Watch your mouth, Proprietor Feng warned her. Not even the emperor is as rich and powerful as Sixth Master.

Cloud Weave looked more closely at the stranger. He wasn't angry, that was clear, and she was surprised to discover a softness hidden in his long, narrow, keen eyes. Her cheeks reddened. Shifting her body gently and twirling her braid, she said, If I kneel down and wish Sixth Master health, what will Sixth Master do for me?

The man shook his wrist to rattle the chain, and let out a clipped, hoarse laugh. Carefully eyeing her profile, he said, Aren't you a clever little girl? Tell Sixth Master what you want, and you shall have it. What will it be?

Cloud Weave looked confidently at her father and said without hesitation: I want a mink coat. Or is that too rich for Sixth Master's blood? She bent down to kneel, but he stopped her. He had a strong grip.

No need for that, he said. A mink coat, is that all? You shall have it.

She could not forget Sixth Master's hand. Large and damp, it slid over her shoulder and down to her waist, stopped for a moment, then pinched gently like two rows of teeth. A tender pain to take home with her.

The next day Abao showed up at the rice emporium with a large department-store box. Proprietor Feng knew that Abao was Sixth Master's man. He told one of the clerks to serve him. You can't carry rice in that, he said. Abao walked up and handed him the box. Don't be a fool. This is a present for the daughter of the house from Sixth Master. He has decided to become Cloud Weave's patron. Proprietor Feng blanched, his hands shook under the box. Abao laughed. Afraid to take it? It's nobody's head. It's a mink coat. But even if it was a head, you'd have to take it, since it's from Sixth Master. Proprietor Feng smiled weakly. It was all in fun. I never meant for Sixth Master to take her seriously. Now what? Abao drew up to the counter. Now what? he grinned. You're a businessman, count it as a business deal.

Proprietor Feng summoned Cloud Weave, cursing her as soon as she emerged from her room. See what you've done? How am I supposed to accept him as your patron? Cloud Weave snatched the box out of her father's hands and opened it. With a squeal of delight she removed the mink coat and draped it over her shoulders. Don't you dare put that on, her father demanded as he grabbed her. I forbid it! She scowled. It's my gift, why shouldn't I wear it? Proprietor Feng softened his voice. Cloud Weave, you're too young to understand, but this could be the biggest mistake of your life. Take my word for it. But she would not let go of her fur coat. She stomped her foot. I'm going to wear this, and that's all there is to it! I've been frantic just thinking about it.

Proprietor Feng called his wife out to reason with their daughter, but Cloud Weave refused to listen. Instead she ran into her room with the coat and bolted the door behind her. After a while, she emerged wearing Sixth Master's gift, and stood defiantly in the doorway facing her parents. Proprietor Feng glowered at his daughter for a long moment. Do what you want, you little demon. Your time to weep will come sooner or later.

The late-autumn days were cool and crisp, and Cloud Weave loved to flaunt her fur coat on Brick Mason Avenue. Of course, things turned out just as

Proprietor Feng had predicted, and it didn't take long. One day an invitation to Sixth Master's birthday party was delivered to Cloud Weave at the emporium. Her parents stood dejected in the doorway watching her ride off in a rickshaw. Cloud Weave is just a girl, Proprietor Feng said. Barely fifteen. How can that old bastard sleep at night? Madam Zhu was reduced to leaning against the door frame and weeping. Proprietor Feng sighed. She was born to come to grief, he said. Let her go. We'll just pretend we never had her.

From that day onward, Cloud Weave was a puzzle to all. Every day she waited breathlessly for Sixth Master's summons. His world fascinated her. Intoxicated by his hedonistic life-style, she changed dramatically that autumn, face and figure, and the neighborhood girls began to avoid her. Suddenly she was a young woman, regal in her silver-gray mink coat. One day she and Sixth Master were playing mah-jong. He told her to mix the tiles. Give me good ones, he said, then sat her on his knee and put his arm around her. She purred like a kitten, a discontented little feline that had bounded out of the stifling, confining rice emporium onto Sixth Master's knee. None of the other girls from Brick Mason Avenue would have done that. But she had, and she was proud of it.

One day she said to the girl across the street, You know who Sixth Master is, don't you? Well, if you ever spit at me again, I'll have Sixth Master put you out. Know what that means? It means he'll kill you. Now let's see you spit at me.

By then Cloud Weave was beyond her parents' control, so one day Proprietor Feng bolted the gate and locked her out. Later that night they heard shouts of Are you going to open the gate for me or not? I was just having a little fun. I'm not working in some whorehouse, so why won't you let me in? They could only sigh and ignore their daughter's shouts. Eventually they heard her climb onto the woodpile and pull out pieces of dry kindling. Calling her mother and father by name, she shouted, If you don't let me in I'll set fire to this run-down rice shop and let it spread to the other run-down shops on this run-down street!

Cloud Weave soon had the worst reputation of any girl on Brick Mason Avenue. Her comings and goings were gossiped about by neighbor women; their talk reached the ears of children, who then mimicked what they heard behind Cloud Weave's back: Worn-out old shoe! Cheap trash! Most people assumed that the rice-emporium owners let their daughter come and go as she pleased not only because they has given up on her, but also because they feared Sixth Master. Normally, Brick Mason Avenue shop owners knew everything about one another, but now the shady relationship between Cloud Weave and Sixth Master threw a blanket of secrecy over the emporium. Some people even spread rumors that Great Swan had become a stronghold for bandits.

 That winter Madam Zhu, proprietress of the emporium, died. During the days leading up to her death she sat behind the counter all day, holding a handkerchief to her mouth and coughing. Over the winter solstice, when the rice wine was being drunk, she tried to cough, but no sound emerged. Using one of the door slats as a stretcher, Proprietor Feng rushed her to the mission clinic. As she was being carried off, people noticed how pale she had grown and how her eyes were filled with tears. She never returned. The doctor said she died of consumption, but neighbors, recalling all that Cloud Weave had done, insisted that she died of a broken heart. Eventually even Cloud Silk came to share that view. She was thirteen when it happened. Having despised her elder sister for as long as she could remember, now when they argued, she pointed at Cloud Weave and swore, Who the hell do you think you are? All you know is how to shame yourself with horrible old men, you stinking piece of trash! Cloud Weave would reach out and slap her younger sister. But even as she wept and held her face, Cloud Silk kept up the barrage: You killed our mother, you piece of trash! One of these days I'll get even!

 Five Dragons didn't learn all this history until he had been there quite awhile …. (Su, 1997: 21 – 27)

后　记

本书将要付梓之际不禁提笔写下这篇后记,首先要把这本书献给在天堂的导师——解放军国际关系学院翻译学博士生导师葛校琴教授。学生愚笨,感谢导师愿意收我为徒,并尽其所能教授我研究之道,更教会我很多为人处世的道理。导师为人正直、热心、善良,治学严谨,她的一言一行都深深影响着我。时光如梭,转眼导师离开已经五年半了,但是琴音绕梁,余韵永存,在学生心中,导师永远是那盏不灭的明灯,照亮我前行的道路。师恩永难忘,愿您在天堂健康和快乐。

感谢我的硕士生导师孙会军教授。孙教授是将我领进翻译研究大门的启蒙之师。在解放军外国语学院学习的两年半时间里,她给了我无微不至的关心和照顾。虽然离开外院多年,但是在我迷惑彷徨的时候,她的话总能让我找到解决问题的办法,她的信任也让我对自己的选择有了信心。孙教授总是让我多读书,多积累,使我明白了做学问没有捷径可走,唯有脚踏实地,才能有所收获。孙教授是我的良师益友,更是我一辈子的老师。

感恩在南京大学访学的那段日子。我不仅有幸旁听了很多课程和讲座,更得到了南大的张柏然教授和刘华文教授专业而细心的指导。而且,在南京大学短短一年的时间里,我深切感受到了南大学子的勤奋和踏实,老师的严谨、认真和负责。这一年在南大的所看、所听和所想对我的工作和生活产生了深刻的影响。

此外,还要感谢我在攻读博士期间的同窗好友们。欧阳燕是我的同事也是我的同学,她乐观开朗、积极向上的性格总会深深感染着我,在生活上也对我帮助甚多。王琰是我的师姐,在南大访学的日子里我们总是相伴在南大图书馆,收获了很多知识和思想的火花。此外,杨淑华、万晓燕师姐,巫和雄、张永喜师兄,同窗王一多、裔传萍、鲍德旺也给予了我许多帮助,在此一并表示感谢。

本书的完成和家人的无私付出更是密不可分,他们的默默支持是我一直前行的动力,使我慢慢地靠近心中的目标。谨以此书献给他们,由衷地道一声:"爸妈,你们辛苦了。"最后,也要感谢这本小书,它伴随着我多年的成长时光。这一路有许多成长的烦恼,也收获了无数快乐和感动。